《太极图说》在朝鲜的传衍

《TAIJITUSHUO》ZAI CHAOXIAN DE CHUANYAN

杨洋 著

湘潭大学出版社
XIANGTAN UNIVERSITY PRESS

图书在版编目（CIP）数据

《太极图说》在朝鲜的传衍 / 杨洋著. -- 湘潭 :
湘潭大学出版社, 2025. 8. -- ISBN 978-7-5687-1840-0
Ⅰ. B244.25
中国国家版本馆 CIP 数据核字第 20259JF652 号

《太极图说》在朝鲜的传衍
杨洋 著

策划编辑：王正杰
责任编辑：王正杰
封面设计：李 平
出版发行：湘潭大学出版社
社　　址：湖南省湘潭大学工程训练大楼
电　　话：0731-58298960 0731-58298966（传真）
邮　　编：411105
网　　址：http://press.xtu.edu.cn/
印　　刷：长沙创峰印务有限公司
经　　销：湖南省新华书店
开　　本：710 mm×1000 mm 1/16
印　　张：20
字　　数：329 千字
版　　次：2025 年 8 月第 1 版
印　　次：2025 年 8 月第 1 次印刷
书　　号：ISBN 978-7-5687-1840-0
定　　价：88.00 元

序　言

欣闻杨洋博士《〈太极图说〉在朝鲜的传衍》付梓刊行，作为她的指导老师，感到由衷的喜悦，并致以诚挚的祝贺。她以敏锐的学术洞察力，将研究目光聚焦于周敦颐《太极图说》在朝鲜半岛的传衍，揭示了其对朝鲜性理学形成与发展的影响。

《太极图说》作为中国理学的重要文献在朝鲜半岛的传播与演变，不仅是东亚思想文化交流的重要篇章，更是中韩文化密切联系的体现。该书从宏观的历史背景出发，探究了《太极图说》在朝鲜的传播脉络。朝鲜半岛的学者接受性理学始于高丽王朝，随着性理学在高丽国子监的讲授，《太极图说》被正式引入并广泛传播于朝鲜半岛。1392年朝鲜王朝建立后，性理学被确立为官方正统思想，朝鲜儒学家们开始对其进行系统的研究。16世纪，朝鲜性理学研究进入鼎盛时期，朝鲜儒学家们对《太极图说》的研究日益兴盛。

本书重点探讨了不同时期的朝鲜儒学家对《太极图说》的诠释方式及特点。朝鲜性理学的发展轨迹始终与复杂的政治现实紧密相连，学术论争往往成为政治角逐的思想场域，而政治派别的分化又影响了学术诠释的方向。在学术与政治相互激荡、彼此渗透的独特历史语境下，朝鲜儒学家们对周敦颐《太极图说》的诠释与发展，展现出鲜明的地域性与时代性特征。

本书还深入研究了朝鲜儒学家对《太极图说》的义理阐释与图像演绎历程。这种“传”与“衍”的双向探究，勾勒出理学核心思想在异域文化土壤中生发、演变的图景，展现了东亚各国虽然共享儒学资源，却形成各具特色的思想体系。

杨洋博士的专著中还有许多涉及却并未能展开的问题，期待她在未来研究中持续拓展相关领域的理论视野，不断为学界奉献更多具有启发性的新成果。

陈代湘　于湘潭大学碧泉书院

2025年7月9日

目　录

绪　论

第一节　朝鲜半岛的社会背景、学派与党派

一、朝鲜的政治、经济、文化背景

13世纪蒙古帝国的扩张对高丽的国家主权造成了重大冲击。在蒙丽战争(1231—1273年)后，高丽成为元朝的藩属国。1280年，元朝在高丽设立征东行省。该行省虽于1281年废除，但在1287年恢复后，高丽君主同时兼任征东行省达鲁花赤。这样的政治安排既保留了高丽王室的统治权，又确立了元朝对高丽的宗主权。14世纪中叶元明鼎革之际，新兴的明朝通过设立辽东都指挥使司，将高丽纳入其东北边疆防御体系，此举为后来两国宗藩关系的建立奠定了基础。然而，明朝的这一安排引起高丽国王辛禑(1374—1388年在位)的不满。高丽王朝内部随之分裂为两派：一派以崔莹(1316—1388年)为代表，主张亲元；另一派则以李成桂(1335—1408年)为代表，主张亲明。

李成桂堪称高丽时期最为杰出的将领之一。在明朝建立后，高丽王朝内部的亲元势力依然强大，高丽国王接受亲元官员的建议，最终决定派遣李成桂率领大军进军辽东，意图收复那片他们自认为属于自己的领土——辽东地区。高丽国王辛禑当时年龄尚小，主要听从崔莹的建议，派遣李成桂进攻辽东地区，但李成桂深知时机不成熟，于是上表陈述不宜轻率进攻的理由，然而国王并未采纳。李成桂本人极力反对，在屡次劝谏未果的情况下，不得已出兵辽东，在出兵途中发现粮食并不充沛，于是决定从威化岛班师回京，回京后发动政变，史称"威化岛回军"，李成桂掌控中枢，废黜高丽国王，将崔莹处死，立辛昌为王。1389年大权在握的李成桂以辛禑、辛昌都不是高

丽王氏家族的后裔为理由,把他们两人废为庶人,后全部诛杀。李成桂拥立定昌府院君王瑶(1345—1394年)为王,即高丽恭让王。

李成桂逐渐获得高丽王朝重要高级官员的支持后,于1392年迫使恭让王退位,自己即位为王,次日便派遣使节前往明朝请求册封。李成桂选定"朝鲜"(古号,意为"朝日鲜明",出自《诗经》)与"和宁"(李成桂出生地别称)为国号,请明朝皇帝"圣裁"。[①]明太祖朱元璋基于朝鲜半岛政治局势的考量,虽赐予"朝鲜"国号,但拒绝册封其为朝鲜国王。1396年,李成桂将都城由开京迁至汉阳。[②]朝鲜在太祖时期围绕王位继承问题,曾发生两次王子之乱。最终李芳远在斗争中取得胜利,即位为太宗(1400—1418年在位)。他在1401年、1403年获得明惠宗朱允炆与明成祖朱棣(1360—1424年)的册封,两国正式建立宗藩关系。

李成桂建立的朝鲜王朝(1392—1910年),通常也被历史学家称为李朝或者李氏朝鲜。1398年,第一次王子之乱后迁都开京。1400年,第二次王子之乱后最终定都汉城。李朝历经二十七代君主,共五百余年。1896年,高宗李熙改国号为大韩帝国。1910年日本侵吞朝鲜半岛,朝鲜王朝灭亡。朝鲜王朝是朝鲜半岛最后一个统一的封建王朝。本文所论"朝鲜"仅指代(1392—1910年)这一时期的朝鲜王朝,而非现代的朝鲜国(朝鲜民主主义人民共和国)。

在李成桂掌控高丽政权时,土地兼并日益严重,地方豪强以及寺院广占良田,于是他进行田制改革。他首先将寺庙非法侵占的广袤土地全部收归国有,随后由朝廷规划并重新分配,同时适时地征收公正合理的租金。这一举措不仅大大加强了中央集权,有效遏制了地方势力的无序扩张,还切实保障了中小地主的正当权益。李成桂通过实行土地改革掌握了经济大权。这也为日后朝鲜王朝的建立打下了坚实的经济基础。

太宗李芳远(1400—1418年在位),毅然废除私兵制,全面推行府兵制

① 曹中屏:《朝鲜半岛古代史》,南京:江苏人民出版社,2024年,第503页。
② 今韩国首尔,自1396年起汉语名称为"汉城",至2005年汉语名称改为"首尔"。

度。府兵们平日里是辛勤劳作的农民，农闲之时则投入军事训练，一旦国家有难，便立即披甲上阵，保卫国家。这一举措既确保了国家军事力量的稳固，又丝毫不影响农业生产的正常进行。由此进一步加强中央集权，促进国家稳定发展。

朝鲜实行了严苛的身份等级制度，将社会划分为三大阶层：两班、良民以及贱民。贱民就是奴婢，这种地位是承袭的，奴婢可由主人随意买卖。但是只有两班[①]中嫡出的男性，才有资格参与。他们通过科举或者世袭制成为政府官员。忠于国王的高级官员还会被赠予土地。两班贵族掌握着大部分私人土地，这些珍贵的地产在市场中自由流转，成为他们财富与权力的又一象征。然而，对于那些身处被统治阶级的良民或贱民而言，上升之路犹如天堑，他们难以跨越既定的社会阶层，仕途更是遥不可及。在朝鲜初期国家还设置了专门管理奴婢的机构，让他们成为国家的农民，促进了农业的发展，增加了国家财政收入。

朝鲜效仿明朝的制度实行科举制，科举考试分为文、武和杂科。儒家的四书五经是科举考试的内容。由于朝鲜的两班贵族掌管着朝鲜的经济、政治和文化。两班贵族紧握着教育、为官与科举的特权，这些特权如同他们家族的徽章，世代相传。至朝鲜中后期，两班贵族的权势已然凌驾于王权之上。按照王朝更迭的规律，一旦权臣的势力发展壮大到一定的程度，就会推翻旧的政权，建立起新的政权。尽管朝鲜王朝内部党争不断，不同党派的权臣相互倾轧，然而朝鲜王朝却始终屹立不倒。朝鲜王朝内部的斗争犹如一把双刃剑，一方面加剧了统治阶层的分裂，另一方面也意外地调和了部分矛盾，为李氏王朝的存续铺路。至朝鲜王朝后期，权臣内部的分化越来越严重。他们为争夺权势与利益，彼此倾轧，势力范围在明争暗斗中此消彼长，局势愈发错综复杂。这种内部分化和倾轧的局面不仅削弱了王朝的中央集

① 两班：最早出现在高丽时期，本指上朝时，君王坐北向南，以君王为中心，文官排列站在东边，武官排列站在西边，主要指“文武两班”，后专指上朝的官员。最后延伸成为两班官员的家族及家门的代名词。

权，还使得国家在面对外部威胁时难以形成有效统一的应对策略，由此加速了朝鲜王朝的衰落。

（一）壬辰战争

1590年，丰臣秀吉（1537—1598）基本完成了日本的统一，但其政权仍面临地方大名的割据问题，中央集权统治尚不稳固。丰臣秀吉为了缓解内部矛盾并巩固自身的统治地位，实施了一项极具野心的对外扩张策略，旨在建立一个以日本为轴心的东亚新秩序。该战略计划首先控制朝鲜半岛，进而以朝鲜为跳板进攻明朝，最终向南洋及印度扩张。丰臣秀吉在1592年以朝鲜拒绝攻明为由入侵朝鲜，以加藤清正（1562—1611年）、小西行长（1558—1600年）、黑田长政（1568—1622年）等率领的九州军为先锋，毛利辉元（1553—1625年）及四国军为后续部队，总计出动约20万大军渡海作战，10万大军留守日本，以对马岛为基地，从釜山登陆，兵分三路进攻朝鲜，仅20天便攻占汉城，随后朝鲜三省八道全部沦陷。

朝鲜王朝完成开疆拓土后，国家趋于安定，但这也导致了朝鲜武将的地位边缘化，军备随之懈怠。战争爆发之时，朝鲜王朝已历经两百年和平岁月，朝堂之上党争激烈，政局动荡不安。因此，朝鲜军队面对日本的进攻毫无招架之力，宣祖李昖（1552—1608年）在万般无奈之下，只得匆忙逃往义州，迫切地向宗主国明朝发出求援信。然而最初并未引起明朝的重视，万历皇帝派祖承训率3000多人驰援，由于与日方兵力悬殊，结果首次平壤之战大败而归。于是明朝又命令由李如松（1549—1598年）统领4万大军赴朝鲜作战，战局随之发生显著变化。1593年正月间，明军相继攻克平壤、开城，重创日军，然而碧蹄馆[①]一役失利后，士气骤降。1593年6月，战况陷入僵局，朝鲜瘟疫流行，当地征发粮食不易。李舜臣（1545—1598年）利用朝鲜水军优势，痛击日军，守住黄海，截断日军补给线，日方因补给不足，退至釜山，日方请求

① 碧蹄馆：位于汉城以北十五公里一座小山丘上的一个驿馆，是朝鲜官员迎送中国使臣的驿站馆舍，位于现在韩国京畿道高阳市德阳区碧蹄洞一带。

与明朝和谈。兵部尚书石星(1537—1599年)与经略宋应昌(1536—1606年),基于战争形势的变化,以及国库日益亏空的状况,主张对日和谈。[①]宋应昌任用沈惟敬(1537—1599年)为使臣对日和谈,最终双方达成停战协议。[②]明朝与日本的军队同时撤出朝鲜。1595年,战争第一阶段结束。日本将这一阶段的战争称为“文禄之役”。

丰臣秀吉的终极目标是建立以日本为中心的东亚新秩序,颠覆以明朝为主体的朝贡体系,由此提出苛刻的谈判条件,和谈在谎言、纷争中曲折进行,由于明朝与日本缺乏直接沟通的渠道,仅依赖和谈使臣传递消息,由此滋生欺瞒与误解,由于双方在利益诉求上的根本对立,最终和谈失败。实际上日方的和谈请求从一开始就只是缓兵之计,旨在诱导明军撤兵。1597年2月,丰臣秀吉派14万大军再次入侵朝鲜。朝鲜再次请求明朝援助,明朝随即派遣超过十万的兵力赴朝作战。1598年9月,随着日军统帅丰臣秀吉的突然病逝,战争的局势发生了巨大转折,日军无心恋战,决定从朝鲜撤军。这一阶段的战争发生在万历二十五年,干支纪年为丁酉年,因此中国和韩国把这次战争称为“丁酉再乱”,而日本则用当年天皇的年号,称为“庆长之役”。

1598年12月,明朝水师提督陈璘(1528—1598年)最先获悉日军撤退的情报,决定在海上阻击日军,陈璘命令明朝副总兵邓子龙(1528—1598年)与李舜臣率领的水军通力合作,决心在露梁以西海域,歼击日军。两国水军在统一指挥下密切合作,英勇奋战。李舜臣身先士卒,突入日军船队之中,但却被日军包围,陈璘换乘朝鲜船杀入重围,救援李舜臣,明、朝联军以炮轰击日军船只,日军以火绳枪回击。明朝老将邓子龙误中己方火罐,最终被日军包围而阵亡,李舜臣在战斗中不幸被火绳枪击中而亡。李舜臣临终前命令麾下将士秘不发丧,以免动摇军心,直至战斗结束。

在露梁海战中,岛津义弘(1535—1619年)率残余倭船百余艘解小西行

① 郑红英、刘耀东:《论壬辰战争明、日议和期间中、朝、日三国纷争》,《东疆学刊》,2023年第3期,第68—69页。

② 丁晨楠:《海东五百年》,桂林:漓江出版社,2021年,第151—152页。

长之围，经两国联军追击，仅率百余艘船逃脱，小西行长在明朝与朝鲜水军进攻岛津义弘时，趁机乘船逃跑。露梁海战是“壬辰战争”中的最后一场战争，以明、朝联军的胜利而告终。

因战争发生在明朝万历年间，中国称其为“万历朝鲜战争”，因战争爆发的1592年是壬辰年，韩国称其为“壬辰倭乱”，日本将两个阶段的战争合称为“文禄·庆长之役”。“万历朝鲜战争”分为两个阶段，持续7年之久，作为16世纪东亚规模最大的一场国际战争，其对三国的影响不容小视。

“万历朝鲜战争”作为明朝对外战争的最后一场胜利，成功维护了宗藩体系，但也对明朝国力造成严重损害。战争期间，万历皇帝因为朝鲜战局持续调兵，辽东防御体系因兵力抽调出现真空，短期内难以恢复，为后金的崛起提供了可乘之机。这场战争使明朝支出白银八百万两，火药、器械、马匹的损耗更是不计其数。①战后，明朝因财政枯竭，面对国内叛乱所采取的军事行动屡屡受阻，进一步加剧了内部的不稳定局势。万历朝鲜战争可谓明朝由盛转衰的重要转折点，为明朝的灭亡埋下了伏笔。朝鲜在战争中遭受了毁灭性的打击，耕地毁坏严重，人口数量急剧下降。日本在战争中掳走了农民、学者、工匠以及僧人和大量典籍，使近代日本在文化和技术上取得了飞跃式的发展。②

李滉的弟子姜沆（1567—1618年）就是其中的代表，他在壬辰战争中被俘虏至日本，在被转至京都后，与日本江户儒学的开创者藤原惺窝（1561—1619年）相遇。藤原惺窝仰慕姜沆的学识，对身为囚徒的姜沆行宾师之礼，姜沆为其诚心所动，遂成为他的老师。③姜沆向藤原惺窝详细介绍了朝鲜儒家思想的研究情况，并向他介绍了李滉的思想。藤原惺窝所处的时代佛教盛行，他本人有着良好的儒佛兼习的修养，放弃了身为相国寺名僧的仕途之路，也不接受将军给予的厚禄，不仅旗帜鲜明地表明自己的儒者身份，而且

① 柯胜雨：《万历东征》，北京：清华大学出版社，2017年，第306页。

② 梁晓天：《万历朝鲜战争》，北京：现代出版社，2022年，第464—465页。

③ 村上恒夫：《寻找儒学者姜沆的足迹》，栾兆玉译，《东疆学刊》，2007年第2期，第29页。

心甘情愿、苦心孤诣地为四书五经加以宋明理学视域下的和训，他的信念是接续“道统”，他确实将宋学之道统接续到江户日本，并且培养出优秀的门生，在他们的不懈努力下，儒学最终获得了德川政权的认可。[①]林罗山（1583—1657年）作为藤原惺窝的得意门生，通过讲学以及参与德川幕府文教政策的制定，有力地推动了朱子学在江户时代的传播，可谓日本朱子学官学化的功臣。

日本对朝鲜在文化上的掳掠，给日本带来了一段崇敬朝鲜文化的风潮，但是由于朝鲜在壬辰战争中的失利，朝鲜的国格在战后被日本打压，由于与日本国力、军力悬殊，朝鲜被迫成为日本的藩属国。[②]壬辰战争导致丰臣秀吉集团衰落，其侵略朝鲜所取得的成果由德川家康继承，由此揭开江户幕府的序幕。鉴于此次战争的教训，日本再也不敢主动挑战业已形成的东亚政治秩序，从而保证了东北亚三百年的和平稳定。[③]

（二）“丁卯之役”和“丙子之役”

17世纪上半叶，朝鲜半岛经历了两场决定其命运的战争——“丁卯之役”（1627年）与“丙子之役”（1636—1637年），这两场战争彻底地改变了朝鲜与清朝的关系。1627年丁卯之役的爆发源于后金战略格局的重大转变。皇太极继承后金汗位后，为了打破明朝对其的战略包围，对朝鲜发动了猛烈的军事打击。面对后金铁骑的迅猛攻势，仁祖李倧（1595—1649年）被迫退守江华岛。然而，为了避免战争，李倧仍旧希望通过谈判解决问题，于是紧急派遣使者与后金进行和谈。后金提出朝鲜与明朝断绝关系、与后金结成兄弟之邦的条件，但朝鲜因感念明朝的“再造之恩”，无法接受这一要求。最终在明朝将领袁崇焕（1584—1630年）“联鲜制金”的战略配合下，与后金达成表面上的“兄弟之国”，后金军随后撤退。此次“丁卯之役”虽暂时缓和了朝

① 刘莹：《儒学的日本化——近世日本京学派思想研究》，北京：社会科学文献出版社，2023年，第143页。

② 梁晓天：《万历朝鲜战争》，北京：现代出版社，2022年，第465—467页。

③ 柯胜雨：《万历东征》，北京：清华大学出版社，2017年，序言：第5页。

鲜与后金的紧张关系,但朝鲜对明朝的忠诚并未有丝毫改变,尽管对后金心存戒惧,却仍在暗中协助明朝对抗后金。

1636年,皇太极(1592—1643年)正式称帝,改国号为“大清”。朝鲜因拒绝向清称臣,引发皇太极的不满,皇太极率十二万大军进攻朝鲜,史称“丙子之役”。仁祖李倧被迫带领部分大臣和军队到南汉山城避难,被围四十余日后出城投降,臣服于清朝。至此,朝鲜脱离与明朝长达二百余年的封贡关系,与清朝从“兄弟之国”最终成为“君臣之国”,正式成为清朝藩属国。朝鲜王朝在清朝军事威慑下被迫放弃与明朝的宗藩关系,转而向清朝称臣纳贡。然而,这一政治现实与朝鲜士人的文化认同产生矛盾。壬辰战争期间明朝的“再造之恩”使朝鲜士大夫阶层在意识形态方面“崇明贬清”,他们视明朝为周、汉、唐、宋正统的继承者,而将清朝视为夷狄政权,这种基于华夷之辨的“尊周大义”,自朝鲜孝宗李淏(1619—1659年)起一直为历代国王所推崇。

丙子之役后,仁祖李倧的长子昭显世子(1612—1645年)与次子凤林大君李淏作为人质滞留盛京,遭受屈辱待遇,回国后不久昭显世子暴病而亡,李淏成为世子,成为朝鲜孝宗,他在西人党领袖宋时烈(1607—1689年)的支持下,秘密地筹划“北伐计划”,但随着南明政权灭亡,朝鲜独自北伐难以成功,孝宗去世后,显宗李棩(1659—1674年在位)继位,其策略是等待清朝内部叛乱,至肃宗李焞(1661—1720年)北伐计划彻底破产。但在非外交场合,朝鲜摒弃清朝年号,使用明朝崇祯年号,且在祭祀仪式中坚守明朝礼制。

明朝灭亡后,权尚夏(1641—1721年)等人遵循老师宋时烈(1607—1689年)的遗志,建立万东庙。庙名“万东”,取自朝鲜宣祖李昖手书“万折必东”四字,寓意朝鲜对明朝的忠诚与追思。在明朝灭亡一个甲子之际,肃宗于宜春门赴禁苑坛,敕令汉城府在后苑春塘台构建大报坛,感念明朝再造之恩,祭祀明神宗。英祖(1724—1776年)时,祭祀对象增加了明太祖与崇祯帝。自肃宗之后,朝鲜历代国王都要亲自参与祭祀。朝鲜部分儒学家将明朝的灭亡,归咎于阳明学对朱子学的冲击。因此,他们吸取明朝灭亡的教训,极力排斥阳明学,转而致力于性理学的研究,大批的朝鲜儒学家投入性理学书籍的注释与研究之中。

二、朝鲜的学派与党派

1392年，朝鲜王朝建立，重新确立了中央集权的君主专制制度。新兴士大夫阶层积极推崇性理学，使其成为维护自身利益、宗法制度、顺应当时政治需求的主流思想。性理学逐步发展成为朝鲜王朝的正统思想，影响着社会的各个方面。

15世纪中后期，随着朝鲜社会商品经济的发展，各地私田不断增加，土地兼并严重，朝鲜王朝初期制定的很多土地政策都难以实施，这一系列变化进一步加剧了国内各阶层间的矛盾。在咸镜道地区，特别是在世祖统治末期的1467年，爆发了朝鲜前期规模最大的叛乱——李施爱之乱。不仅如此，统治阶层内部也产生了矛盾，中央的贵族官员逐渐分化，形成了两大派系："勋旧派"与"士林派"。所谓勋旧派，乃是指那些自开国功臣以来，历经多次册封而形成的强大势力，其核心成员多为朝鲜癸酉靖难后世祖册封的功臣及其亲信，他们不仅拥有大量田产，更在政治上拥有举足轻重的地位。他们遵循富国强兵的现实主义路线，致力于维护既得利益，在朝鲜建国以后逐渐发展成为一支较为保守的政治力量，通常被称为"勋旧派"。而士林派则是由一些新进士大夫势力发展而来，这些新进士大夫内部进一步分化，形成了以郑梦周（1338—1392年）为核心的稳健改良派，以及以郑道传（1342—1398年）为核心的激进改革派。

士林派，也称节义派，作为新兴势力，作为革命的主导力量，士大夫们怀揣着对社会和历史的强烈责任感，希望能够主导朝鲜这个国家。一般认为士林派的正脉是从郑梦周到吉再（1353—1419年），延续到金叔滋（1389—1456年）、金宗直（1431—1492年）、金宏弼（1454—1504年）、郑汝昌（1450—1504年）、赵光祖（1482—1519年）等。[①]

---

① 吴锡源：《韩国儒学的义理思想》，邢丽菊、赵甜甜译，上海：复旦大学出版社，2014年，第152页。

勋旧派在建国后不愿意放弃自己的既得利益，与士林派形成对立。在成宗李娎（1457—1495年）之前，学界尚未形成明显的学派，以勋旧派为主导的官学体系掌控着学术与政治话语权。成宗时岭南士林派进入中央为官，学术格局开始发生根本性转变，逐渐形成勋旧派与士林派的对立。15世纪末、16世纪初，新兴的士林派与勋旧派展开激烈的权力争夺，士林派因其力量尚显薄弱，频繁遭受勋旧派的打压与迫害，称为“士祸”。朝鲜先后发生四次“士祸”，燕山君时期的戊午士祸（1498年）、甲子士祸（1504年）以及中宗李怿时期的己卯士祸（1519年）和乙巳士祸（1545年）。士祸频发，导致士林派的力量被大大削弱。

士林派通过书院与“乡约”制度的发展，又重新聚集力量，在宣祖（1567—1608年）时重新回到权力中心。[①]自16世纪末开始，士林派完全取得政治主导地位，其内部又因学术渊源、地域背景和经世理念的差异，进一步分化为岭南学派与畿湖学派。这两大学派在此后朝鲜王朝的学术发展中长期占据主导地位。

16世纪朝鲜性理学的发展达到顶峰，朝鲜儒学家们对性理学的研究逐渐深入，涌现出一批具有开拓性的学者。其中，岭南地区以李滉（1501—1570年）、曹植（1501—1572年）为代表，湖南地区[②]有李恒（1499—1576年）、金麟厚（1510—1560年）、奇大升（1527—1572年）等，京畿地区则有卢守慎（1515—1590年）、宋翼弼（1534—1599年）、李珥（1536—1584年）、成浑（1535—1598年）等。

在16世纪前期，李彦迪（1491—1553年）和曹汉辅围绕五封书信展开的“无极太极”论辩，不仅是对《太极图说》中“无极而太极”命题的深入探讨，更是朝鲜性理学史上的一次重要思想论辩。之后，李滉与奇大升展开的“四端七情”论辩，提出理气互发说，奠定了朝鲜性理学的基础，促进了性理学在朝

① 曹中屏：《朝鲜半岛古代史》，南京：江苏人民出版社，2024年，第559页。

② 湖南地区：指历史上的全罗道，现今行政区划包括全罗北道和全罗南道。该地区的名称源于其地理方位，即位于“湖”（指锦江或碧骨堤水域）的南侧。

鲜半岛的发展。在此过程中，他排斥阳明学，确立了性理学独尊的地位。李珥反对李滉的理气互发说，他主张理先气后，因此否认理发说，只承认气发说，主张气发理乘说。他认为理气的关系是“一而二，二而一”的，由此提出理气妙合说和理通气局说。朝鲜中期形成的各学派均效仿李滉，以性理学为正统，并将其他学术思想视为异端加以排斥。然而，由于各学派对性理学的理解和阐释存在分歧，学术论争也随之频繁发生。朝鲜中期，士祸与党争频发，这些学术上的争论与政治斗争相互交织，使得学派间的排他性愈发显著。在这样的学术论争背景下，朝鲜性理学得以蓬勃发展，并逐渐分化出了各具特色的学派。朝鲜中期形成的学派有花潭学派、南冥学派、退溪学派（岭南学派）和栗谷学派（畿湖学派）。

李滉与李珥，作为朝鲜中期性理学的两大思想巨擘，共同奠定了朝鲜性理学的理论基础，因此他们二人被誉为朝鲜性理学双璧。二人虽同宗朱子，但在对理气关系的诠释上存在分歧。李滉提出“四端理发而气随之，七情气发而理乘之”的理气互发说，四端显发时理居主导地位，七情显发时气居主导地位。李珥则主张气发理乘一途说，认为气为发之者，而理乘载在气上，理的作用随气而显。

李滉与李珥在思想上的分歧，直接导致了退溪学派与栗谷学派的对立。退溪学派主要依托并得到岭南地区南人的支持，成为该地区主要政治力量，栗谷学派则以京畿地区为中心，其思想得到西人的支持，形成了稳固的学政联盟。学派与党派的交织，形成了错综复杂的局面，党争因此不可避免地渗透进了学术论辩之中，而学术立场的差异，也时常被当作党派斗争的有利武器。在此背景下，朝鲜后期的学者大多归属于这两大学派。

1592年壬辰倭乱后，朝鲜王朝政治思想历经嬗变，渐趋演变为激烈的“四色党争”。[①] 1575年，士林派又分化为东人和西人。1589年由郑汝立谋

---

① 四色党争：朝鲜王朝中后期政治生态中形成的派系斗争，史称“四色党争”，其得名于主导政局的四大政治集团老论、少论、南人、北人。

反事件引发的“己丑狱事”，东人党又分裂为以退溪学派为中心的南人和以南溟学派为中心的北人，进而衍生出大北派与小北派等次级派系，形成“党中复党”的裂变结构。1623年在“仁祖反正”[①]事件中，西人党借推翻光海君政权之机清除大北派势力，重构以畿湖学派为核心的权力格局。这种派系分裂既受地域利益驱动，又与性理学诠释分歧密切相关。

壬辰战争时，朝鲜内部的党争并未因外敌入侵而缓和，反而愈演愈烈。在战争初期立下战功的李舜臣由东人党支持，东西党人为各自利益互相攻击，不顾战争大局，导致李舜臣被构陷入狱，接任其职位的元均（1540—1597年）属西人党嫡系，却因缺乏战略眼光与治军能力，擅自修改早期李舜臣制定的作战计划，在漆川梁海战中盲目出击遭日军围歼，朝鲜水师几乎全军覆没。直至汉阳告急、陆海防线濒临崩溃之际，陷入统治危机的宣祖才重新起用李舜臣。壬辰战争后，东人党内的北人集团因光海君废母事件失势，最终被柳成龙（1542—1607年）主导的南人吸收，西人在仁祖反正（1623年）后逐步分化为主张稳健改革的老论与倾向保守主义的少论。

朝鲜王朝后期的政治格局深受学派对立的影响，这种学派与党派交织不仅加剧了思想领域的冲突，也影响了朝鲜后期的政治走向，甚至引发了权力斗争。老论[②]与少论之间的分歧，由学术探讨悄然延伸至政治斗争，致使政权内部的权力斗争愈演愈烈。老论凭借其政治优势压制少论，而少论则通过支持“洛论”试图来争取政治领域的话语权。在1721年和1722年，爆发了“辛壬狱事”，在这场斗争中，老论的许多成员被杀，而少论最终获得胜利。

---

① 仁祖反正：1623年朝鲜王朝发生的一次重大武装政变。光海君（1575—1641年）在壬辰战争爆发时临危受命被册封为世子，为朝鲜击退日本入侵作出贡献，他即位后起用大北派官员，迫害王族，冤狱不断，并在对明朝和后金的外交政策中奉行“中立”原则，成为政变的导火线，此次政变推翻了光海君李珲的统治，拥立其侄子绫阳君李倧（即仁祖）继位，标志着西人党取代大北派掌控朝政，并对朝鲜内政、外交及与明朝的关系产生深远影响。

② 老论：朝鲜王朝后期，由西人党分化产生。朝鲜王朝时期，党争派别众多，经历了东人党与西人党、南人党与北人党、老论派与少论派等多次分化。

直至英祖(1724—1776年)、正祖(1776—1800年)实行“荡平策”,党争才有所缓和。

朝鲜儒学家们面对万历朝鲜战争和丙子之役后的萧条混乱以及明朝灭亡、清朝建立的国际局势变化,围绕如何重振国家,是否要北学,即向清朝学习的问题,进行了“湖洛”论辩。主张人物性同的学者主要居住在汉城和京畿道近郊,故称为“洛论”或“洛学派”,而主张人物性异的学者大多居住在汉城的忠清道近郊的湖西地区,故称为“湖论”或“湖学派”。[①]“湖洛”论辩是指发生在朝鲜栗谷学派老论内部的性“理学”论辩,是朝鲜儒学史上的三大论辩之一。从思想史层面考察,这场论争实质上反映了当时朝鲜知识分子在面对难以接受的现实困境时所作出的理论抉择。尤其值得注意的是,对于掌握政权核心的老论而言,这场争论更成为其拒绝丙子胡乱后清朝强加的宗藩关系的重要理论武器。老论作为掌权派,试图通过支持“湖论”的圣凡心不同论和人物性异论来巩固自身的政治地位,反对“荡平策”。而少论则倾向于“洛论”,主张圣凡心同论和人物性同论,认为人与物在本质上具有共通性,并对南人采取较为温和的态度,支持英祖的“荡平策”,试图通过调和党派矛盾来维持政局稳定。

16世纪末至17世纪初的壬辰倭乱和丙子胡乱严重破坏了朝鲜的国力。在此背景下,朝鲜文人开始反思程朱理学的清谈空论,转而探究强国济民的“实用之学”。朝鲜实学由此诞生,实学家们主张“经世致用”,秉持实事求是的态度。北学派对当时朝鲜崇明排清的华夷观念进行批评,主张学习清朝及西方的先进文化与技术,进行技术革新和制度改革。18世纪前半期,李瀷(1681—1763年)使实学得到了更深层次的发展,建立星湖学派,将实学研究扩展到天文、地理、科技等领域,但对天主教持怀疑态度。18世纪后半期,以洪大容(1731—1783年)、朴趾源(1737—1805年)、朴齐家(1750—?)等为代表的“北学派”,在朝鲜实学思想中占据重要地位。朴趾源曾随兄出使清朝,

① 邢丽菊:《韩国儒学思想史》,北京:人民出版社,2015年,第234页。

目睹乾隆盛世，回国后写成《热河日记》，倡导学习清朝以及西方先进的技术、文化。金正喜(1786—1856年)作为朴齐家弟子，在传承北学派“利用厚生”理念的基础上，借鉴清朝考据学，确立实事求是的朝鲜考据派实学。丁若镛(1762—1836年)作为朝鲜实学思想的集大成，对西方科技、天主教均有所学习，他的实学思想纵向继承李瀷(1681—1763年)、权哲身(1736—1801年)等的经世学，横向融合明清实学、北学派思想及天主教、西方科学技术。18世纪末到19世纪是朝鲜实学思想蓬勃发展的时期。

第二节 《太极图说》在朝鲜半岛的传衍与影响

一、《太极图说》在朝鲜半岛的传衍

(一)周敦颐生平概述

周敦颐(1017—1073年)，字茂叔，号濂溪，道州营道县(今湖南道县)人，原名惇实，后因避宋英宗旧讳改名为惇颐。濂溪去世116年后，宋光宗赵惇(1147—1200年)即位后，为避其讳，时人将“周惇颐”改为“周敦颐”。[①]15岁时，周敦颐父亲去世，随母亲前往京师开封，投奔舅舅郑向。20岁时，因舅舅的恩荫关系，进入仕途。周敦颐一生为官遍布江西、湖南、四川、广东等地，虽官职不大，却始终勤勉尽责，兢兢业业，广受赞誉。

周敦颐生活的时代，国家面临着辽和西夏的军事压力。北宋与辽国之间经历了高粱河战役、雍熙北伐等军事冲突，但屡战屡败，最终只能通过“澶渊之盟”向辽国纳绢贡银以换取和平。在与西夏的三川口战役、好水川之战等军事对抗中，宋也多次惨败。这种动荡不安的局面，使得北宋士大夫群体的精神意识觉醒。北宋自王朝初年就重视士大夫精神的培养，并营造了一种相对宽容的氛围，允许士大夫对朝政进行批评。在这种环境下，北宋士大

① 王晚霞:《古代学人的更名问题——以濂溪先生“周惇颐”为例》,《中国社会科学报》,2023年第8版,第2页。

夫们“先天下之忧而忧，后天下之乐而乐”的以天下为己任的精神被充分激发出来。黄庭坚评价周敦颐道：“人品甚高，胸怀洒落，如光风霁月。廉于取名而锐于求志；薄于徼福，而厚于得民，菲于奉身，而燕及茕嫠；陋于希世，而尚友千古。”[①]

周敦颐的《太极图说》和《通书》在宋明理学中具有重要的地位，对后世产生了深远的影响。因此周敦颐也被誉为理学开山之人。周敦颐在世时，其思想产生的影响并不大，甚至在其去世后相当长的一段时间，其思想也并未受到重视。

周敦颐宋代理学开山和道学宗主地位的确立，与湖湘学派的推崇和宣扬密不可分。湖湘学派对周敦颐的推崇，最早始于胡安国，胡安国关注周敦颐，但并未深入研究周敦颐的学术思想，这一任务则落在其子胡宏的身上。胡宏将周敦颐与邵雍、二程、张载并列，这是“北宋五子”第一次联名登上历史舞台，周敦颐作为理学开山鼻祖的地位开始确立。胡宏对周敦颐的评价影响了弟子张栻（1133—1180年），他进一步阐述了周敦颐的思想以及其在儒学史上的贡献。[②]受到张栻的影响，朱熹因此也十分推崇周敦颐的思想，对其评价极高。他在《濂溪先生事实记》中写道：

> 先生博学力行，闻道甚早，遇事刚果，有古人风。为政精密严恕，务尽道理。[③]

周敦颐的家乡有溪水名叫濂溪，他将住处附近的小溪，也命名为濂溪。他还以濂溪命名自己的书堂。周敦颐喜欢游历山水，每到一地都要登山游览，或赋诗，或题刻，晚年选择在庐山定居，最终在庐山病逝，后世学者称他为濂溪先生。

---

①《宋史·道学传·周敦颐传》，载《周敦颐集》，北京：中华书局，1990年，第87页。

② 陈代湘、方红娇：《湖湘学派的起源与流行》，北京：中国社会科学出版社，2020年，第30—32页。

③ 朱熹：《朱子全书》第25册，朱杰人、严佐之、刘永翔主编，上海：上海古籍出版社、合肥：安徽教育出版社，2002年，第4558页。

(二)《太极图说》在朝鲜半岛的传播

周敦颐的思想不仅对宋代理学产生重要影响，还传播到其他国家，其著作及相关研究书目有中文版115种，日文版82种，德文版4种。[①]可见周敦颐思想传播之广泛。

朝鲜半岛学者接受性理学始于高丽王朝后期，高丽忠烈王（1236—1308年）时安珦（1234—1306年）曾经跟随高丽世子留居燕京。安珦在燕京时见到了新版的《朱子全书》，于是手抄了一部，同时还摹画了孔子和朱子的肖像带回国。这是性理学及朱熹著作进入朝鲜的最早记录，也是朝鲜半岛儒学史上的重要事件。安珦因崇敬朱子，遂依朱子号晦庵之例，号晦轩。他认为朱子之学可以“垂宪万世”，所以回国后在国子监中讲授朱子学。权溥（1262—1346年）精心校订了《四书集注》，极大地推动了性理学在朝鲜半岛的发展。

随着性理学在高丽国子监的系统讲授，周敦颐的《太极图说》，被正式引入并广泛传播于朝鲜半岛。韩国性理学的开始，应该说是始于朱子学以前的北宋性理学，绝对不是始于朱子学。[②]北宋理学的代表人物当首推周敦颐，他上承中国古代伏羲画卦、《河图》《洛书》以及《周易》相关象数图等以图形表达思想的传统。[③]

李穑（1328—1396年）在讲授道统思想时，必会提及三位关键人物，唐代的韩愈（768—824年）、宋代的周敦颐（1017—1073年），以及元代的许衡（1209—1281年）。他培养了众多后学，如郑道传（1342—1398年）、河仑（1358—1416年）、权近（1352—1409年）等。金时习（1435—1493年）专门作《周敦颐传》，盛赞周敦颐的《太极图》与《通书》。

---

① 梁绍辉：《周敦颐评传》，南京：南京大学出版社，2011年，第433页。

② 韩国哲学会编：《韩国哲学史》中卷，龚荣仙译，北京：社会科学文献出版社，1996年，第88页。

③ 王晚霞：《韩国儒学的图说学与周敦颐〈太极图〉》，《东南学术》，2023年第1期，第225页。

周敦颐在《太极图说》中构建了“无极—太极—阴阳—五行—万物—人”的宇宙生成论框架，系统地阐释了宇宙生成万物的过程。因此在他的思想体系中，“太极”能动能静、能够化生万物。朱熹提出“太极即理”将太极提升至本体论，但这样在解释周敦颐所言“无极而太极”“太极动而生阳”等命题时就会产生矛盾。不仅中国哲学家对此问题多有关注，朝鲜儒学家李滉、奇大升、李珥等依据周敦颐、朱熹以及中国性理学者的观点，对此问题亦提出自身见解。18世纪末到19世纪是朝鲜实学思想的蓬勃发展时期，丁若镛作为朝鲜实学思潮的集大成者，依然对“太极即理”“无极而太极”等命题予以关注，并进行新的解读。

周敦颐所著《太极图》及《太极图说》的最大特色在于图像与解说结合，由此建构了宇宙生成论体系。《太极图说》作为性理学的重要经典，随着性理学著作一同传入朝鲜半岛。这不仅为朝鲜学者提供了新的学术视野，更开启了朝鲜儒学家的图说治学之路。《太极图说》凭借其深邃的哲学思想和独特的图解形式，在朝鲜王朝学术界迅速引起广泛关注，风靡一时，成为朝鲜儒学家们研究和探讨宇宙、自然、社会与人生等诸多哲学问题的重要理论依据与思想根源，促进了朝鲜性理学的发展。

周敦颐的《太极图》作为元图像启发了朝鲜儒学的图像诠释传统，据不完全统计催生了近千幅学术图像。这些由朝鲜大儒创制的非艺术图像，在保持《太极图》核心构图的基础上形成了独特的性理学体系。值得注意的是，朝鲜学者在承继《太极图》时，并未止步于简单模仿，而是展现出了辩证发展的特征。朝鲜性理学家所绘制的图像体现了对周敦颐《太极图》的演进与超越。[①]朝鲜儒学家融入宇宙论和心性论思考，最终绘制了大量具有韩国性理学特征的图像。

从学术传承与理论构建的视角来看，朝鲜儒学家在图像领域的创造性发展具有重要的价值。值得注意的是，若抽离周敦颐的《太极图》，朝鲜儒学独具特色的图像表达传统将丧失其最为根本的理论依据，其体系的完整性

① 王晚霞：《濂溪先生与濂溪学的东亚环流》，《中国社会科学报》，2022年第6版，第1页。

和逻辑的自洽性亦将无从谈起。朝鲜儒学家所绘图像,在主图构图的基本层次、逻辑结构及宏观框架上,与周敦颐图像相似,但在图体画法上略有差异,更在结合自身对性理学基本概念理解的基础上,于图式组合方式上展现出了一定的创造性。

二、《太极图说》对朝鲜性理学的影响

周敦颐的《太极图说》系统地阐述了宇宙生化的理论,构建了一个以“无极”和“太极”为核心的宇宙生成论体系。他认为,“无极”是无形无象、无始无终、尚未分化成形的混沌状态,是宇宙万物的终极本原,而“太极”则是从“无极”中演化而来的,是宇宙生成万物的根源,“太极”通过动静,分化出阴阳二气,进而生成五行,最终化生万物,生生不息。

高丽末期,朝鲜半岛正处于儒佛更替之际,由于接触的书籍资源有限,性理学研究相对滞后。但以李穑、郑梦周、郑道传为代表的丽末鲜初的儒学家们认识到佛教、道教对社会的消极影响,遂积极倡导性理学。他们对周敦颐《太极图说》中的诠释,为朝鲜性理学的发展奠定基础。李穑将“太极”视作宇宙化生万物的根源,重视其“寂”的属性。郑梦周依据《太极图说》批判佛教虚无主义,弘扬性理学。郑道传的太极论与周敦颐思想一脉相承,以“太极”为宇宙本体,阐述其乃万物生成之理,以此批判佛教轮回说与因果报应说。

朝鲜王朝建立后,性理学成为官方正统思想,朝鲜儒学家们开始系统研究周敦颐的《太极图说》。徐敬德(1489—1546年)在其代表作《原理气》中,他进一步引用《太极图说》中的“无极而太极”和“太极动而生阳”等命题,结合张载的太虚即气论与邵雍的先天易学来阐述万物的生成过程。徐敬德是从气学的角度对周敦颐《太极图说》进行诠释的。

朝鲜初期儒学家多依据周敦颐的《太极图说》与朱熹的理气论框架,创作了大量的性理学图像。“图说”或“图解”可谓朝鲜学者学习探讨性理学的方法之一。朝鲜学者以图和图说来诠释性理学的基本概念,并且以四端七情为导线,围绕着心性论与修养论,深入探讨了性理学的理气、心性等问

题。[1]朝鲜儒学家们的图像体系承袭并创造性转化了周敦颐《太极图》的思维模式，图像结构上基本遵循《太极图》的“无极—太极—阴阳—五行—人—万物”的生成模式。

朝鲜儒学家将理、气、心、性等性理学概念与图像的元素结合，绘制了大量的《太极图》衍生图像。权近《天人心性合一之图》、李滉、郑之云、金麟厚的《天命图》、韩元震的《一原分殊图》等均是其中的代表，虽然在基本层次与宏观框架上延续了《太极图说》的逻辑，但通过创新实现了理论突破。在图像周围或中心巧妙融入阐释性文字，构建了图文相辅相成的诠释体系，这不仅强化了宇宙论与心性论的内在联系，还使得图式表达更为细腻、精确且深邃，体现了理学思想的精妙。

周敦颐在《太极图说》中提出“无极而太极”这一命题在宋明理学及整个中国哲学史中占据了极其重要的地位。朱熹与陆九渊兄弟之间的“无极太极”论辩，不仅在中国哲学史上占有重要地位，也对朝鲜性理学产生了深远的影响。徐敬德延续了周敦颐的思维方式，对“无极而太极”这一命题进行诠释，他指出“无极而太极”属于对先天之境的描绘，亦是一种动静相结合、相统一的状态。在徐敬德看来，“无极”代表了宇宙的原始混沌状态，是万物未生的初始状态，而“太极”则是在“无极”的基础上产生的，是有形的存在。

李彦迪（1491—1553年）在与曹汉辅的“无极而太极”论辩中，援引朱熹的观点批评曹汉辅之说。李彦迪在论辩中不仅继承了朱熹的理学传统，还在朝鲜半岛的儒学语境中进行了创新，发展了朱熹“太极即理”的观点。[2]李彦迪在接受朱熹思想的基础上，提出了“寂而感”，形成了自己独特的心性论体系。[3]在朝鲜性理学史上，李彦迪的太极思想具有承前启后的作用，启发了李滉的理气互发说。李珥与徐敬德的门人朴淳（1523—1589年）就太极与

① 张敏：《韩国思想史纲》，北京：北京大学出版社，2009年，第163页。

② 张品端：《韩国儒学史上“无极太极”论辩——以李彦迪和曹汉辅为中心》，《中国哲学史》，2017年第4期，第122—128页。

③ 高星爱：《朱子学在韩国的生根发芽——以李彦迪的太极论为中心》，《哲学动态》，2023年第11期，第75—81页。

阴阳关系展开了论辩。在这场争辩中，朴淳支持徐敬德的思想，而李珥则重释太虚与太极之间的关系，试图驳倒朴淳。

在周敦颐的哲学思想中，“立人极”这一命题占据着至关重要的地位，他极其重视从人的自我追求角度去探索人的本性。人的卓越性正是通过人的道德意识得以被发现并完成的，而人的道德主体性的挺立则为“立人极”。十六世纪，朝鲜性理学逐渐走向成熟，朝鲜儒学家们对心性论的关注日益提升。李滉与奇大升所展开的“四端七情”论辩，开启了朝鲜儒学理论思辨的新高潮。论辩伊始，两位儒学家主要围绕四端与七情的性质以及发用机制展开论辩，随后又在理气关系、太极动静、太极与阴阳、无极而太极等诸多问题上进行探讨。

李滉与奇大升这场持续八年之久的“四端七情”论辩，不仅促进了李滉和奇大升自身思想的发展与完善，还有力地推动了朝鲜性理学的本土化进程。李滉提出理气互发说，主张四端根源于性，即理发而气随，纯善无恶，七情根源于气，即气发而理乘，有善有恶。李滉的四端七情论强调四端与七情的根源不同，旨在说明道德情感与自然情感存在根本差异。奇大升则主张理气兼发说，认为四端是七情中发而中节的部分，二者同质而异名，强调理气在现实中的不可分离性。

在他们之后，越来越多的朝鲜儒学家投入对四端七情命题的讨论之中。李滉辞世两年后，李珥和成浑（1535—1598年）再次展开“四端七情”论辩，并且进一步扩展至对“人心道心”问题的讨论。李珥提出气发理乘说，将四端与七情俱视为气的发用，并在人心道心论中探讨了道心的主宰作用，深入剖析了人在道德实践中的主观能动性，“人极”由此挺立。

作为朝鲜实学的集大成者，丁若镛也对四端七情这一命题进行诠释。他综合了李滉与李珥的四端七情论，认为四端与七情存在公私之别，通过性嗜好说建构其四端七情论，突出人的独特性。他主张四端之心是人所独有的，人是道德实践的主体，将周敦颐的“立人极”发展到新高度。朝鲜儒学家们在对四端七情等诸多问题的探究过程中，试图探寻如何在朝鲜本土文化土壤中更好地确立人的道德主体性，进一步弘扬周敦颐“立人极”的价值理念。

权近《入学图说》在模仿周敦颐《太极图说》的基础上，结合理气论，绘制了《天人心性合一之图》，通过图像将抽象的性理学概念转化为直观的、形象的表达。权近将周敦颐《太极图说》的宇宙生成论与朱熹的理气论相结合，构建了一个以“太极”为最高本体的哲学体系。太极被视为宇宙万物生成的根源，同时也是天理的体现。天理通过太极下贯于人性，成为人之性的一部分。他强调太极的恒常性和普遍性，认为“太极”是宇宙万物的终极本体。他对四端与七情进行明确区分，四端是性发之情，源自天理，是纯善无恶的道德情感，七情则是心发之情，受气禀影响，是有善有恶的一般情感。

权近在《天人心性合一图》中明确阐述了“性”与“心”的关系。性是天理在人心中的体现，是纯粹的、先天的道德本性，心则是性的表现形式，是性与情的统一体。他通过图示的方式，对性、心、情、意等概念进行了系统的梳理，主张通过“诚”和“敬”的修养工夫来实现天人合一。他认为，诚是天道的本质，敬是人道的实践路径。通过存养省察的工夫，人可以逐步去除气质的遮蔽，使天理充分显现，最终达到圣人的境界。

郑之云（1509—1561年）绘制的《天命图》成为李滉与奇大升“四端七情”论辩的导火线。金麟厚（1510—1560年）在看过郑之云的《天命图》后也作《天命图》，他的《天命图》以周敦颐《太极图说》的宇宙生成论为基础，融合朱子学的理气论与心性论，旨在构建“天道”与“人道”相互贯通的哲学体系。在宇宙论层面，借助太极的动静变化阐释阴阳五行的化生机制，强调“理气妙合”的创生原理。在心性论层面，继承并发展了周敦颐人性论，强调人与物的不同，认为人是道德实践的主体。在工夫论层面，他提出了“主敬”的修养路径，通过渐进的工夫次第最终达到“中和”的境界。

自16世纪中叶起，朝鲜儒学家便开始以理气论来诠释《太极图说》。宋翼弼（1534—1599年）和金干（1646—1732年）就是其中的代表，至韩元震（1682—1751年）依据李珥的理通气局说对周敦颐的《太极图》以及《太极图说》进行了更为系统的考察。他在其著作《经义记闻录》中的《太极图》这一章节中，对太极与理、太极与气之间进行分析。他还依据周敦颐的《太极图》，提出了一元分殊论，由此绘制了《一原图》《一原分殊图》与《分殊图》以及《分殊又分殊之图》。在形上层面强调“理为气之主宰”，主张理气虽在概念上“不杂”，但在实存状态为“不离”。他依据“一原分殊”的理论框架，将理气论延伸至人性论领域，提出性三层说。[①]他将“性”划分为“超形气之性”“因气质之性”“杂气质之性”。韩元震的性三层说的创新性在于论证了人与物拥有不同的“气质之性”外，更关键的是提出了一个介于“本然之性”与“气质之性”之间的第三层次的性——“杂气质之性”，用以解释人与物之间、人与人之间以及物与物之间在禀赋上的差异。

① 최영진、조첨첨:《〈태극도설〉에 대한 남당의 이기론의 해석체계——〈경의기문록〉〈태극도〉를 중심으로》,《철학》,2021年第146辑,第11—18页。本文中文翻译版收录于唐利国、刘莹主编:《东亚区域意识的建构史》,北京:社会科学文献出版社,2024年,第3—23页。

第一章 丽末鲜初儒学家对“太极”的诠释

丽末鲜初是儒佛交替时期，当时，朝鲜半岛所能接触到的书籍资源有限，对性理学的研究并不活跃，但以李穑、郑梦周、郑道传为代表的儒学家们意识到佛教、道教对人与社会的危害，于是他们积极在朝鲜半岛倡导、推广并讲授性理学，尤其对周敦颐的《太极图说》所蕴含的性理学思想进行了诠释与发展，确立了朝鲜性理学的基本框架，培养了大批性理学者，这为朝鲜性理学的发展奠定基础。李穑将“太极”视为宇宙万物化生的依据，认为“寂”是其根本属性，太极通过“一动一静”化生万物。他强调“理”的绝对性与“气”的从属性，这一理气观奠定了朝鲜性理学的基本框架。人心作为“寂之次”，通过“一感一应”进行道德实践。郑梦周以《周易》《太极图说》所蕴含之理为依据，批判佛教的虚无主义，他承袭了周敦颐对《艮》卦的见解，盛赞《艮》卦所蕴含的儒家哲理。郑道传的太极论与周敦颐一脉相承，他以太极为宇宙本体，强调太极是宇宙万物生成与存在的本原，认为太极动静分化出阴阳二气，阴阳交互作用生成五行，进而化生万物。郑道传依据这一理论框架批判佛教的轮回说和因果报应论。

第一节 李穑的太极论

李穑（1328—1396年），字颖叔，号牧隐，本贯韩山，出生于宁海。他与门人郑梦周（圃隐）、吉再（冶隐）并称“丽末三隐”。李穑的家族出身并不高，他的曾祖李昌世、祖父李自成原属地方乡吏，其父李谷通过科举入仕方实现社会阶层的跃升。李谷先在高丽登科，后于元朝制科及第，这一跨文化科举经历不仅振兴了家门，也为李穑的学术发展提供了重要的契机。李穑自幼展现出超凡的学习天赋，跟随父亲好友朝鲜大儒家李齐贤（1287—1367年）[①]学习。十四岁考中成均试，之后凭借其父在元朝的官员身份，李穑以荫补资格入读元朝国子监，系统研习程朱理学，这一学术经历奠定其思想基础。1349年，李穑在元朝的科举考试中成绩优异，通过会试和殿试，位列二甲第二名，被授予应奉翰林文学承仕郎的职位，并担任同知制诰和国史院编修官。

他先后在高丽和元朝取得状元及进士功名，并曾供职于元朝翰林院，展现出卓越的学术造诣。在1353年，他以书状官的身份再次前往元朝。1356年，他回国，继续担任艺文馆大提学、春秋馆事等重要职务。高丽自1361年战乱后，学校荒废，国王意图振兴儒学，遂在崇文馆旧址重建成均馆，以李穑为成均馆首任大司成，由于师资之匮乏，特选金九容（1339—1384年）、郑梦周（1338—1392年）、朴尚衷（1332—1375年）、朴宜中（1337—1403年）、李崇仁（1347—1392年）等经学大家兼任学官之职。

李穑在担任大司成期间积极推广性理学，重新订制教学方式，悉心培养了一大批性理学者，如郑梦周、权近（1352—1409年）等，开创了高丽儒学教育的新篇章，对此权近有着更为详细的描述。

> 明年戊申春，四方学者坌集，诸公分经授业。每日讲毕，相与论难疑义，各臻其极。公怡然中处，辨析折衷，必务合于程朱之旨，竟夕忘倦。于是东方性理之学大兴，学者祛其记诵词章之习，而穷身心性命之理，知宗斯道而不惑于异端，欲正其义而不谋于功利。儒风学术，焕然一新，皆先生教诲之力也。[②]

李穑对当时高丽学术界过于注重文字解读、忽视儒学核心精神的现象提出批评。因此他在普及性理学时，强调义理辨析，反对空泛的词章记诵

① 李齐贤：（1287—1367年），字仲思，号益斋、栎翁，初名之公，高丽庆州人，少年时期便通过科举考试进入仕途，因其卓越的才华被高丽忠宣王召至元大都。他在官场历经七朝，经历了多次的官职升降。高丽恭愍王即位后，他被任命为都佥议政丞（相当于首相），并在此后多次担任首相。1357年，他以门下侍中的身份退休，被封为鸡林府院君。1367年逝世，被追赠谥号文忠。

② 李穑：《牧隐稿》，首尔：民族文化推进会，1990年，第507页。

之学。他每日与学生论辩经义，折中各家观点，促进性理学在高丽王朝的发展。

羲轩世云远，周孔今安归。二帝日正午，昭王始衰微。
秦天极昏黑，失路迷所归。濂溪导伊洛，源远势益微。
考亭夫子出，理学通精微。鲁斋幸同嗜，北庭时发挥。
程朱载道器，大斥二氏非。尚作句解读，谁复知三希。[①]

李穑在开篇提及伏羲、黄帝、周公、孔子，表达了对古代圣王及儒家道统的尊崇，同时感慨其在当时已难觅踪迹，体现了对儒学道统传承的忧虑。他高度肯定了周敦颐作为理学先驱的地位，并赞誉二程及朱熹对理学的发展，认为许衡继续将理学发扬光大。李穑认为儒学既重视人伦又重视教化，是修身治国的纲领，所以他积极推广儒学，希望由此改变社会风气，促进社会发展。

李穑是朝鲜性理学史上，首位提及性理学道统论的学者，他认为自己所继承的性理学道统是尧—舜—文武—孔子—孟子—韩愈—欧阳修—周敦颐—程颐—程颢—许衡一系。

孔氏法也。故上古之书，目曰《虞书》《夏书》《商书》《周书》。类诗以体，亦孔氏法也。故侯国之诗，目曰《风》，天子之诗，曰《雅》、曰《颂》。孔氏祖述尧舜，宪章文武，删《诗》《书》，定《礼》《乐》，出政治，正性情，以一风俗，以立万世太平之本。所谓生民以来，未有盛于夫子者，讵不信然。中灰于秦，仅出孔壁。诗书道缺，泯泯棼棼。至于唐韩愈氏，独知尊孔氏，文章遂变。然于《原道》一篇，足以见其得失矣。宋之世，宗韩氏学古文者，欧公数人而已。至于讲明邹鲁之学，黜二氏诏万世，周程之功也。宋社既屋，其说北流。鲁斋许先生，用其学相世祖。中统至元之治，胥此焉出。[②]

李穑指出孔子推崇古代圣王，删《诗》《书》，定《礼》《乐》，矫正性情，统一

① 李穑：《牧隐稿》，首尔：民族文化推进会，1990年，第19—20页。
② 李穑：《牧隐稿》，首尔：民族文化推进会，1990年，第72页。

风俗，奠定了万世太平的基础。唐宋时期，韩愈尊崇孔子，宋朝的欧阳修等人继承韩愈的学说，而周敦颐、程颐、程颢进一步阐明儒家学说，排斥佛道二教，影响后世。

李穑指出在宋朝灭亡后，儒家学说流传到北方，许衡等运用儒家学说辅佐元世祖，促进了至元之治的出现。韩国学者尹丝淳指出李穑的道统论忽视朱熹而列入许衡是因为受到元朝学风的影响，所以他不像朝鲜的儒学家那样崇拜朱熹，可以说他的性理学带有元代性理学的色彩。①

1371年，李穑遭遇母丧及恭愍王去世的双重打击，长期隐居不出。在这段隐居的日子里，他的学术思想逐渐沉淀并走向成熟。高丽禑王（1374—1388年）时期复出后，在动荡的政治局势中，他始终坚持维护高丽王朝的正统性。李穑在仕途鼎盛期曾五度执掌科举考试，选拔了大量的优秀人才，为朝鲜半岛性理学的发展奠定基础。

1388年李穑因卷入“威化岛回军”事件后的王位继承之争，遭到以李成桂为首的军事集团的排挤。在此后五年间，他历经数次弹劾、流放，1393年获朝鲜太祖特赦重返政坛。李穑在高丽王朝后期的处境展现了朝代更迭之际知识分子的困境。1396年在骊州去世，谥号“文靖”。

著有《牧隐稿》。

一、太极论

在周敦颐的《太极图说》中，“太极”可谓混沌未分的原始状态，是宇宙最初的根源。李穑将“太极”视为宇宙万物生成的根源，其所谓“寂”并非仅指时空意义上的原初状态，而是指天地万物生成之前的状态。

> 太极，寂之本也，一动一静而万物化醇焉。人心，寂之次也，一感一应而万善流行焉。是以大学纲领，在于静定，非寂之谓乎？中庸枢纽，在于戒惧，非寂之谓乎？戒惧，敬也。静定，亦敬也。敬

---

① 尹丝淳：《韩国儒学史：韩国儒学的特殊性》，邢丽菊、唐艳译，北京：人民出版社，2017年，第90页。

者,主一无适而已矣。主一,有所守也,无适,无所移也。有所守而无所移,不曰寂不可也。治平政事之明效,位育道德之大验。师之寂也,其亦普利含识之源本欤?如或槁木其形,寒灰其心,而滞于寂,则与吾儒之群鸟兽者何异?吾儒之绝物也,释氏之罪人也。[①]

李穑以"太极"为宇宙本体,因此宇宙万物的生成与演化并不是派生关系,而是"体用关系"。"太极"作为最高本体,是万物存在的终极根源。周敦颐的《太极图》虽源自道家用于阐述修炼的原始图式,但他对其进行了重新诠释,赋予了全新的哲学意义。[②]他在《太极图说》中说道:"太极动而生阳,静而生阴,静极复动,一动一静,互为其根。"周敦颐的论述不仅揭示了太极的"动静"是宇宙变化的根本动力,同时也体现了太极体用论,太极之"动"展现其"用",而"静"则彰显其"体"。

李穑主张"寂"是太极之体的根本属性,太极通过"一动一静"的相互作用化生万物,而人心作为"寂之次",则通过"一感一应"进行道德实践。他还以《大学》所言"静定"与《中庸》所言"戒惧"为依据,指出二者皆以"敬"为根本旨归。程颐明确指出"所谓敬者,主一之谓敬,所谓一者,无适之谓一"[③]。李穑继承了程颐的观点,认为敬就是"主一无适",主一就是精神专注的状态。"主一"就是"无适"的状态,没有任何对象和方向的一种精神的凝聚、炯然在中的状态。[④]

李穑十分重视"敬"的作用。[⑤]他说:"学道者,由敬以诚正;出治者,由敬以治平。夫妇之相敬,史又书之。田野间亦不可无敬也,况于朝廷乎?况于乡党乎?况于屋漏乎?事天享帝,以致四灵,皆不外此。"[⑥]在他看来,无论是学道、治理国家、夫妇相处,还是在田野、朝廷、乡里、独处、祭祀等,都要做到"敬"。

---

① 李穑:《牧隐稿》,首尔:民族文化推进会,1990年,第49页。
② 冯友兰:《中国哲学史》下,北京:商务印书馆,2011年,第298页。
③ 程颢、程颐:《二程集》,北京:中华书局,1981年,第169页。
④ 杨立华:《宋明理学十五讲》,北京:北京大学出版社,2015年,第186页。
⑤ 최영진:《한국 성리학의 발전과 심학적·실학적 변용》,서울:문사철,2018,第86页。
⑥ 李穑:《牧隐稿》,首尔:民族文化推进会,1990年,第78页。

周敦颐说:“寂然不动者,诚也。”[①]“寂然不动”并不是指一种如同石头般的绝对静止或毫无动静,而是强调内在的平静与稳定,即没有主动的欲求和外部干扰的状态。李穑则进一步强调“寂”是恭敬与专注的状态。在他看来,“寂”并非静止,而是一种积极的内在修养,表现为对事物的敬畏之心和对行为的专注态度。他特别指出若追求形如“槁木”、心如“寒灰”的枯寂,滞于空无,则不仅背离儒家“成己成物”的实践宗旨,亦堕入佛家“沉空守寂”的偏弊。

在李穑的思想体系中,“寂”不仅是宇宙论层面的,同时也与人心相契合,成为道德修养的起点。心的“寂”是一种本然的状态,是善的根源。当心处于“寂”的状态时,通过“感”与“应”的相互作用,生发出无穷的善。因此,“寂”并非死寂或虚无,而是蕴含着无限的道德潜能。

李穑认为“寂”必须最终导向现实的社会伦理实践。在他看来,儒家主张“修身、齐家、治国、平天下”,因此人的道德修养必须落实于具体的社会实践,承担起社会责任,若仅追求内心的“寂”是脱离现实生活的,那么修养便失去其根本意义。因此李穑严厉批评佛家追求的“寂”是忽视人伦日用的。他对“寂”的诠释,不仅在本体论层面深化了太极之意涵,更在工夫论与伦理学层面赋予其实践意义。由此可见,李穑所言的“寂”与佛教的“寂”有本质区别,但是仍能看出其思想没有完全摆脱佛教的影响。

李穑的宇宙本体论以“太极”为核心范畴,认为宇宙的本体根源于太极,而太极又存在于万物之中。太极是宇宙万物生成的根源,阴阳是太极的具体表现和展开形式。

> 天之体,本于太极,散于万物,脉络整齐,其明大矣。然人之虚灵不昧,虽在方寸之间,然与天也断然无毫发之异。谓天与人不相属者,非知斯道者也。予亦非知斯道者也。然与可明言之如真知,岂不可愧哉?然亿则屡中,赐之所以多言也。予何敢避多言之责哉?孟子曰:“予岂好辩哉?”穑也盖伤焉。[②]

① 周敦颐:《元公周先生濂溪集》,长沙:岳麓书社,2006年,第57页。
② 李穑:《牧隐稿》,首尔:民族文化推进会,1990年,第80页。

在李穑的哲学体系中，太极被确立为最高本体，既是宇宙万物的终极根源，又是万物存在的内在依据。天之体亦源于太极，太极散布于万物之中。他进一步阐释，人心虽局限于方寸之地，却是虚灵不昧的，与天之本体并无二致。

李穑的太极论，既不同于汉唐气学的朴素唯物倾向，也有别于后期朝鲜性理家呈现出的“重理”或“重气”的特征，虽然李穑尚未构建出一个完整的性理学体系，这体现了高丽末期至朝鲜初期性理学理论建构处于过渡期的特征。但李穑对“太极”“理气”等问题的见解，对丽末鲜初的性理学产生了深远的影响，为儒学在朝鲜王朝的发展奠定了理论基础。

二、无极而太极论

周敦颐在《太极图说》中提出“无极而太极”的命题，首次将“无极”与“太极”结合在一起。无极与太极乃一体之二名。[①]太极指未分化的混沌状态，无极是指混沌的无限状态。太极作为万物的根源本身是无形的、无限的，这就是所谓“无极而太极”。李穑依据周敦颐的思想，以《周易》的阴阳变易思想为基础，从宇宙生成论的角度对周敦颐的“无极而太极”的命题进行诠释。《周易》认为从太极中首先分化出两仪，即阴、阳。两仪代表着宇宙间最基本的两种力量和属性，阴代表柔顺，而阳则代表刚健。这一过程象征着宇宙万物从无形趋向于有形，由无序走向有序。

> 求其阳奇阴耦，阳变阴化之原，则归于无极之真而已矣。无极之真难乎名言矣，《诗》曰“上天之载，无声无臭。”其无极之所在乎？故周子作《太极图》，亦曰“无极而太极”，盖所以赞太极之一无极耳，在天则浑然而已，发风动雷之前也；在人则寂然而已，应事接物之前也。[②]

无论是阳气的奇妙、阴气的柔顺，还是阳气向阴气的转化，其最终的根源都指向“无极之真”即太极。这表明“太极”是宇宙生成与变化的逻辑起

---

① 张岱年：《中国哲学大纲》，北京：商务印书馆，2015年，第101页。

② 李穑：《牧隐稿》，首尔：民族文化推进会，1990年，第23页。

点，太极既是阴阳未分的浑然状态，亦是万物化生的形上依据。“太极”的意涵具有不可言说的超越性。正如《诗经》所言“上天之载，无声无臭”，揭示了太极之特征。太极象征着宇宙本原的原始混沌，即天地未判、阴阳未分之境，犹如自然界风雨雷霆未作的玄默。于人而言，太极即《周易·系辞》所谓“寂然不动”，《中庸》所言“未发”，此时人的心尚未与具体事物相接触，心保持着澄明状态。

李穑认为周敦颐作《太极图》时提出的“无极而太极”之命题，旨在强调“无极”与“太极”之间的紧密关系，即“太极”源于“无极”。李穑从自然和人的层面进一步阐述“太极”，太极在天道层面呈现为浑然一体的状态，在人的层面则表现为寂然不动。他以“浑然”与“寂然”为枢纽，将“太极”与天道、人道相联结，天道的“浑然”体现为风雷未发之前的原初整全状态，人道的“寂然”则表现为应事接物之前心的本然状态。

李穑对“无极”与“太极”关系的解读，融合了周敦颐与朱熹的思想，构建了一个系统而富有层次的宇宙生成论框架。他以《周易》的阴阳变易思想为基础，从宇宙生成的角度对“无极而太极”命题进行诠释，强调“太极”作为宇宙生成与变化的逻辑起点，是阴阳分化前的浑然状态，亦是万物化生的形上依据。

三、天人无间论

周敦颐在《太极图说》中指出：“二气交感，化生万物。万物生生，而变化无穷焉。”[①]他揭示了宇宙生成演化的机制：阴气与阳气的交感作用产生了五种物质元素，进而生成万物。宇宙间一切生命形态皆是阴阳交感作用的产物。李穑沿袭了周敦颐这一思维方式，进一步阐述了“道”与“气”的关系。他认为，作为宇宙本原的“道”虽无形无象，却可以通过“气”这一媒介得以呈现。“气”在“道”的统摄下，能够化育生成天地、日月、风雨霜露、山岳、江河等纷繁复杂的自然现象。这既是“道”的体现，也是阴阳二气交感化生万物作用的体现。

① 周敦颐：《元公周先生濂溪集》，长沙：岳麓书社，2006年，第8页。

虽道之在大虚，本无形也，而能形之者惟气为然。是以大而为天地，明而为日月，散而为风雨霜露，峙而为山岳，流而为江河，秩然而为君臣父子之伦，粲然而为礼乐刑政之具。其于世道也，清明而为理，秽浊而为乱，皆气之所形。[①]

他认为“气”还能形成社会秩序中的君臣父子之伦、礼乐刑政之具，进而强调“气”在世道中表现为清明或秽浊，分别对应治世与乱世。他在此揭示了“道”与“气”在自然与社会中的重要作用，体现了二者相互依存、相互作用的关系。在他看来，“气”在万物生成与社会秩序构建中发挥着重要的作用。

李穑承认“道”是无形的，“气”使道得以显化，气是万物生成的材料。他还将天地、日月、风雨等自然现象，以及君臣父子、礼乐刑政等，都归结为气的不同显化形态。他将无形的“道”与有形的“气”视为不可分割的整体，认为“道”必须通过“气”来展现，而“气”的运行又必然体现“道”的规律。在道与气的关系上，“气”作为物质实体，是“道”呈现的基础，而“道”作为客观规律，又通过“气”的运行得以体现。

李穑将社会秩序的本质归结为“气”的存在状态。当“气”呈现清明之态时，社会表现为君臣父子等伦理关系的和谐有序，以及礼乐刑政等制度规范的有效运作。反之，当“气”处于污浊状态时，社会关系则呈现紊乱失序的状态，此时治理机制失效。

李穑认为社会之气与自然之气遵循相同的运行规律，二者相互影响、相互作用。这种同构性体现在社会秩序与自然秩序的对应关系上。当社会道德昌明、教化畅行时，社会之气保持清明，自然之气也会呈现和谐状态。反之，社会道德的败坏会导致自然之气的紊乱，表现为各种灾异现象。这种观点突破了传统哲学中对社会与自然二元对立的划分，将二者视为一个有机的整体，通过“气”实现了二者的统一。

李穑的气论与董仲舒的天人感应说有相似之处。董仲舒认为天与人之间存在着一种感应关系，天通过自然现象如灾异、祥瑞来表达对人间事物的

① 李穑：《牧隐稿》，首尔：民族文化推进会，1990年，第8页。

警示或褒奖。当社会政治清明时，天会降下祥瑞以示嘉奖，当社会政治腐败、道德败坏时，天会降下灾异以示警告。李穑通过“气”的媒介作用，进一步阐释了社会与自然之间的联系。

> 天可问乎?《楚辞》是已。历汉至唐，柳子厚氏出死力以对焉。仲舒氏曰:“道之大原出于天。”于是乎寐若寤焉，醉若醒焉。苍苍者天也，而不知人彝物则之出于此而全体是天也，于是乃曰“天则理也。”然后人始知人事之无非天矣。夫性也在人物，指人物而名之曰人也物也，是迹也。求其所以然而辨之，则在人者性也，在物者亦性也，同一性也，则同一天也，奚疑焉？[①]

董仲舒提出“道之大原出于天”，率先从“道”的层面解读天，将天视为人道的根源。李穑发展了董仲舒的观点，他指出从“苍苍者天也”来了解天，忽略了从道德根源角度理解天的哲学立场。[②]李穑在此批判了将“天”仅视为自然天的狭隘观念，指出民生礼制和事物法则实际上都源自“天”，并强调天地万物与天道本体的统一性。“性”是内在的本性和天性，它不仅是人的特质，也是万物共有的属性。他认为人和物的区别只是外在的表现，而其内在的本性是一致的，因为他们都源自“天”。因此，人的行为与物的规律，无一不彰显着“天”的意志，遵循着“天”设定的法则。

李穑所阐述的“天”的范畴超越了自然天，象征着宇宙间最根本的法则，代表着至高无上的真理。他强调，人们往往未能意识到人与万物都是从“天”这个宇宙原理中衍生出来的。这表明人和物不仅是宇宙法则的产物，也是其体现者，人和物的存在抑或行为，皆严格遵循着宇宙的法则。

天人感应是说人世的气和天地的气相互感应，天人无间是指自然与社会的密切关系。[③]周敦颐的思想则真正体现出了天人合一的思想，他强调天

---

① 李穑:《牧隐稿》，首尔:民族文化推进会，1990年，第77页。

② 陈来:《李牧隐理学思想简论》，《云南大学学报》(社会科学版)，2006年第4期，第12页。

③ 陈来:《李牧隐理学思想简论》，《云南大学学报》(社会科学版)，2006年第4期，第15页。

道与人性相贯通。在周敦颐看来天地的本性就是人的本性,人类社会的所有道德法则都源于天地的本性。[①]李穑承袭了周敦颐的思维方式,进一步提出天人无间论,将人之心性与天道的法则相贯通,由此人的道德修养与作为,皆遵循天道之指引,达到天之境界。他的天人无间论主张人应顺应天道,通过人的修养来实现天人合一。

> 天人无间,感应不惑。故彝伦叙而政教明,则日月顺轨,风雨以时,而景星、庆云、醴泉、朱草之瑞至焉。彝伦斁而政教废,则日月告凶,风雨为灾,而彗孛、飞流、山崩、水渴之变作焉。然则理乱之机,审之人事而可见,理乱之象,求之风月而足矣。[②]

天与人之间没有任何隔阂,相互感应,天象能够反映出人间的伦理秩序和社会状态。如果社会秩序得到维护,政治教化清明,那么自然也会表现出和谐的现象,如日月按照正常的轨道运行,风调雨顺,以及出现祥瑞之兆,如吉祥之星、吉祥之云等。相反,如果社会秩序混乱,政治教化荒废,自然界也会表现出不和谐的现象,如日月出现异常,风雨带来灾难,以及出现不祥的自然现象,如彗星、山洪、山崩、水枯等。

"天地本一气也,山河草木,本一气也,岂可轻重于其间哉?"[③]不仅如此,自然界中一切具有生命的东西包括人在内都是由"气"而生。"则凡有形色生聚于两间者,皆枕乎水矣。独人乎哉? 今夫山巍然大矣,上极乎天,禽兽草木,依之以生。虽有雨露之养,苟非水气通乎其间,将何以遂其生哉?"[④]李穑认为所有生物,包括人、动物以及植物,其生存均依赖于"气"。这里的"气"不仅包含我们呼吸的空气,还囊括了水蒸气等其他形态,它们是生命活动不可或缺的基础。李穑视"气"为人体内充满活力、持续流转且不可见的元素,它不仅是构成人形体的基础,也是推动和调节人体生命活动的重要力量。

---

① 杨立华:《宋明理学十五讲》,北京:北京大学出版社,2015年,第54页。
② 李穑:《牧隐稿》,首尔:民族文化推进会,1990年,第8页。
③ 李穑:《牧隐稿》,首尔:民族文化推进会,1990年,第21页。
④ 李穑:《牧隐稿》,首尔:民族文化推进会,1990年,第14页。

生命活动以“气”为基础,“气”之充盈与流转是生物得以存续且维持正常生理机能的关键要素。若“气”无法顺畅循环转化,则生命活动难以为继,生态系统亦将陷入失衡状态。在此基础上,李穑进一步强调“气”在宇宙生成与生命演化中的重要作用,“气”贯穿于天地万物的始终,是宇宙运行与生命存续的动力。李穑的哲学思想不仅凸显了“气”在生命活动中的重要地位,亦揭示了其对于整个自然界的意义。因此,“气”的循环转化不仅关乎万物生命的存续,还关乎生态系统的平衡与稳定。

> 天地,气也。人与物受是气以生。分群聚类,流湿就燥,外若纷揉,而内实秩然粲然,伦理未尝紊也。士君子少也读书而格物,则天下之事理致其明。壮也事君而理物,则天下之事理归于平。荡荡也,何累于吾气?愉愉也,何伤于吾心?怡然理顺,涣然冰释,夫岂有一毫之龃龉于其间哉?①

天地万物都是由气构成的,人与物因禀受气而生。气,作为构成天地万物的基石,不仅奠定了物质世界的基础,更赋予了万物勃勃生机。自然界中生物“分群聚类”,如喜湿者趋湿、喜燥者就燥,表象看似杂乱无序,实则内在秩序井然。在他看来,气化的作用贯通自然与人类社会,气的运行既体现为“流湿就燥”的自然法则,又映射出“君君臣臣”的伦理秩序。

李穑认为,年轻的士人通过读书探究事物之理,可以通晓天下事理;成年后,通过辅佐君主、处理政务,则能使天下事理归于中和。这一过程不仅是对知识的探求,更是对“气”的体认与运用。当人能够顺应“气”的流行,内心便无滞碍,心境则能保持愉悦。他进一步指出,人的行为与心之“气”的运化本是一体的,当行为契合自然及社会的秩序时,内心便能臻于和谐宁静之境。当行为与天地万物之理相契合时,便能达到怡然自得、豁然贯通的境界,心气之运化与外在秩序之要求浑然一体。李穑的气论贯通个人修养与社会治理。

---

① 李穑:《牧隐稿》,首尔:民族文化推进会,1990年,第15页。

在李穑看来，无论是自然界还是社会都是由“气”产生的，因此社会秩序与自然秩序皆由“气”决定。李穑认为改善社会风气与提升个人修养之道，皆需以“养气”为根本路径，循序渐进。在社会治理层面，治国者须推行仁政，以涵养社会之正气，使优良风尚如涓涓细流，逐步汇聚成河，蔚然成风。在个人修养层面，保持心气的清明可提升其修养境界。

浩然之气，其天地之初乎？天地以之位。其万物之原乎？万物以之育。惟其合是气以为体。是以发是气以为用。是气也，无畔岸，无罅漏，无厚薄清浊夷夏之别。名之曰浩然，不亦可乎？尧之仁，舜之智，以至夫子温良恭俭让，皆由自强不息，纯亦不已而发见者也。惟强，故能不挠于天下之物，天下之物，无得而沮之，所以不息也。惟纯，故能不杂于天下之物，天下之物，无得而间之，所以不已也。德由是崇，功由是著，显当世而垂无穷。非所谓浩然者浑沦于其间，何以至是哉？[①]

在宇宙论层面，李穑认为“浩然之气”既是天地生成万物的根源，又是化育万物的材料。因此从天地的运行到万物的繁衍化生，“浩然之气”始终贯穿其中。在修养层面，李穑将“浩然之气”与人的道德品质紧密相连，认为尧舜禹等古圣先贤的高尚品德皆源于“浩然之气”的充盈。“浩然之气”在本质上是一种内在的道德力量，通过实践不断培养和壮大，使人能够在面对外界诱惑与困境时保持道德操守。在社会治理层面，李穑进一步凸显了“浩然之气”在社会治理中的重要作用。

四、人性论

周敦颐认为人与万物是不同的，他说：“惟人也，得其秀而最灵。”[②]人禀受天地之间最灵秀之气，因此人具备了独特的能力，人是万物之灵。概言之，人与万物的最大不同在于人最完整地禀得了天地中的精华，这不仅体现在身体结构上，更体现在人所具备的能力上。李穑指出因为人禀得的是天

① 李穑：《牧隐稿》，首尔：民族文化推进会，1990年，第83页。
② 周敦颐：《元公周先生濂溪集》，长沙：岳麓书社，2006年，第8页。

地之精华,而具众理,从而具备从容应对万事的能力。

> 《书》曰:"克明德。"人之得乎天而具众理,应万事,本然之善也。气质或拘之,物欲或蔽之,于是乎失之矣。得之于天,失之于己,故曰虚位。然其本然之体,未尝亡焉。发见于俄顷之间,守之固,扩之充,则在我者,非自外至也。生而具之者德也,失而复之者德也。尚德之字以季德,可不思其义乎?①

李穑对"克明德"的解读别有深意。他引用《尚书·康诰》中的"克明德",《康诰》是周成王对康叔治理商朝旧地的政治训诫。其中,"克"为"能够"或"努力实现"之意,"明德"即"光明之德",此句旨在强调统治者应主动彰显自身固有的高尚品德,并以德性教化百姓。从历史背景来看,周初平定武庚叛乱后,为巩固政权,周王室将道德治理作为统治核心,《康诰》提出"明德慎罚"的治国纲领。其中"克明德"要求康叔以身作则,通过仁德表率唤醒民众本有的善性,而非依赖武力镇压,同时辅以"慎罚",主张刑罚须公正审慎,体现仁政精神。

《大学》开篇引用《尚书·尧典》的"克明峻德"来论证"明明德"之说,其着重通过"峻"字凸显德性修养的崇高性与超越性,强调统治者需彰显如天德般至大至刚的品性。然而,李穑在此提及"明德"却引《尚书·康诰》中的"克明德",这一选择背后实则是有意淡化"峻德"所蕴含的政治威仪,转而聚焦于人的德性的内在完满。

李穑认为"明德"即"人之得乎天而具众理,应万事,本然之善也"。这与朱熹在《大学章句》中的诠释既有相似之处,又存在细微的差别。李穑在元朝生活多年,还参与过科举考试并取得优异成绩,因此他对朱熹的思想不可能不熟悉。他对"明德"的阐释着重于"本然之善",认为人因禀赋天理而具备本然之善,能以之应对万物万事,这是人的德性根源。"克明德"即在于彰显和恢复这种"本然之善"。

李穑与朱熹将"明德"作为心之本体的诠释有所不同。朱熹认为"明德"

① 李穑:《牧隐稿》,首尔:民族文化推进会,1990年,第78页。

是“人之所得乎天，而虚灵不昧，具众理而应万事者”，能够容纳万物之理并应对一切事物，更重视心的能力。朱熹的诠释更侧重于“明德”作为心的功能，即通过“致知”恢复心的本体状态，从而实现“明明德”。

李穑对“明德”的诠释更侧重于“本然之善”。这与孟子的“本心”更为接近，是天赋予人的道德心。李穑以“本然之善”来描述人的“心”，实际上是在强调“明德”是天理的直接呈现，是善的。他进一步阐释说，尽管在现实生活中，人们可能会因为所禀之气或者物欲的影响而遮蔽“心”，但这种天生的善性并没有消失，它只是暂时被遮蔽了。这时人的“心”就像一颗被灰尘覆盖的宝石，虽然暂时失去了光泽，但只要去修养，它就能重新发光。他延续了周敦颐的“无欲”修养论，通过减少“物欲”，恢复心的本然状态。这表明，天赋的善性虽存在，却容易因人为的原因而被遮掩。李穑以“虚位”形容这种情况，强调失德并非因为天赋德性的缺失，而是源于个人在实践中未能有效守护和彰显这一德性。

李穑进一步指出，“本然之善”的丧失虽是由于气禀或物欲的遮蔽，但心性根源于天，而非后天获得。因此他说：“得之于天，失之于己”，德性虽可能因自身行为而迷失，但其并未完全消失，而是潜藏于内心深处。他强调，只要人们能够坚守，并不断扩展和巩固，就能恢复“本然之善”。

周敦颐在《太极图说》中进一步阐释了人在生命形成后的表现，他说：“形既生矣，神发知矣，五性感动而善恶分，万事出矣。”[①]他进一步阐释了人在生命形成后的表现：“形既生矣，神发知矣，五性感动而善恶分，万事出矣。”人的形体形成后，精神也随之产生，能够感知和认知世界。五性受到感动时，善恶由此产生，从而引发各种行为和事件。李穑肯定了人的德性是固有的，即“本然之善”是与生俱来的。

> 本然之善固在也，而人有贤不肖智愚之相去也，何哉？气质敝之于前，物欲拘之于后，日趋于晦昧之地，否塞沈痼，不可救药矣。呜呼！人而至此，可不悲哉！一日克己复礼，则如清风兴而群阴之

---

① 周敦颐：《元公周先生濂溪集》，长沙：岳麓书社，2006年，第8页。

消也。方寸之间，粲烂光明，察乎天地，通于神明矣。[1]

李穑认为在现实生活中人与人之间存在智愚的差异，其根源在于后天因素的影响。具体而言，先天的气质禀赋可能带来局限，使人的本性在初始阶段就受到阻碍，而后天的物欲诱惑则进一步束缚了人的德性，使其逐渐陷入晦暗不明的状态，最终导致人性的迷失，难以自拔。

他主张通过“克己复礼”，摆脱气质与物欲的束缚，恢复“本然之善”。这一过程，犹如清风拂去阴霾，使内心重现澄明，焕发璀璨光华。此时，人的内心不仅光明磊落，还能与天地万物相通，达到一种至高无上的精神境界。

> 在天曰明命，在人曰明德，非二物也。而天与人判而离也久矣。仲尼盖悲之，道统之传，不绝如线。幸而再传，有圣孙焉，著为一书。所以望后人者至矣。生知鲜矣，困学之士，惟力行一言，实入道之门也。[2]

李穑认为“明命”与“明德”虽分属天人两端，但本质上并非二物，而是相互联系、不可分割的统一体。然而，长期以来，天与人之间的联系被割裂，导致道统传承面临危机。孔子对此深感忧虑，为维系道统的传承，因此著书立说。在“明命”作为天赋的道德法则与“明德”作为人禀受的德性本质上是一致的，二者的区别仅在于表述视角的不同。他认为生而知之的人极为罕见，大多数人都需要通过不断努力来提升道德境界。

> 心在天地曰明命，赋之物均矣，而人最灵。然其气禀拘于前，物欲蔽于后，三品之说所由起也。圣人忧之，立教以明伦，克己以复礼，于是上下四方，均齐方正矣。此吾说也。[3]

李穑将“心”置于天地宇宙的维度中，赋予其承接天命的哲学意涵，在万物均受天地之命的前提下，主张人最“灵”，乃超越万物的存在。他认同韩愈的性三品说，尽管万物皆禀受天理，由于先天的“气禀”的差异与后天“物欲”

---

① 李穑：《牧隐稿》，首尔：民族文化推进会，1990年，第80页。
② 李穑：《牧隐稿》，首尔：民族文化推进会，1990年，第80页。
③ 李穑：《牧隐稿》，首尔：民族文化推进会，1990年，第44页。

的遮蔽，导致人性分化。他承袭了周敦颐的人性论，他认为万物皆禀受天理，人禀受最精粹之气，但人也常常受物欲所困。李穑主张通过“克己复礼”，摆脱气禀和物欲的束缚，实现内心的光明，进而达到天地万物井然有序的理想状态。

李穑认为力行之道需要孜孜不倦、昼夜不息地努力，从内心开始，逐步提升道德境界。修养的起点在于“昭昭之明”，即人内心的光明与自觉。这是道德修养的基础，通过不断的实践，人的内心能够与日月同辉，最终达到圣人的境界。

“诚”在周敦颐思想中具有重要地位，不仅是他道德思想的核心，而且是其宇宙本体的重要范畴。他说：“诚者，圣人之本。‘大哉乾元，万物资始’，诚之源也。”①“诚”在此有本体论的意蕴，他又说：“君子乾乾不息于诚。”②“诚”又有工夫论的意蕴。这表明“诚”是真实无妄的，是上天赋予万物的，也是人普遍具有的。周敦颐认为，人若能做到“诚”，便能达到圣人境界，与天道相合。

> 其克明之大验欤？可明其思所以践名与字也乎？将欲践之，必自三达德，将践三达德，必自一。一者何？诚而已。诚之道，在天地则洋洋乎鬼神之德也，在圣人则优优大哉，峻极于天者也。③

李穑认为要实现“三达德”即儒家倡导的智、仁、勇三种美德，必须从“一”开始，而这个“一”就是“诚”。在这里，“诚”不仅是个人品德的核心，也是连接人与自然、人与宇宙的重要媒介。“诚”之道在天地间表现为鬼神之德，在圣人身上则体现为崇高的道德品质。李穑认为，“诚”是天地万物的本质属性，“诚”贯通于宇宙的运行与人的道德实践。“诚”体现为至高无上的境界，是圣人与天相合的品质。人通过实践“诚”，逐步实现“三达德”，进而达到与天地相合的境界。

---

① 周敦颐：《元公周先生濂溪集》，长沙：岳麓书社，2006年，第55页。
② 周敦颐：《元公周先生濂溪集》，长沙：岳麓书社，2006年，第67页。
③ 李穑：《牧隐稿》，首尔：民族文化推进会，1990年，第80页。

第二节 郑梦周的排佛论

郑梦周(1338—1392年),字可达,号圃隐,生于永川(今韩国庆尚北道永川市),高丽王朝末期的政治家、哲学家、诗人、文学家。郑梦周的学统经吉再(1353—1419年),延续到金叔滋(1389—1456年)、金宗直(1431—1492年)、金宏弼(1454—1504年)、郑汝昌(1450—1504年)、赵光祖(1482—1519年)等传承,形成士林派,影响极为深远。因此,郑梦周被誉为朝鲜理学之祖。

郑梦周的祖上皆是下级武官,关于他的师从传承,史书上并无明确记载,友人弟子对此亦未曾论及,可见其学问多为自得之学。《高丽史》记载:"天分至方,豪迈绝伦,有忠孝大节,少好学不倦,研究性理,深有所得。"①1360年状元及第,1367年受李穑赏识,出任学官,负责讲解朱熹的《四书章句集注》。"梦周讲说发越,超出人意,闻者颇疑。及得胡炳文《四书通》,无不吻合,诸儒尤加叹服。李穑亟称之曰:'梦周论理,横说竖说,无非当理,推为东方理学之祖。'"②因为郑梦周的文稿大多散佚,无法全面了解其是如何讲解四书的,因为其学术立场与胡炳文一致,而胡炳文作《四书通》正是为了纠正饶鲁等有违于朱子之说的观点,所以我们可以确定郑梦周的学术立场是偏向朱熹的。

在郑梦周的引导下,郑道传放弃了词章之学,转而开始研究义理之学,他对郑梦周的"四书"要旨进行了简要说明。他说:"先生于《大学》之提纲,《中庸》之会极,得明道传道之旨,于《论》《孟》之精微,得操存涵养之要,体验扩充之方。"③可见郑梦周对"四书"有着深刻的理解。他不仅通过《大学》和《中庸》领悟"道"的精髓,还通过《论语》和《孟子》掌握了操存涵养的修养工夫,进而在实践中不断扩充善端。在此基础上,他在高丽王朝积极推

---

① 孙晓主编:《郑梦周》,《列传》卷三十,《高丽史》第9册,北京:人民出版社、重庆:西南师范大学出版社,2014年,第3584页。

② 郑梦周:《圃隐集》,首尔:民族文化推进会,1990年,第625页。

③ 郑道传:《三峰集》,首尔:民族文化推进会,1990年,第341页。

广儒学，“内建五部学堂，外设乡校，以兴儒术。”[1]郑梦周一生好学不倦，博览群书，深入研究性理学，穷其义理之奥妙。他积极倡导并致力于推广性理学。

郑梦周父亲去世时，依据《朱子家礼》辞官守孝三年。丁忧结束后复任大司成，主要负责外交事务。自洪武五年（1372年）以后，他六次奉使明朝，其中三次抵达南京朝拜明太祖，其余三次因明朝与高丽关系紧张而被挡在辽东。第一次抵达南京是洪武五年（1372年），他以书状官的身份前往明朝，不幸遭遇大风浪，使团所乘船只翻覆，郑梦周等12人幸存，明太祖得知此事后，对他们厚加安抚，其文章受到明太祖的夸赞，批准高丽子弟留学明朝的请求。第二次发生在洪武十七年（1384年），当时明朝与高丽的关系陷入紧张，朱元璋甚至打算出兵高丽。为了缓和局势，郑梦周被紧急派遣至明朝祝贺圣节。他日夜兼程，最终在朱元璋的生日之前抵达南京。郑梦周因奏对得当，赢得了朱元璋的赞赏，成功地与明朝重建外交关系，并促使明朝释放了之前扣押的高丽使臣。在洪武十九年（1386年），郑梦周作为高丽使节拜见明太祖朱元璋，成功减免了高丽的岁贡。他在《送周典簿倬还朝》一诗中记录了这件事情，他写道：

大明声教暨东溟，藩国年年贡帝庭。
天子远颁新宠典，使臣来续旧图经。
鸡林树叶心同赤，龙首山光眼共青。
夷夏即今归混一，临分不用涕频零。[2]

1374年，高丽恭愍王被谋杀，导致政治动荡。权臣李仁任集团推行“弃明亲元”的政策，杀害明朝使节并转而效忠北元。郑梦周因强烈反对这一政策而被流放，两年后才重返京城。郑梦周还曾被派出使日本，解决倭寇问题，他不辱使命，获得日本禁断倭寇的承诺，还将数百名高丽俘虏带回国。

① 孙晓主编：《郑梦周》，《列传》卷三十，《高丽史》第9册，北京：人民出版社、重庆：西南师范大学出版社，2014年，第3585页。

② 郑梦周：《圃隐集》，首尔：民族文化推进会，1990年，第586页。

郑梦周在父亲去世时，按照《朱子家礼》辞官守孝三年，这对高丽的影响很大。高丽王朝最初以佛教为国教，其葬礼与祭祀活动均采用佛教礼仪。郑梦周，作为高丽后期的政治家、教育家、性理学家，不仅在士庶阶层中倡导并推广朱子家礼，还依据《朱子家礼》修家庙祭奠祖先，推动了性理学在高丽的传播。

1377年，李成桂被派往南方剿倭，郑梦周亦以助战元帅的身份随行。1388年，辛禑派遣李成桂出兵辽东，李成桂趁机发动兵变，废黜辛禑，立其子辛昌为王，史称威化岛回军事件。次年，李成桂又废黜辛昌，立王祺后裔王瑶，即恭让王。在此期间，郑梦周出任守门下侍中，辅佐宰相李穑。1392年4月，恭让王自感李成桂实力强大，为求自保，与郑梦周商议密谋除掉李成桂。此事被李成桂集团获知，李成桂第五子李芳远遂派人将其杀于善竹桥。

1400年，李芳远即位为太宗，因感念郑梦周忠义，重新追封其为"大匡辅国崇禄大夫领议政府事""修文殿大提学兼艺文春秋馆事""益阳府院君"，谥号文忠，从祀文庙，以表彰其节义。自太宗以后，朝鲜王朝历代君主都大力表彰郑梦周的忠义。1452年，朝鲜文宗将郑梦周配享于麻田崇义殿（祭祀高丽君臣的祠堂）。

郑梦周在性理学方面留存下来的著述较少，其弟子朴信在为其所作序言中说："先生平生所制诗文，旋作旋弃，未有成稿。"[①]由于其被害后，家遭抄没，因此大部分著作散佚，残存的300多篇诗文被其子郑宗诚辑为《圃隐先生诗稿》，于1439年刊行，后又刊行《圃隐集》。

李滉高度评价郑梦周的节义精神，他说道："圃翁风然振吾东，作庙渠渠壮学宫。寄语藏修诸士子，渊源节义两堪宗。"[②]李珥则评价道："我国理学无传，前朝郑梦周始发其端，而规矩不精。我朝金宏弼接其绪，而犹未大著，及

① 郑梦周：《圃隐集》，首尔：民族文化推进会，1990年，第568页。

② 李滉：《临皋书院》，《退溪集》，首尔：民族文化推进会，1989年，第129页。

光祖倡道，学者翕然推尊之。今之知有性理之学者，光祖之力也。”[①]正如李珥所言郑梦周的性理学思想呈现出鲜明的过渡性特征，尚未构建起完整的性理学体系，但其思想为后续朝鲜理学的发展奠定了基础。

一、批判佛老

北宋时期的性理学家们意识到，儒、佛、道三者在人生道路的选择上存在着本质上的差异。佛、老所倡导的虚无主义世界观若不加以遏制，必将导致社会伦理纲常的崩解与道德实践根基的虚化，由此对佛、老之学进行批判。高丽王朝崇尚佛教，恭让王自即位以来，每月的初一和十五必召集僧人在宫中诵经，大臣们劝谏无效。郑梦周正因为也认识到佛教与道教对伦理关系和社会秩序的破坏，才毅然决然地对佛教与道教思想进行批判，积极倡导“濂洛之道”，坚决排斥“佛老之言”。[②]他在写给好友李崇仁（1347—1392年）与河仑（1348—1416年）的诗《读易寄子安、大临两先生有感世道故云》中说道：

> 纷纷邪说误生灵，首唱何人为唤醒？
> 闻道君家梅欲动，相从更读洗心经。
> 固识此心虚且灵，洗来更觉已全醒。
> 细看艮卦六爻耳，胜读《华严》一部经。[③]

郑梦周在此诗中直斥佛教之弊，以“纷纷邪说误生灵”开篇，力辟佛教为异端邪说。《周易·系辞传》：“圣人以此洗心。”[④]由此可知“洗心经”是指《易经》。他认为《易经》中的《艮》卦所揭示的儒家思想胜过佛教的《华严经》，这一观点实际是本于周敦颐的。

---

① 李珥：《栗谷全书》，首尔：民族文化推进会，1989年，第110页。

② 孙晓主编：《郑梦周》，《列传》卷三十，《高丽史》第9册，北京：人民出版社、重庆：西南师范大学出版社，2014年，第3577页。

③ 郑梦周：《圃隐集》，首尔：民族文化推进会，1990年，第595页。

④ 黄寿祺、张善文：《周易译注》下册，上海：上海古籍出版社，2007年，第392页。

> 《通书》云"背非见也",亦似伊川说。"止非为也",亦不是易本意。语录中有云:"周茂叔谓:'看一部《华严经》,不如看一《艮》卦。'"下面注云:"各止其所。"①

周敦颐认为《艮》卦比《华严经》更有价值。《艮》卦由两个《艮》卦(☶)上下相叠构成,艮为山象,山之貌岿然不动,有止之意。《艮》卦辞:"艮其背,不获其身,行其庭,不见其人。无咎"②周敦颐对此解释道:"艮,止也。背,非有见之地也。艮其背者,止于不见之地也。止于不见之地则静,静则止而无为。一有为之之心,则非止之道矣。此章发明二卦,皆所谓'圣人之蕴,而主静'之意也。"③周敦颐将卦辞"艮其背"解读为"止于无所见之地",即不被外界的诱惑和干扰所影响,将自己置于一种"不见"的状态时,内心就能真正静下来,他将"主静"视为道德修养的关键。他特别重视《艮》卦,艮就是止。止是根本,有了止才有发用,没有止就无所发用,这叫主静。④在静的状态下,人才能够真正地做到"止"和"无为",在此处"止"与"无为"并非无所作为,而是摒除心中杂念,呈现出心的澄明状态。

《周易·艮卦·彖传》:"艮其止,止其所也。"⑤程颐接续周敦颐,将卦辞"艮其背"解读为"止于所不见",将《彖传》"艮其止"释为"止于所当止"。张栻在诠释《艮》卦时,他说:"在《易》,艮为止,止其所也。某尝考《大学》始终之序,以知止为始,得其所止为终,而知止则有道矣。《易》与《大学》,其义一也。"⑥张栻认为,《易经》与《大学》在义理上是相通的,都以"知止"为起点,以"知其所止"为终点。只有明白了"止"之理,才能找到正确的道路。由此可见,张栻对《艮》卦的诠释着重讲"止其所"。朱熹深受湖湘学的影响,其中张栻的影响最为深远,朱熹最初从察识端倪的角度来理解"止于所当止",后则从

① 朱熹:《朱子语类》第5册,黎靖德编,北京:中华书局,2020年,第2359页。
② 黄寿祺、张善文:《周易译注》下册,上海:上海古籍出版社,2007年,第304页。
③ 周敦颐:《元公周先生濂溪集》,长沙:岳麓书社,2006年,第70页。
④ 杨立华:《中国哲学十五讲》,北京:北京大学出版社,2019年,第57页。
⑤ 黄寿祺、张善文:《周易译注》下册,上海:上海古籍出版社,2007年,第305页。
⑥ 张栻:《张栻集》第4册,北京:中华书局,2015年,第1308页。

“进学则在致知”的角度来理解“止所当止”。[①]他在注解《大学》“止于至善”时写道：“至善，则事理当然之极也。”[②]

郑梦周延续了周敦颐对《艮》卦的解读方式，盛赞《艮》卦。在他看来，《艮》卦揭示的“止”之精义，并不是停滞不前之意，而是蕴含着其伦理价值。“止”使人们明辨其位，即明确其在伦理关系与社会中的位置，进而明确与身份相对应的责任与义务。正如《大学》所言作为君主，应秉持仁爱之心，为臣，需恪守恭敬的职分准则，为人子女者，当以孝道为德性修养的根本，为人父母者，须以慈爱为家庭伦理。郑道传对《艮》卦“止”之义的阐发，不仅彰显了儒家伦理的核心价值，也反映了其通过经典诠释为高丽末期的社会现实，提供道德秩序重建的理论基石之目的。

> 问：“程子曰：‘佛氏之言近理，所以为害尤甚。’所谓近理者，指此等处否？”曰：“然。它只是守得这些子光明，全不识道理，所以用处七颠八倒。吾儒之学，则居敬为本，而穷理以充之。其本原不同处在此。”[③]

程子与朱熹二人都指出佛教之言有其合理之处，更容易误导人们，因此危害更大。朱熹明确指出佛学与儒学在本质上存在显著的差异，佛学局限于表象层面的探索，未能构建起一套完备的义理体系，故而其在实践中往往显得错乱无章，即所谓“七颠八倒”。朱熹认为儒家学说以“居敬”为本，通过“穷理”扩充，形成本体与工夫相贯通的完整体系。郑道传继承了程子与朱熹的观点，他在《园照卷子》中写道：

> 如天之圆，广大无边。如镜之照，了达微妙。此浮屠之所以喻道与心，而吾家亦许之以近理。然其圆也，可以应万事乎？其照也，可以穷精义乎？吾恨不得时遭乎灵山之会，诘一言于黄面老子。[④]

---

① 郎嘉晨：《艮卦之新诠与朱学之成立》，《现代儒学》，2021年第2期，第144页。

② 朱熹：《四书章句集注·大学章句》，北京：中华书局，2011年，第4页。

③ 朱熹：《朱子全书》第18册，朱杰人、严佐之、刘永翔编，上海：上海古籍出版社、合肥：安徽教育出版社，2002年，第3935页。

④ 郑梦周：《圃隐集》，首尔：民族文化推进会，1990年，第599页。

郑梦周虽承认佛教在形而上学层面具有“如天之圆”的广大性与“如镜之照”的直观性，但质疑佛教的“圆”是否能够应对万事万物的纷繁变化，“照”是否能够穷尽精微义理的深度与广度。在郑梦周看来，佛教的“圆照”之论虽能抽象地涵盖万物之理，却无法如儒家“居敬”“穷理”之工夫般转化为具体的道德实践。在他看来，儒家倡导的修养方式既区别于佛家的禅定，也不同于道家的自然无为。他认为儒学与佛教、道家在义理内涵与道德实践上有着本质区别。

郑梦周对于佛教的教理是十分熟悉的。因为他不仅研读过佛经，还与许多僧人往来密切，在他留存的诗作中，约有二十多首是写给僧人的。

《赠僧》

松风江月接冲虚，正是山僧入定初。
可笑纷纷学道者，色声之外觅真如。①

郑梦周在诗中描绘佛教入定修行之境，暗含对其脱离现实、空谈玄理的批判。他认为，那些信仰佛教者往往沉溺于表象的形式，这种对外在形式的盲目追逐，非但不能引领他们达到悟道的真谛，反而荒谬可笑。他指责那些学佛之人脱离实际，舍本逐末，在虚幻的色彩与声响之外追寻所谓的“真如”，而忽视了现实生活中的道德与责任。由于他与僧侣交往密切，并认真研读佛经，使得人们不禁对他的身份产生怀疑。郑道传还为此专门写信提醒郑梦周，他写道：

近闻往来之言，达可看《楞严》，似佞佛者也。予曰：“不看《楞严》，曷知其说之邪？达可看《楞严》，欲得其病而药之，非好其道而欲精之也。”既而私自语曰：“吾保达可必不佞佛。然昌黎一与大颠言，后世遂以为口实。达可为人所信服，其所为系于斯道之废兴，不可不自重也。且下民昏愚，易惑难晓。达可幸思之。”②

---

① 郑道传：《三峰集》，首尔：民族文化推进会，1990年，第592页。
② 郑道传：《三峰集》，首尔：民族文化推进会，1990年，第329页。

郑道传在此指出郑梦周阅读佛教经典并非出于对佛教的喜好，而是为了找到其中的不足之处，以便进行批判和纠正。他认为不深入研读《楞严经》，便难以洞悉其内容的正邪。这表明郑梦周对佛教持批判态度，而非盲目追随。郑道传也在信中表达了自己的担忧，他相信郑梦周不会佞佛，但其行为和韩愈与大颠和尚交往之事相似，难免落人口实。郑道传提醒郑梦周要注意自己的言行，不可轻易涉佛，以免引起误解。

郑梦周认为儒学与佛教有着本质的区别，在一次经筵上，他对儒学与佛教的区别作了简要的说明。他认为儒学的精髓皆蕴藏于日常生活之中，诸如饮食男女，皆为其理之所在。

> 儒者之道，皆日用平常之事。饮食男女，人所同也，至理存焉。尧舜之道，亦不外此。动静语默之得其正，即尧舜之道，初非甚高难行。彼佛氏之教，则不然。辞亲戚，绝男女，独坐严穴，草衣木食，观空寂灭为宗，岂是平常之道。①

郑梦周主张儒家思想是根植于日常的生活之中的，关注世间伦理关系，而非虚妄空谈，远离实际，尧舜之道亦不外乎这些日常伦理。在他看来，无论是行动之抉择，抑或言语之表达，只要行为得当，合乎礼法规范，便已践行了尧舜先贤所倡导的道德准则。他认为佛教倡导信徒舍弃世俗牵绊，追求内心的清净与解脱，过一种简朴的修行生活，这与儒学强调的入世之道大相径庭。他在《赠白云轩》一诗中，指出僧人避世隐居是浪费光阴的，他说：“云从山中出，为有泽物心。师从山中来，浪走费光阴。”②他在《幻庵卷子》一诗中写道：

> 钜细纷万殊，粲然斯有理。处之苟臻极，物我无表里。
> 浮屠异于此，悬空谭妙旨。一切归幻妄，君父失所止。③

郑梦周认为万事万物虽形态万千，但皆有其存在之理。他认为唯有深

---

① 郑梦周：《圃隐集》，首尔：民族文化推进会，1990年，第627页。
② 郑梦周：《圃隐集》，首尔：民族文化推进会，1990年，第591页。
③ 郑梦周：《圃隐集》，首尔：民族文化推进会，1990年，第591页。

入理解并把握这些道理，方能超越物我界限，达到物我合一之境。在他看来，日常平凡之事所蕴含的道理，能推导出君臣父子、夫妇长幼、朋友等人伦之理。他批评佛教过于强调精神的超脱与万物的虚幻，而在一定程度上忽视了社会伦理的现实意义，这与儒学重视社会秩序和人伦关系的立场形成鲜明对比。他在此揭示了佛教与儒学的分歧，佛教追求超脱世俗，儒学则强调维护社会秩序和人伦之理。

二、天人观

郑梦周的座主金得培曾因抵抗元末农民起义军红巾军入侵、捍卫高丽社稷的功臣，却因金镛的诬陷而惨遭杀害。他为金得培含冤而死深感愤慨，特为其撰写祭文。他在此文中对天与人的关系进行了探讨，认为天与人虽有不同，但就其根源而言“其理则一”。

《祭金得培文》

呜呼皇天！我罪伊何？呜呼皇天！此何人哉？盖闻福善祸淫者天也，赏善罚恶者人也。天人虽殊，其理则一。古人有言曰：天定胜人，人众胜天。天定胜人，果何理也？人众胜天，亦何理也？往者，红寇阑入，乘舆播越，国家之命，危如悬线。惟公首倡大义，远近响应，身出万死之计，克复三韩之业。凡今之人，食于斯，寝于斯，伊谁之功欤！虽有其罪，以功掩之可也。罪重于功，必使归服其罪，然后诛之可也。奈何汗马未干，凯歌未罢，遂使泰山之功，转为锋刃之血欤！此吾所以泣血而问于天者也。吾知其忠魂壮魄，千秋万岁必饮泣于九泉之下。呜呼，命也！如之何！如之何！①

他还提出“天定胜人”与“人众胜天”两种看似矛盾的观点，前者指向超越性天命的不可违抗性，后者强调人作为实践主体的能动性。从“天定胜人”来看，郑梦周认为上天有着其既定的规律和安排，它能够决定福善祸淫之事，人的行为与命运在一定程度上受到这种天命的制约，人需要敬畏和遵

① 郑梦周：《圃隐集》，首尔：民族文化推进会，1990年，第599页。

循天命所赋予的准则。而“人众胜天”则展现了郑梦周对人主观能动性的重视。在他看来，当众人团结一心、共同努力时，便有可能突破天命的限制，改变不利的局面。

《读易》

石鼎汤初沸，风炉火发红。
坎离天地用，即此意无穷。
以我方寸包乾坤，优游三十六宫春。
眼前认取画前易，回首包羲迹已陈。①

郑梦周在诗的开篇描绘了煮茶的场景，石鼎中的水刚刚沸腾，风炉里的火焰烧得通红。坎离既指代《易经》中的两个卦象，坎为水，离为火，又象征着阴阳之气的相互作用。周敦颐所撰的《太极图》在一定程度上受到了道教传统图像的启发，其图形结构主要由坎卦与离卦的象意组合而成。坎卦象征水，代表阴柔之性，离卦象征火，代表阳刚之性。二者在图像中相互依存、相互作用，形象地展示了阴阳二气的循环轮转与相辅相成的关系。周敦颐在《太极图说》中指出太极与阴阳的相互作用是宇宙万物生成与变化的根源。郑梦周体会了周敦颐之意，因此发出“坎离天地用，即此意无穷。”的感叹。②郑梦周借煮茶这一日常雅事，巧妙地以茶水的沸腾来暗喻宇宙间阴阳二气的交融不息，将深邃的理学哲思与平凡的生活场景相融合。

《惕若斋铭》

惟天之行，日九万程。须臾有间，物便不生。
逝者如斯，衮衮无已。一念作病，血脉中否。
君子畏之，夕惕乾乾。积力之极，对越在天。③

郑梦周将天道的运行比作每日行进九万里的漫长征程，稍有停歇，万物

---

① 郑梦周：《圃隐集》，首尔：民族文化推进会，1990年，第595页。

② 楼宇烈：《东方理学宗祖 淑世儒林楷模——郑梦周与韩国性理学》，徐远和、卞崇道主编，《风流与和魂》，沈阳：沈阳出版社，1997年，第76页。

③ 郑梦周：《圃隐集》，首尔：民族文化推进会，1990年，第599页。

便难以生长。他形象地描绘出宇宙万物在时间长河中依循天命不断运动、发展与消亡的图景,强调了遵循天命和自然规律的重要性,体现了对天的敬畏与顺应。他在此表达了对时间流逝的感慨,“逝者如斯,衮衮无已”一句借鉴孔子所言“逝者如斯夫!不舍昼夜”。[①]孔子目睹河水奔流不息,由此引发对时光流转的思考,认为时光就如同这河水一般,无论白天还是黑夜,都在悄无声息地流逝,从不停歇。

郑梦周将《乾》卦九三爻的爻辞“君子终日乾乾,夕惕若,厉无咎”化用为“夕惕乾乾”,君子时刻奋发振作,保持警惕、谨言慎行,方能免遭灾祸。这与周敦颐提出的“主静,立人极”的工夫论一脉相承,人与天地一样作为一极而出现,“人极”是更为根本的一极,“人极”是圣人为实现人生所立之最高道德范则。[②]郑梦周认为当人能够时刻振作,时刻保持警惕、谨言慎行,经过不断积累时,人的修养境界将得到提升,“人极”由此挺立,最终达到“与天地合其德”之境界。

《湖中观鱼》

潜在深渊或跃如,子思何取著于书。
但将眼孔分明见,物物真成泼泼鱼。
鱼应非我我非鱼,物理参差本不齐。
一卷庄生濠上论,至今千载使人迷。[③]

《诗·大雅·旱麓》说:“鹰在天空飞翔,鱼在水中跳跃。”子思在《中庸》中引用此句来形容君子之道,认为君子之道与鹰飞、鱼跃一样,始于夫妇之间,至于精微之处,见于天地之间。只要用心观察,万物之理便如同活泼游动的鱼儿般真实呈现。在“濠梁之辩”中,庄子与惠施二人以河中的鱼是否快乐以及双方是否知道鱼是否快乐为主题进行论辩,惠施从逻辑推理与分析的

---

① 朱熹:《四书章句集注》,北京:中华书局,2011年,第108页。

② 杨柱才:《道学宗主——周敦颐哲学思想研究》,北京:人民出版社,2004年,第274页。

③ 郑梦周:《圃隐集》,首尔:民族文化推进会,1990年,第574页。

层面出发，认为人与鱼分属不同物种，二者有本质区别，故而认为人无法知晓鱼是否快乐。庄子认为人可以通过观察和感受来判断鱼是否快乐。他们的辩论究竟谁输谁赢，历来智者见智，仁者见仁。

郑梦周支持惠施的观点，他认为“鱼非我、我亦非鱼”，物与物、物与人之理是不同的，由此批判庄子的万物浑然一体的思想，认为庄子忽视了万物之间存在的差异。若按照庄子的《齐物论》的立场，是非善恶的依据将无从谈起。[①]在郑梦周看来，道不能玄虚，理不能空谈。他强调君子当基于现实，立足实践，通过观察与实践，领悟宇宙万物之理。

《隐溪霜竹轩卷子》

水上有地，地以出泉。溪兮，海兮，无余欠焉。心兮，本虚，直哉惟清。能霜与雪，玉汝于成。上人何取于此？一以观物理之妙，一以配道行之贞。[②]

郑梦周以自然现象为喻，阐述人与自然的关系。朱熹将心之本体定义为“虚灵不昧”，认为它包含众多道理并能应对各种事。郑梦周继承了朱熹的观点，并进一步提出“心兮，本虚”。“虚”非空无之谓，乃心体未受私欲蒙蔽时，所显之澄澈清明之境也。“直哉惟清”出自《尚书·虞书·舜典》，意指无论日夜都要恭敬行事，都要正直，保持内心的清明。

最后一句“一以观物理之妙，一以配道行之贞”是在说大人能够洞察宇宙万物运行之奥妙，持守契合天道运行之正道。这与《乾》卦对“大人”的描述相一致。《乾》卦九五爻的爻辞说：“夫大人者与天地合其德，与日月合其明，与四时合其序，与鬼神合其吉凶，先天而天弗违，后天而奉天时。”[③]周敦颐在《太极图说》中亦引用此语主张大人的德行能够与天地、日月、四时的规律相契合，在天地尚未出现变化时，就预先采取措施加以预防，在天地出现变化之后，能够选用适当的方式予以应对。在《通书·圣学》中，周敦颐提出

① 이상익：《한국상리학사론》，서울：심산，2020年，第251页。
② 郑梦周：《圃隐集》，首尔：民族文化推进会，1990年，第599页。
③ 黄寿祺、张善文：《周易译注》上册，上海：上海古籍出版社，2007年，第14页。

了"圣可学"的观点,主张圣人之境界是可以通过学习达到的。郑梦周在此诗中以"玉不琢,不成器"为喻,指人生所经历的艰难困苦如同对璞玉的切磋琢磨一般,这实为砥砺心性、进德修业的必经之路,使人格趋于完善,最终达到圣人之境界。

在天人关系方面,郑梦周提出了"天定胜人"与"人众胜天"两种观点,既强调了天命的不可违抗性,又凸显了人作为实践主体的能动性。在人性论方面,郑梦周继承了周敦颐"主静,立人极"的思想,主张通过不断修养和实践,达到圣人境界。

三、修养论

《周易》以《乾》卦(䷀)象征纯阳、《坤》卦(䷁)象征纯阴,其六爻结构中初爻为阳爻、二爻至上爻皆为阴爻的卦象,正对应冬至时初阳始升的气候特征。从易学的角度来看,冬至对应的卦象是《复》卦(䷗)。冬至,作为一年中夜晚最长、白昼最短的一天,标志着太阳直射点的最南端,此后白昼将逐渐延长,象征着新的开始与希望。郑梦周由此作《冬至吟》,指出冬至时阳气的萌发即天地之心的显现。

> 乾道未尝息,坤爻纯是阴。一阳初动时,可以见天心。
> 造化无偏气,圣人犹抑阴。一阳初动处,可以验吾心。[①]

《复》卦由《坤》卦(☷)和《震》卦(☳)组成。《复》卦的特殊之处在于其六爻之中,仅有一个阳爻。《周易·复卦·彖传》"复,其见天地之心乎?"[②]郑道传这种将节气变化纳入易学解释体系的做法,直接承袭了邵雍(1011—1077年)的《冬至吟》。[③]"冬至子之半,天心无改移。一阳初起处,万物未生时。玄酒方味淡,大音声正稀。此言如不信,更请问庖牺。"[④]邵雍认为冬至是阴

---

① 郑梦周:《圃隐集》,首尔:民族文化推进会,1990年,第595页。

② 黄寿祺、张善文:《周易译注》上册,上海:上海古籍出版社,2007年,第144页。

③ 김보정:《포은 정몽주의 사상 성리학 이해를 중심으로》,《한국사상과 문화》,2007年第39辑,第181页。

④ 邵雍:《伊川击壤集》,《邵雍全集》第4册,郭彧、于天宝点校,上海:上海古籍出版社,2015年,第360页。

阳消长的转折点，此时万物虽尚未萌生，却蕴含着“一阳初起”的生机与希望。天地之间，阴阳相互消长，变化无穷，生机勃勃，周而复始，循环不息。复卦阳气初生之时，天地之间仍是一片清冷，万物尚未萌发。而阳气既动，天地生物之心便悄然显现。

他继续写道，“造化无偏气，圣人犹抑阴”，意为造化本无偏私之气，但圣人仍需抑制阴柔之气。阴阳二气作为宇宙生成的基本质料，其相互作用化育万物。虽然阴柔之气是自然运行中不可或缺的要素，然而当其过度时，便会破坏平衡，导致社会失序。因此，圣人通过抑制过盛的阴柔之气，引导社会朝着稳定、有序的方向发展。

> 问“复见天地之心”之义。曰：“十月纯阴为坤卦，而阳未尝无也。以阴阳之气言之，则有消有息，以阴阳之理言之，则无消息之间。学者体认此理，则识天地之心。故在我之心，不可有间断也。[①]

面对“复见天地之心”之问，朱熹以“十月纯阴为坤卦，而阳未尝无也”作答。从阴阳之气的层面来看，阴阳之气处于动态的消长变化之中，从阴阳之理的角度而言，阴阳之气是相互依存、相互转化的关系。深入体悟这一精妙之理，明晰阴阳之间的消长转化，便能够洞察天地之心。郑梦周继承了朱熹的思维方式，“一阳初动处，可以验吾心”，认为“吾心”即“天地之心”。

朱熹还在《仁说》开篇写道：“天地以生物为心者也，而人物之生，又各得夫天地之心以为心者也。故语心之德，虽其总摄贯通，无所不备，然一言以蔽之，则曰仁而已矣。”[②]他认为天地以生育万物为心，人与物都是天地所孕育，人因此得到了天地之心，“天地之心”即“仁”。在经验实然的层面上，人心与天心乃不相似，故必须勤做工夫，克己复礼，始得恢复自己的本心，而与天心一致。[③]

---

① 朱熹：《朱子语类》第5册，黎靖德编，北京：中华书局，2020年，第2180—2181页。

② 朱熹：《朱子全书》第23册，朱杰人、严佐之、刘永翔编，上海：上海古籍出版社、合肥：安徽教育出版社，2002年，第3279页。

③ 刘述先：《朱子哲学思想的发展与完成》，长春：吉林出版集团有限责任公司，2014年，第243页。

因此，他提醒学者要时刻保持内心的修养，不容有一丝一毫的间断。

周敦颐说："身端，心诚之谓也。诚心，复其不善之动而已矣。"[1]郑梦周按照周敦颐的思维方式，进一步阐述了"诚心"的内涵与实践路径。他主张，通过不断自我审视与反思，人能够识别并摒弃内心的杂念与私欲，使善念得以纯粹。他认为心性论修养的关键在于培养"浩然之气"。

《浩然卷子》

皇天降生民，厥气大且刚。夫人自不察，乃寓于寻常。
养之固有道，浩然谁敢当。恭承孟氏训，勿助与勿忘。
千古同此心，鸢鱼妙洋洋。斯言知者少，为子著此章。[2]

郑梦周开篇以"皇天降生民，厥气大且刚"，明确指出浩然之气是天赋予人的，具有"至大至刚"的特性。然而，许多人未能察觉自身所具有的这种正气，反而将其混同于平常之物，未能真正认识到它的价值与意义。他进一步阐述道："养之固有道，浩然谁敢当"，强调浩然之气的培养与涵养要遵循其方法。孟子认为"浩然之气"一种至大至刚的正气，是充满正义、充满仁义道德的正气，充塞于天地之间。

郑梦周认为，培养"浩然之气"应遵循孟子的教导，即通过正直的行为、与义和道相配合，并且持续不断地培养，同时避免忘记和盲目助长。孟子强调，浩然之气是正义和道德日积月累形成的，是内在的高尚品质和崇高精神，需要通过长期的道德修养和教化来发扬光大。孟子还以"揠苗助长"的故事为例说明违反事物的发展规律，急于求成，最后事与愿违。尽管"浩然之气"的涵养与实践历久弥新，恒为世人所追求，然而，能深刻领悟并身体力行者，却如凤毛麟角，寥若晨星。郑梦周作此文目的是提醒后人，应重视"浩然之气"的培养。

高丽末期是儒佛交替时期，当时朝鲜半岛所能接触到的书籍资源有限，对程朱理学的研究并不活跃，尽管有如郑梦周这样的儒学家，积极倡导性理

---

① 周敦颐：《元公周先生濂溪集》，长沙：岳麓书社，2006年，第68页。

② 郑梦周：《圃隐集》，首尔：民族文化推进会，1990年，第589页。

学。但是根据史料记载，当时高丽儒学家主要研究的是朱熹的《四书章句集注》。由此可见，生活在高丽末期的朝鲜儒学家们并没有完全掌握性理学。他们对于性理学的研究还处在了解的阶段。

第三节 郑道传的太极论

郑道传（1342—1398年），字宗之，号三峰，生于今之韩国忠清北道的丹阳郡，父亲是高丽王朝时期的刑部尚书郑云敬。郑道传师从父亲的好友李穑，1360年科举中式，1363年出仕，1375年，因反对权臣李仁任（1313—1388年）等人的“亲元反明”政策而遭流放。

1377年郑道传从流放地归来，潜心研究性理学。他回忆，自己年轻时专注于诗文词章的学习。后来，他拜见郑梦周，郑梦周认为，词章之学不过是雕虫小技，而真正的身心修养之道则蕴含于《大学》与《中庸》之中。郑梦周当时正与朋友们研读这两部书。受此启发，郑道传立即阅读《大学》和《中庸》，并去拜见郑梦周，得其教导，受益良多。临别时，郑梦周还送给他一本《孟子》。[①]

1383年在李成桂的举荐下，郑道传重新回到朝廷任职。“威化岛回军事件”发生后，在王位继承问题上，郑道传与老师李穑、郑梦周产生分歧，至此分道扬镳。他最终辅佐李成桂推翻高丽王朝，建立朝鲜王朝。

郑道传主张按照地理位置和民力情况而非阴阳风水之学来确定新都位置。1394年迁都汉阳以后，宫殿、宗庙的位置和称号，以及汉阳诸门的称号，都是郑道传拟定的。他还编纂了《朝鲜经国典》，为朝鲜王朝的规章制度奠定基础，因为在朝鲜建国过程中发挥巨大作用，因此被称为朝鲜王朝的设计者。[②]

朝鲜王朝建立后，他历任门下侍郎赞成事、同判都评议使司事、判户曹事、判尚瑞司事、普门阁大学士、知经筵艺文春秋馆事、判义兴三军府事等朝

① 郑道传：《三峰集》，首尔：民族文化推进会，1990年，第340—341页。
② 한영우：《왕조의 설계자 정도전》，서울：지식산업사，1999年，第28页。

廷要职。同时被认定为开国一等功臣，封奉化伯。1366年郑道传丁父忧，同年十二月，又丁母忧。当时高丽士大夫一般服丧百日，郑道传则按儒家教条庐墓三年。在此期间，他认真研读儒家经典。郑道传以性理学为依据来批判佛教，撰写了《心气理篇》《心问天答》《佛氏杂辨》等文章来批判佛教。郑道传对佛教思想的批判，集中体现在其力作《佛氏杂辩》一文中，该文充分展现了他对佛教教义的深刻理解和批判精神。在该文中，他设定了 19 个论题，围绕佛教的轮回、因果、心性等问题展开系统论述，从性理学的视角对佛教教义进行剖析与驳斥。《佛氏杂辨》是朝鲜排佛尊儒国策的理论依据和基础。郑道传在批判佛教的过程中，吸收了性理学的思想，并提出了自己的性理学理论。[①]

1396年，郑道传因所撰表笺内容引发明太祖朱元璋不满，被要求赴南京解释。郑道传称病推辞，转而鼓动朝鲜太祖李成桂采取强硬外交策略，甚至提议出兵辽东试探明朝底线，此举导致朝明关系急剧恶化。为缓和局势，李成桂之子李芳远（后成为朝鲜太宗）于1397年亲赴南京斡旋，从而暂时缓解了两国之间的紧张局势。然而郑道传此时不仅担任世子李芳硕的老师，还在朝鲜王朝内推行的中央集权改革，尤其是力主废除私兵制度的政策，此举直接触动了以李芳远为首的宗室利益。李芳远于1398年发动“第一次王子之乱”，郑道传在此次政变中被杀。

著作收录于《三峰集》中。

一、太极论

郑道传以《周易》《太极图说》等儒家经典为理论依据，全方位地批判佛教，旨在确立儒学在朝鲜思想界的绝对权威地位。他认为太极是宇宙万物生成与存在之根本依据，天地万物之理皆浑然具于太极之中。

> 毕竟先有太极，而天地万物之理，已浑然具于其中。故曰：“太

① 洪军：《四端七情之辨——朝鲜朝前期朱子学研究》，北京：人民出版社，2018年，第17页。

极生两仪，两仪生四象。”千变万化，皆从此出。如水之有源，万派流注，如木之有根，枝叶畅茂。此非人智力之所得而为也，亦非人智力之所得而遏也。然此固有难与初学言者，以其众人所易见者而言之。[①]

郑道传以《周易·系辞传》所言“太极生两仪，两仪生四象”为依据，阐述了万物从太极的本原中衍生并不断分化、演化的过程，进而指出千变万化的世界万象皆源于太极这一本体，如同水之有源、木之有根，万物的繁衍与发展皆由本原处不断生长、扩散而成。郑道传进一步阐释，太极所蕴含的自然法则与天地之理具有绝对性，既非人力所能缔造，亦非人力所能撼动。他认识到，在高丽王朝佛教盛行的背景下，性理学中的“理”对初学者来说较为深奥。因此，郑道传试图通过简单的语言，分析儒学与佛教的差异，以助学者厘清二者的根本区别。

孟子所谓“天之高也，星辰之远也，苟求其故，千岁之日至，可坐而致”者，此也。是亦孰使之然欤？必有实理为之主张也。且假者可暂于一时，而不可久于千万世，幻者可欺于一人，而不可信于千万人。而以天地之常久，万物之常生，谓之假且幻，抑何说欤？岂佛氏无穷理之学，求其说而不得欤？抑其心隘，天地之大，万物之众，不得容于其中欤？岂乐夫持守之约，而厌夫穷理之烦、酬酢万变之劳欤？张子曰：“明不能尽，诬天地日月以为幻妄。”则佛氏受病之处，必有所自矣。要之其所见蔽，故其所言诐如此。[②]

郑道传引用孟子的话，指出尽管天和星辰看似高远且难以捉摸，但它们的运行规律是可以被认知和推算出来的。万物运行皆遵循其固有的客观规律，这体现了他的宇宙观：天地万物依照其理运转，而非虚幻无凭。他进而批判佛教将天地万物视为虚假或虚幻的观点，认为万物生生不息，绝不是“虚假”或“虚幻”的。他认为佛教追求简约信条而厌倦深入探究事理，导致

---

① 郑道传：《三峰集》，首尔：民族文化推进会，1990年，第452页。

② 郑道传：《三峰集》，首尔：民族文化推进会，1990年，第453页。

其对宇宙万物的认识是片面的。

> 人物之生生而无穷，乃天地之化，运行而不已者也。原夫太极有动静，而阴阳生。阴阳有变合，而五行具。于是无极太极之真，阴阳五行之精，妙合而凝，人物生生焉。其已生者往而过，未生者来而续，其间不容一息之停也。[①]

郑道传发展了周敦颐的宇宙生成论。他明确指出，人与万物之所以生生不息，其根源在于“天地之化”。他依据周敦颐“太极动而生阳”的命题，剖析了宇宙生成的过程——作为宇宙本原的太极，自身蕴含动静之机，太极之动产生阳气，静则产生阴气。由此分化出阴阳之气，阴阳之气在相互交感中，衍生出繁复的五行之气，进而化生万物。

郑道传依据周敦颐的宇宙生成论框架，认为生命的生灭不过是气之聚散的结果。具体而言，当阴阳与五行之气聚合凝结时，便形成具体的形质，生命由此诞生；生命终结后，形质解体，气亦消散。正是基于这样的理解，郑道传对佛教的轮回说展开了批判。

> 佛之言曰：“人死精神不灭，随复受形。”于是轮回之说兴焉。《易》曰：“原始反终，故知死生之说。”又曰：“精气为物，游魂为变。”先儒解之曰天地之化，虽生生不穷，然而有聚必有散，有生必有死。能原其始而知其聚之生，则必知其后之必散而死。能知其生也得于气化之自然，初无精神寄寓于太虚之中，则知其死也与气而俱散，无复更有形象尚留于冥漠之内。[②]

佛教认为，人的意识在死后不会消亡，而是会进入轮回。轮回原是古印度婆罗门教的主要教义之一，认为四种姓在生死相续、轮回转生中，生生世世，永袭不变。佛教吸收这一观念，并加以改造和发展，主张众生在业报之前一律平等，即都以自身善德恶行决定来世的转生。[③]在没有解脱之前，根

---

① 郑道传：《三峰集》，首尔：民族文化推进会，1990年，第447页。
② 郑道传：《三峰集》，首尔：民族文化推进会，1990年，第447页。
③ 方立天：《中国佛教哲学要义》上，北京：宗教文化出版社，2015年，第96页。

据生前的善恶行为，进入人、天、阿修罗、地狱、饿鬼、畜生六道轮回转世。

郑道传依据《周易》所言“原始反终，故知死生之说”，指出追溯事物的起源，探求事物的终极，便能知晓生死的规律。他认为人与其他生物虽然繁衍生息不断，但是每个客体的生灭不过是气的集合与离散。人的死亡也仅是气的离散而已，不存在轮回的主体即精神不灭，所以没有所谓的轮回。①

郑道传在阐述其生死观时，以《周易》为依据，这与周敦颐的死生之说相契合，他说：“原始反终，故知死生之说。”②他们二人都认为宇宙间一切生命现象，包括人与其他生物，其生生不息的外在表现，本质上都是“气”运动变化的结果。在郑道传看来，生命的诞生与消亡，并非神秘莫测之事，不过是气的聚散离合而已。因此，郑道传主张生命的起源乃是一个自然的气化过程，并无精神实体寄寓于浩瀚的太虚之中，故而死亡便是与气一同消逝，再无其形象或意识留存于尘世间。郑道传据此彻底否定了佛教中的灵魂不灭论，并进一步推翻了其轮回转世说。“轮回之说辨，则因果之说，不辨而自明矣。”③因为轮回说的不成立，所以因果报应说也随之瓦解。

> 此吾儒之说，以人物之生，为得于阴阳五行之气者，明有左验，无可疑矣。信如佛氏之说，则人之祸福疾病，无与于阴阳五行，而皆出于因果之报应。何无一人舍吾儒所谓阴阳五行，而以佛氏所说因果报应，定人祸福、诊人疾病欤？其说荒唐谬误，无足取信如此。④

周敦颐在《太极图说》中说：“五行，一阴阳也；阴阳，一太极也；太极，本无极也。五行之生也，各一其性。无极之真，二五之精，妙合而凝，乾道成男，坤道成女。二气交感，化生万物。万物生生，而变化无穷焉。”⑤周敦颐构

---

① 尹丝淳：《韩国儒学史：韩国儒学的特殊性》，邢丽菊，唐艳译，北京：人民出版社，2017年，第97页。

② 周敦颐：《元公周先生濂溪集》，长沙：岳麓书社，2006年，第9页。

③ 郑道传：《三峰集》，首尔：民族文化推进会，1990年，第448页。

④ 郑道传：《三峰集》，首尔：民族文化推进会，1990年，第449页。

⑤ 周敦颐：《元公周先生濂溪集》，长沙：岳麓书社，2006年，第7—8页。

建了以宇宙生成论为核心的哲学框架。他提出，太极源自无极，阴阳由太极分化而成，五行则由阴阳演变而来，形成一个层次分明的宇宙生成序列。周敦颐进一步阐述，无极的本真与阴阳五行的精气相互作用，精妙地结合并凝聚，从而产生男女。阴阳二气通过相互交感，推动万物的生成与发展，使得宇宙中的万物不断繁衍生息，变化无穷。

郑道传延续了周敦颐宇宙论的思维方式，主张人与物的生成源自阴阳五行之气，因此当气消散时，形与神均不复存在，从而否定了轮回的存在。他从根本上动摇了因果报应存在的基础，认为前世之因与今世之果并无直接关联。因此他认为若依佛教所言，人的祸福疾病与阴阳五行无关，而全由因果报应决定人的福祸是十分荒唐的。可见，郑道传将儒家的气论作为其批判佛教思想的主要依据。从生成论的角度出发，对佛教的因果报应进行理性分析与驳斥。

佛教的因果论实际源于缘起论，缘起论主张世界万物无一不由因缘和合而生，而有因必有果，有果必有因，由因生果，因果历然。所谓因是原因，是能生，所谓果是结果，是所生。因果就是指因果律，也指因果报应，是佛教用以说明世界一切关系并支持其宗教体系的基本理论。[①]

周敦颐认为，人的性命有本然与实然两个层面。在本然层面，人人皆直承终极大宇宙根基，根据诚而来，拥有纯粹至善的性命本然。在实然层面，人因禀受气质的差异而具有了不同的人性。[②]朱熹将“命”区分为“天理本然之命”与“气禀之命”两类，前者基于天理，后者则依据气禀。

> 或问：“‘亡之，命矣夫！’此‘命’是天理本然之命否？”
>
> 曰：“此只是气禀之命。富贵、死生、祸福、贵贱，皆禀之气而不可移易者。”[③]

朱熹认为“富贵、死生、祸福、贵贱”皆属于“气禀之命”。因此，他认为

---

① 方立天：《佛教哲学》，长春：长春出版社，2006年，第121页。

② 王新春：《周敦颐的人性论与德性修养理路》，《道德与文明》，2014年第5期，第48页。

③ 朱熹：《朱子语类》第1册，黎靖德编，北京：中华书局，2020年，第96—97页。

《论语》中“亡之,命矣夫”中的“命”并不是天理之命,而是气禀之命。在朱熹的思想体系中,不仅人的富贵、贫贱、寿夭等由气禀决定,人所禀受的五常之性完备与否也由“气禀”决定。

> 问:“子罕言命。若仁义礼智五常皆是天所命。如贵贱死生寿夭之命有不同,如何?”
>
> 曰:“都是天所命。禀得精英之气,便为圣,为贤,便是得理之全,得理之正。禀得清明者,便英爽;禀得敦厚者,便温和;禀得清高者,便贵;禀得丰厚者,便富;禀得久长者,便寿;禀得衰颓薄浊者,便为愚、不肖,为贫,为贱,为夭。天有那气生一个人出来,便有许多物随他来。又曰:‘天之所命,固是均一,到气禀处便有不齐。看其禀得来如何。禀得厚,道理也备。’”①

朱熹认为禀气的清浊厚薄不同,会导致人的性格与命运呈现出不同的特征。禀气清明者性情爽朗,禀气敦厚者性格温和,禀气清高者地位尊贵,禀气丰厚者财富充足,禀气久长者寿命绵延。反之,若禀气衰颓、薄浊,则可能导致愚昧、贫贱或早夭。朱熹强调,尽管天命是均一的,但因“气禀”的差异,使得人与人之间存在差别。郑道传引用朱熹的气禀说,进一步指出人与物、人与人之间的差异,源于气禀,并不是佛教所说的因果报应之说。

> 夫所谓阴阳五行者,交运迭行,参差不齐。故其气也,有通塞、偏正、清浊、厚薄、高下、长短之异焉。而人物之生,适当其时,得其正且通者为人,得其偏且塞者为物。人与物之贵贱,于此焉分。又在于人,得其清者智且贤,得其浊者愚不肖,厚者富而薄者贫,高者贵而下者贱,长者寿而短者夭,此其大略也。虽物亦然。②

郑道传指出,阴阳五行交互运行、变化无穷,致使人、物所禀之气展现出通塞、偏正、清浊等诸多差异。人与万物之生,皆与其出现的时机及所禀受的气运息息相关,禀受纯正通达之气者成为人,而禀受偏颇闭塞之气者则化

---

① 朱熹:《朱子语类》第1册,黎靖德编,北京:中华书局,2020年,第95页。

② 郑道传:《三峰集》,首尔:民族文化推进会,1990年,第448页。

为物,人与物的贵贱之别,亦由此而分。受清气者聪慧贤能,浊气者愚钝无能,厚气者富有,薄气者贫穷,高气者尊贵,下气者卑贱,长气者长寿,短气者早夭。

> 所谓阴阳五行之气,相推迭运,参差不齐,而人物之万变生焉。其理亦犹是也。圣人设教,使学者变化气质,至于圣贤;治国者,转衰亡而进治安。此圣人所以回阴阳之气,以致参赞之功者。佛氏因果之说,岂能行于其间哉?①

他进一步从阴阳、五行之气的角度批判了佛教因果说的局限性。郑道传以阴阳、五行为气,并运用“气化”“气禀”“气之生生不息”的观念对佛教的轮回说和因果说进行批判。郑道传在此强调了儒家思想在个人修养与国家治理中的重要意义。他指出圣人通过教化和治理来调节阴阳之气,进而实现对天地万物的辅助作用。佛教的因果报应之说,无法在此过程中发挥作用。

周敦颐说:“故圣人与天地合其德,日月合其明,四时合其序,鬼神合其吉凶。”②圣人之“德”与天地之“德”相契合,其光辉如同日月一般明亮且恒久,其行事与春夏秋冬四时的流转规律紧密相连,丝毫不悖逆自然时序,并能洞察幽明之变,使自身能趋吉避凶。这体现了圣人对天地自然规律的把握。郑道传亦延续周敦颐的圣人观,指出“圣人所以回阴阳之气,以致参赞之功者”,认为圣人并非被动顺应,而是主动运用其对天地阴阳气化流行之道的精深理解,通过积极的实践去调节、引导自然与社会。

周敦颐说:“故圣人立教,俾人自易其恶,自至其中而止矣。”③他认为,圣人立教的根本目的是引导人们自我改变,摒弃自身的恶念与恶行,从而达到道德上的完善。郑道传则指出圣人教化的目的在于引导学者通过修养和学习改变自身的气质,最终达到圣贤的境界,治理国家的人倘若能够以教化为手段,引导百姓积极向善,提升其道德品质,便能够在潜移默化中

---

① 郑道传:《三峰集》,首尔:民族文化推进会,1990年,第449页。

② 周敦颐:《元公周先生濂溪集》,长沙:岳麓书社,2006年,第8页。

③ 周敦颐:《元公周先生濂溪集》,长沙:岳麓书社,2006年,第58页。

转变社会风气，可使国家转危为安。虽然郑道传关于“气”的论述没有形成完整的思想体系，但他以儒家的“气”学思想对佛教进行批判，是有建树的，他极大地提升了“气”的学术地位，使得“气化流行、生生不息”的哲学观念被朝鲜朝的思想家们广泛接受，并对徐敬德、李珥等人的“气学”思想产生了深远影响。[①]

二、道器论

周敦颐通过《太极图说》建构了生生不息的宇宙图景。在他看来，世界是一个真实的、生生不息的至真之存在，这种生生不息的至真之存在比所有具体的存在者都更真实。尽管这个至真存在是没有形体的，是看不见的，但是它是真实存在的。郑道传延续了周敦颐的思维方式，认为“道”并不是抽象的存在，而是体现在人伦日用之中的。

> 明道先生曰：“道之外无物，物之外无道。是天地之间，无适而非道也。即父子而父子在所亲，即君臣而君臣在所严。以至为夫妇，为长幼，为朋友，无所为而非道，所以不可须臾离也。然则毁人伦去四大（按：四大，受想行识），其分于道远矣。”又曰：“言为无不周遍，而实则外于伦理。”先生之辨尽矣。[②]

他明确指出，“父子、君臣、夫妇、长幼、朋友”这些伦理关系，无一不是“道”在现实生活中的具体体现。《中庸》“道也者，不可须臾离也，可离非道也。”[③]“道”是不可以片刻离开的，如果可以离开，那就不是“道”了。他依据《中庸》所言，指出佛教对伦理关系上的破坏，是背离道的。尽管佛教的言论博大精深，涵盖面极广，但其超脱尘世的观念却与儒家积极入世的实践精神形成了鲜明对比。郑道传还进一步通过对道与器的关系的论述阐明儒佛之别。

> 道则理也，形而上者也；器则物也，形而下者也。盖道之大原，

---

① 李甦平：《韩国儒学史》，北京：人民出版社，2009年，第187页。

② 郑道传：《三峰集》，首尔：民族文化推进会，1990年，第451—452页。

③ 朱熹：《四书章句集注·中庸章句》，北京：中华书局，2011年，第19页。

> 出于天，而无物不有，无时不然。即身心而有身心之道，近而即于父子、君臣、夫妇、长幼、朋友，远而即于天地万物，莫不各有其道焉。人在天地之间，不能一日离物而独立，是以凡吾所以处事接物者，亦当各尽其道，而不可或有所差谬也。此吾儒之学，所以自心而身，而人而物，各尽其性而无不通也。盖道虽不杂于器，亦不离于器者也。①

“道”是理，作为宇宙的终极原则，属于形而上的范畴；而“器”是物，对应着具体的事物，属于形而下的范畴。在他看来，“道”根源于天理，又贯通于天地万物之中，每一事物都有其特定的“道”。人在天地之间生存，无法脱离具体事物而存在。他主张，在处理事务及人际交往之时，人皆应恪守原则，以确保行为之恰当与得体。郑道传指出这正是儒家思想的精髓在于从心性修养到行为实践，由个人推及他人，乃至万物，使人与物都能充分实现其本性。他进一步阐释“道”与具体事物的关系，道虽不离具体事物，却又独立于其外，两者间既相互依存又各自独立。

他以儒家的道器论批评佛教将“道”与“器”割裂开来，认为佛教徒只关注超越世俗的“道”，而忽视了“道”在现实世界中的体现。他引用《般若经》中“凡所有相，皆是虚妄。若见诸相非相，即见如来”的教义，批评佛教倾向于摆脱一切有形存在，从而陷入空寂的误区。

> 彼佛氏于道，虽无所得。以其用心积力之久，仿佛若有见处。然如管窥天，一向直上去，不能四通八达，其所见必陷于一偏见。其道不杂于器者，则以道与器歧而二之。乃曰：“凡所有相，皆是虚妄。若见诸相非相，即见如来。”（按：此一段，出《般若经》。言眼前无法，触目皆如。但知如是，即见如来。）必欲摆脱群有，落于空寂见。其道不离于器者，则以器为道，乃曰：“善恶皆心，万法唯识。随顺一切，任用无为。猖狂放恣，无所不为。”（按：善心将生，随顺一切。任用无为，恶心将生。猖狂放恣，无所不为。心之所有，识乃

① 郑道传：《三峰集》，首尔：民族文化推进会，1990年，第452页。

为之。惟善惟恶,非心无识。非识无心,心识相对。善恶生灭。)此程子所谓"滞固者入于枯槁,疏通者归于恣肆"者也。然其所谓道者,指心而言,乃反落于形而下者之器而不自知也。惜哉![1]

郑道传认为,佛教对 "道" 的领悟具有局限性。尽管佛门中人久经修行,潜心向佛,然而其对于"道"的洞察时常显得浅显,未能揭示其精髓。在他看来,佛教对"道"的理解如同"以管窥天",只能窥见道的一面,无法全面理解"道"。他进一步指出佛教存在的两种极端倾向:一是秉持"凡所有相,皆是虚妄"的观念,将道与器截然分开,视道为超脱尘世之物,从而导致修行者步入"滞固者入于枯槁"的境地,思想变得僵化,逐渐远离现实生活;二是信奉"善恶皆心,万法唯识",将器与道混为一谈,视具体事物为道的全部体现,从而使得修行者陷入"疏通者归于恣肆"的状态,放任自流,无所约束。郑道传认为佛教所言"诸相非相""万法唯识"导致了"道""器"的分离,阻碍了人们对"道"作为宇宙人生根本原理的理解。

三、心性论

"性即理"是性理学的核心观点,郑道传继承这一主张,认为性是天理在人性中的具体呈现。

盖性者,人所得于天以生之理也。作用者,人所得于天以生之气也。气之凝聚者为形质,为神气。若心之精爽,耳目之聪明,手之执,足之奔,凡所以知觉运动者,皆气也。故曰:"形既生矣,神发知矣。"人既有是形气,则是理具于形气之中。在心为仁义礼智之性,恻隐、羞恶、辞让、是非之情,在头,容为直,在目,容为端,在口,容为止之类。凡所以为当然之则而不可易者,是理也。[2]

郑道传认为,人性禀受了天赋之理,气不仅凝聚形成人的形体,还赋予人各种机能。在生理层面,气凝聚为人的耳目手足等器官,使人具备视听、

① 郑道传:《三峰集》,首尔:民族文化推进会,1990年,第451页。
② 郑道传:《三峰集》,首尔:民族文化推进会,1990年,第450页。

执握、奔跑等能力。在精神层面，气的精爽部分升华为“心之知觉”，表现为人的认知和情感活动，如恻隐、羞恶、辞让、是非等四端之情。此过程中，天理还通过身体的姿态呈现，如神态应正直、言语应谨慎等。

> 心者，主乎一身之中；而迹者，心之发于应事接物之上者也。故曰：“有是心，必有是迹。”不可判而为二也。盖四端、五典、万事、万物之理，浑然具于此心之中。其于事物之来，不一其变，而此心之理，随感而应，各有攸当而不可乱也。人见孺子匍匐入井，便有怵惕恻隐之心。是其心有仁之性，故其见孺子也，发于外者便恻然。心与迹，果有二乎？曰“羞恶”，曰“辞让”，曰“是非”，莫不皆然。次而及于身之所接，见父则思孝焉，见子则思慈焉；至于事君以忠，使臣以礼，交友以信。是孰使之然耶？以其心有仁义礼智之性，故发于外者亦如此。所谓“体用一源，显微无间”者也。①

郑道传在此探讨了“心”与“迹”的关系，指出“心”是人一身的主宰，而“迹”则是心在应对事物和处理人际关系时的外在表现。他指出，“心”与“迹”乃是一个不可分割的统一体，心的所思所想会自然而然地转化为外在的行为表现。在他看来，仁、义、礼、智等是心所固有的，当人们与父母相处时，就会想到要孝顺；与子女相处时，就会想到要慈爱；侍奉君主要忠诚，任用臣子要合乎礼节，与朋友交往要讲信用，这些行为都是仁、义、礼、智之性的流露。

周敦颐说：“必有耻，则可教；闻过，则可贤。”②首先，“有耻”是道德教化得以有效施行的内在心理基础，人只有具备对不善之行的羞耻感，方能产生向善避恶的内在驱动力，从而主动接纳并践行道德教化内容。进而，“闻过”是通往贤德境界的关键进阶路径，人唯有以开放的姿态接受他人的指正，才能承认过错并勇于改正。

周敦颐强调的是“耻感”与“改过”的道德自觉性。在郑道传的心性论中

---

① 郑道传：《三峰集》，首尔：民族文化推进会，1990年，第451页。

② 周敦颐：《元公周先生濂溪集》，长沙：岳麓书社，2006年，第58页。

得到了进一步的发展，他进一步指出，在面对突发事件时，心并非被动反映外物，而是以内在的“浑然之理”主动应对。心的这种“随感而应”的表现则凸显了人的主观能动性。郑道传通过引用“见孺子入井”的这一例证，他揭示了“心”与“迹”之间是“体用一源，显微无间”的关系。孟子通过“见孺子入井”的例子，阐释了人们在目睹小孩即将坠井时，会本能地涌现出恻隐之心。这种情感是人的普遍情感，而非出于外在动机，是人与生俱来的道德情感，是人之为人的重要特质。

> 盖亲与我同气者也。人与我同类者也。物与我同生者也。故仁心之所施，自亲而人而物。如水之流，盈于第一坎而后达于第二第三之坎。其本深，故其及者远。举天下之物，无一不在吾仁爱之中。故曰：“亲亲而仁民，仁民而爱物。”此儒者之道，所以为一为实为连续也。[①]

郑道传认为“亲”是与己同气者，“人”是与己同类者，“物”则是与己同生者，由此推导出仁爱的施与，应按照“自亲而人而物”的层次性递进。这种递进关系如同水流，需填满前一“坎”方能流向后一“坎”，体现出仁爱的层次性和连续性。郑道传对儒家仁爱观念的阐述，以“亲亲而仁民，仁民而爱物”为依据，强调仁爱的渐进性和普遍性。从亲亲之情出发，将仁爱逐步推广至整个社会。这就是郑道传所强调的儒学之道“为一”“为实”“为连续”的特征。

> 言物欲害吾心之天理也。盖凡有声色貌相，而盈于天地之间者，皆物也。日与人之身相接。而人之有目，莫不欲色；有耳，莫不欲声；至于四肢百骸，莫不欲安佚。故天理虽根于吾心固有之天，而其端甚微；人欲虽生于物我相形之后，而其发难制。是其日用云为，顺理为难，而从欲为易。《书》曰：“人心惟危，道心惟微。”此之谓也。且人之此身，不能一日离物而独立。小有不谨，则凡外物之害此心者，投间抵隙，攻之甚众矣，此天理之所以病也。[②]

---

① 郑道传：《三峰集》，首尔：民族文化推进会，1990年，第452页。
② 郑道传：《三峰集》，首尔：民族文化推进会，1990年，第471页。

周敦颐认为圣人的境界是可以通过学习来达到的，他说：“一为要。一者，无欲也。”他在此处的“欲”指过度的、逾矩的欲望。郑道传在此进一步剖析了过度的物欲对人心的危害。他认为，天地间的各种事物，如声色貌相，每天都与人的身体接触。人的感官本能地向往声色之悦、安逸之乐，这些由外物引发的欲望，虽萌生于人与物的接触之时，却往往难以驾驭其肆虐之势。当欲望突破“理”所界定的应然边界时，心将失其主宰，堕入逐物不返的失序状态。

他还进一步引用《尚书》中“人心惟危，道心惟微”的说法，进一步说明了人心的危险性和道心的微弱性。他指出，人的身体无法脱离外物而独立存在，一旦在行为上稍有不慎，外物就会乘虚而入，对人心造成影响。物欲的侵蚀使得天理难以彰显，人们容易迷失在物欲之中。由此，郑道传指出圣人设立学校进行教化，其目的是引导人们修养内心，减少物欲的干扰。

> 圣人设教，使人默识此心之灵，而存之于端庄静一之中，以为穷理之本；使人知有众理之妙，而穷之于学问思辨之际，以致尽心之功。巨细相涵，动静交养，初未尝有内外精粗之择。及其真积力久，而豁然贯通焉，亦有以知其浑然一致，而果无内外精粗之可言矣。今必以是为浅近支离，而欲藏形匿影，别为一种幽深恍惚、艰难阻绝之论，务使学者莽然措其心于文字言语之外，而曰：“道必如是，然后可以得之。”则是近世佛学诐淫邪遁之尤者，而欲移之以乱古人明德新民之实学，其亦误矣！朱子之言，反复论辨，亲切著明。学者于此，潜心而自得之可也。[①]

郑道传指出教化的目的在于引导人们通过内省体察本心的灵明之性，将其存养于庄重、虚静之中，由此奠定穷理的认知基础，使人认知万物之理的精微奥妙，进而通过学问的思考辨析、逻辑推究等实践过程，达成尽心之工夫。在此过程中，微观与宏观的义理相互涵摄，静态的涵养工夫与动态的认知活动彼此交融，自此便不存在内在修养与外在认知、精微义理与事物的

① 郑道传：《三峰集》，首尔：民族文化推进会，1990年，第456—457页。

分离。待至学问积累深厚、工夫持续长久之时，自会达到豁然贯通的境界，从而确证天理人道的统一。郑道传在此强调“默识此心之灵”与“穷理之本”的统一性，这正是朱熹格物致知说的核心要义。他认为，要达到“致知”的目的，就必须通过“格物”来实现，即物穷理。在他看来，人的内心具有认知能力，而世间万物都有其内在的道理。

> 所谓致知在格物者，言欲致吾之知，在即物而穷其理也。盖人心之灵莫不有知，而天下之物莫不有理，惟于理有未穷，故其知有不尽也。是以大学始教，必使学者即凡天下之物，莫不因其已知之理而益穷之，以求至乎其极。至于用力之久，而一旦豁然贯通焉，则众物之表里精粗无不到，而吾心之全体大用无不明矣。此谓物格，此谓知之至也。①

朱熹认为只有在对事物的原理探究不够深入时，人的认知才会存在局限性。当学者们对事物的表里、精细与粗糙之处都有全面地把握，终会达到豁然开朗的状态。郑道传由此批评了那些排斥儒家“主敬涵养”“格物致知”工夫，转而信仰佛教的人。他批评佛教的虚幻之论不仅扰乱了人们的思想，也对社会秩序和道德风尚造成了负面影响。他还指出佛教教义使人们忽视了现实生活中“明德”“新民”之实学，他强调古圣贤的学问注重实际的道德修养和社会实践，而佛教的虚无主义和对现实生活的逃避，未能为社会提供有效的道德指导和治理原则。因此，他批判佛教，积极推广性理学思想。

---

① 朱熹：《四书章句集注·大学章句》，北京：中华书局，2011年，第8页。

第二章 朝鲜前期儒学家对“太极”的诠释

15世纪朝鲜儒学家们的研究活动开始显露出“朝鲜性理学的特征”，这一时期的儒学家以金麟厚、徐敬德、李彦迪为代表。他们进一步发展了周敦颐的太极思想。金时习认为事物的运动变化并不是由于“天理”或者“天神”等外因，其根本动力在于——阴阳之气的交感作用。他不认同太极即理说，认为太极不仅是宇宙的本原，也是阴阳之气交感作用的内在依据。周敦颐主张通过“无欲”的修养路径达到“圣人”境界，金时习亦认为要去除私欲方能使得仁德全体得以显现。徐敬德主张，太虚为气之初始，阴阳二气交感互动，共育世间万物，太极则是推动阴阳二气运转变化的根本力量。他认为人禀受天地正气，表现为仁义，主张人性本善，提出“持敬观理”的修养方法，以达到无思无过的圣人境界。李彦迪则通过与曹汉辅的论辩，进一步明确了太极作为宇宙本体的地位。他主张“太极即理”，认为太极是宇宙运行的根本原理，也是万物生成的根源。

第一节 金时习的太极论

金时习（1435—1493年），字悦卿，号梅月堂，诗人、小说家、性理学家，他亦是生六臣之一。[①]金时习出生于没落的两班贵族家庭，幼时聪颖过人，三岁能诗，诗曰：“无雨雷声何处动，黄云片片四方分。”此事在其五岁时，传入

---

① 生六臣：1455年，首阳大君李瑈（1417—1468年）篡夺端宗之位，继而成为朝鲜世祖。在此背景下，曾效忠于朝鲜端宗的六位大臣，以“不事二君”为由或辞官或退隐。这六位大臣分别是金时习（1435—1493年）、成聃寿、元昊（1397—1463年）、李孟专（1392—1480年）、赵旅（1420—1489年）和南孝温（1454—1492年）。

死六臣：1456年，六位意图复辟端宗的大臣终因失败而遭受凌迟。这六位大臣分别是成三问(1418—1456年)、朴彭年(1417—1456年)、河纬地(1412—1456年)、李垲(1417—1456年)、俞应孚(?—1456年)和柳诚源(?—1456年)。

世宗耳里,被誉为神童,备受世宗宠爱。曾随名师金泮学习四书五经及百家著作,十五岁至三角山读书堂学习。

金时习也曾怀抱辅佐贤明君主的理想,但由于15世纪的朝鲜社会比较动荡,政局混乱,因此直到21岁,也未曾参加科举考试,而是专心阅读各类书籍。1455年世祖李瑈(1455—1468年在位)篡位后,废除集贤殿,屠杀众多文人,这样的局面令金时习对于出仕做官彻底失望,他的情绪受到了极大的冲击,愤怒至极,连续三日闭门不出。当他再次走出家门时,已经变得半醒半疯。他向天哀号,最终撕毁了自己的儒冠,抛弃了所有的经书,削发为僧。

世祖强迫人民服徭役,还实行征收贡物的“引纳”制度,农民战争爆发,于是金时习开始四处云游,并开始其文学创作生涯。47岁时,金时习突然改变了生活方式,重新蓄发并开始食用荤腥,前往祖先的墓地进行祭拜,并与安氏家族的女儿结为连理,彻底回归了世俗生活。然而,好景不长,他的妻子不幸去世,儿子也早逝,这让他再次陷入孤独与悲痛之中,于是他重新踏上了流浪的旅程。在接下来的十几年里,他以行乞为生,遍访了襄阳、江陵等地,其间创作了诗集《关东日录》和《溟州日录》。

金时习生活在15世纪后半叶,社会矛盾逐渐显现,但他所处的时代也刚刚经历了朝鲜历史上的辉煌时期,这为他确立唯物主义的气一元论提供了坚实的文化和科学基础。1464年起,于庆州金鳌山居住六年,此时期撰写了韩国第一部小说《金鳌新话》。1471年拒世祖招请,后移居京畿道杨州郡水洛山,于1481年还俗。晚年在江原道雪岳山隐居,1493年逝世于庆州鸿山无量寺。他创作了多部诗集,包括《宕游关西录》《宕游关东录》《宕游湖南录》等,反映了社会底层人民的生活和贫富矛盾。他撰写了《太极说》《无形》《生死说》《鬼神说》等多篇哲学论文,其著作多数已经散佚或被本人焚毁,现存作品集中收录于《梅月堂集》中。金时习著有单篇《周敦颐传》,盛赞周敦颐的《太极图》与《通书》。

先生博学力行,著《太极图》,明“天理”之根源,究万物之终始,著《通书》四十篇,发明“太极”之蕴。其言简而道大,文质兼备且义理精深。先生深得孔孟学术之本源，对学者大有功德。[①]

金时习认为周敦颐所作《太极图》，不仅向人们揭示了“天理”的根源所在，还为后世理解宇宙万物的生成提供了重要的理论依据。其所著《通书》四十篇进一步阐明“太极”之内涵。金时习将周敦颐视为孔孟道统的继任者。

李滉与李珥这两位杰出人物对金时习的评价截然不同，李滉认为金时习是“异人”，李珥在《金时习传》中说道：“以才智之卓，有所领解。横谈竖论，多不失儒家宗旨。至如禅道二家，亦见大意。深究病源，而喜作禅语。发阐玄微，颖脱无滞碍。虽老释名髡，深于其学者，莫敢抗其锋。其天资拔萃，以此可验。自以声名早盛，而一朝逃世，心儒迹佛。”[②]李珥认为金时习是“心儒迹佛”，即虽然金时习外表是佛家，其内心仍然是儒家。

著有《梅月堂集》。

一、太极论

周敦颐在《太极图说》中构建了宇宙论的哲学框架，阐述了太极源于无极、阴阳源于太极、五行源于阴阳这一宇宙论生成序列。他指出，无极的本真与阴阳五行的精气巧妙结合并凝聚，形成男女。阴阳二气相互交感，化生万物，万物生生不息，变化无穷。在此基础上，金时习继承并发展了周敦颐的思想。他认为气的运动是永恒的，由此认为气之运动具有宇宙空间与时间的无限性。在他看来，事物的运动变化并不是由于“天理”或者“天神”之类的外因，而是由于内因，由阴阳两体的相互作用形成了运动变化的原动力，这可谓他在哲学思想方面的重要贡献。[③]因此他并不认同太极即理说。

太极者，无极也。太极，本无极也。太极，阴阳也。阴阳，太极

① 金时习：《梅月堂集》，首尔：民族文化推进会，1988年，第375页。

② 金时习：《梅月堂集》，首尔：民族文化推进会，1988年，第60页。

③ 朱红星、李洪淳、朱七星：《朝鲜哲学思想史》，延边：延边人民出版社，1989年，第139页。

也。谓之太极别有极,则非极也。极者,至极之义,理之至极而不可加也。大[太]者,包容之义,道之至大而不可侔也。阴阳外别有太极,则不能阴阳,太极里别有阴阳,则不可曰太极。阴而阳,阳而阴,动而静,静而动,其理之无极者,太极也。①

金时习认同周敦颐的观点,说:“太极,本无极也。”在他看来,太极就是无极,太极就是阴阳,太极是从无极演化而来的。太极与无极并不是截然二分的,是相互转化、相互依存的统一体。太极之外不存在超越太极的存在,若太极之外存在一个超越太极的极限,则该极限不能被视为真正的终极。所谓极,是指达到了极点,无法再进一步增加的状态。而“太”在这里指的是包容性,道是至高无上的,没有任何事物能够超越其上。若在阴阳之外另立一个独立的太极,则太极将失去其作为终极本体的意义。

金时习认为,太极不仅是宇宙万物生成的根源,更是阴阳交感运行的内在法则与依据。太极与阴阳相互依存,不可分离。周敦颐的《太极图》由黑白两部分组成,代表阴阳,它们相互包含、相互转化,体现了阴阳为对立统一的关系。阴阳交感,化生五行,进而生成万物。金时习认为,阴阳之气的周流不息、化生万物的过程,体现了太极作为内在法则与根本依据的意蕴。周敦颐说:“太极动而生阳,动极而静,静而生阴,静极复动,一动一静,互为其根。”②这里的“动”与“静”是指太极生阴阳的过程,也是宇宙万物生成和变化的基础。

日往则月来,日月代明,而昼夜成焉。寒往则暑来,寒暑相推,而岁功成焉。天何言哉?四时行,百物生者,唯一太极也。③

太阳落下,月亮就升起,太阳和月亮轮流照亮天空,这样就形成了白天和黑夜。寒冷的季节过去,炎热的季节就到来,冷和热交替变换,这样一年四季的农事和自然界的生长就完成了。天不需要说话,四季自然更替,万物

① 金时习:《梅月堂集》,首尔:民族文化推进会,1988年,第384页。
② 周敦颐:《元公周先生濂溪集》,长沙:岳麓书社,2006年,第7页。
③ 金时习:《梅月堂集》,首尔:民族文化推进会,1988年,第385页。

生长，这一切都是作为宇宙的根本原理的太极在发挥作用。太极在这里被看作是宇宙的本原和万物运行的规律，是一切自然现象背后的推动力。

> 天地之间，生生不穷者道也。聚散往来之者，理之气也。有聚故有散之名，有来故有往之名，有生故有死之名。名者，气之实事也。气之聚者，生而为人。人者，理之具而著者也。①

"道"是指宇宙间生生不息、无穷无尽的根本原理。它是一切存在和变化的源头，是宇宙万物运行和演化的终极规律。当"气"聚到一定程度时，就形成了人。人的存在不仅是物质的聚集，也是宇宙之理的体现。金时习认为，天地间生生不息的现象是"道"的体现，而万物的聚散、往来则是"理"与"气"相互作用的结果。人作为"气"的聚集，不仅是物质存在，更是宇宙秩序"理"的具体体现。"气"在这里被描述为无形无质的存在，它既是构成万物的基础，也是推动万物变化发展的能量。

金时习阐述了"气"与"理"的重要作用，认为人不仅是"气"的集聚产物，更是宇宙之"理"的体现。他将天地间生生不息的现象归结为"道"的显现，而万物的聚散、往来则视为"理"与"气"相互作用的结果。这种相互作用不仅体现在自然界的宏观现象中，也体现在人的生命历程和行为模式中，从而强调了人与宇宙间的联系。

金时习在诠释"理"时，提出了"事中有理"的观点，他反对"理先于气""理高于事"和"心中存理"的观点。他既没有将"理"视为宇宙的根本本体，也没有将其与"气"等同。他主张"气"是构成万物的基础，"理"则是事物的属性、规律，即所谓的实理。他强调，每种事物都有其特定的理，如动物、植物和人与人在社会中的关系，都遵循各自的理。因此，"理"与事物不可分割，理存在于事物(气)之中。

> 天之生民，各与以性。性即理也。不谓之理，而谓之性者，理是泛言人物公共之理。性是在我之理。在我之理，未尝不善。如父子有亲之理，以至朋友有信之理，便是人之性。如牛耕马驰，鸡

① 金时习：《梅月堂集》，首尔：民族文化推进会，1988年，第383页。

司晨，犬护主。草木昆虫，各有形质，好恶不同，便是物之理。然而其源则一也。故曰："民吾同胞，物吾与也。"①

天赋予人以"性"，这里的"性"指的是人与生俱来的本性。在儒家哲学中，"性"被认为是人的根本特质，是人之所以为人的本质。金时习也认同"性即理也"，这显然是继承了宋代性理学家的观点。金时习认为人的本性（性）与宇宙的理（理）是一致的。这里的"理"可以理解为宇宙的法则、道德的最高准则。在性理学家看来，理是宇宙万物存在和变化的根本依据，是最高的道德标准。

金时习在此区分了"理"和"性"，他指出"理"是指普遍适用于人和物的一般原则，而"性"则是指个体所固有的、特定的理。在人性方面，他提到了父子之间的亲情、朋友之间的信任等社会关系中的原则，这些都是人性的表现。在物性上，他举例说明了牛耕田、马奔跑、鸡报晓、狗守护主人等动物的本能行为，以及草木昆虫等自然生物的特性和偏好，这些都是物性的表现。

他认为人与物在根源上是相同的，因此他引用了张载所言"民吾同胞，物吾与也"②。在金时习看来，宇宙与万物为有机整体，通过气一元论确立天地万物同源共生的本体论基础，因此认为人与天下万民为同胞，与世间万物为友。

金时习认为性与理在本质上并无二致，他引用先儒"性即理"的观点，明确地将人性与宇宙的道德法则紧密相连，将其视为一个不可分割的整体。

性与理都无两般。先儒云："性即理也。"天所命，人所受，而实理之具于吾心者也。盖初非有物，但是仁义礼智之在我，浑然至善，未尝有恶。③

在金时习的阐释中，性并不是一种独立于理之外的存在，而是与理相互依存。在他看来，人的本性并不是虚无缥缈的，而是一种实实在在的、具有

① 金时习：《梅月堂集》，首尔：民族文化推进会，1988年，第417页。
② 张载：《张载集》，北京：中华书局，1978年，第62页。
③ 金时习：《梅月堂集》，首尔：民族文化推进会，1988年，第348页。

道德内涵的实体。它不是某种外在的物质实体，而是以仁义礼智等道德品质的形式实实在在地存在于人的内心之中。他在描述人之性时隐含了性善论，因为“理”是至善的，所以人的本性也是至善的。

金时习主张人性是至善的，恶不在本性中，“仁义礼智”是人所固有的，是人内在本性中自然生发的道德品质。这种内在的道德品质使得人在道德实践中具有了自主性和能动性，无需依赖外在的力量来实践。在金时习看来，循此仁之性则可以自父子之亲以达至仁民爱物。①

> 循其仁之性，则自父子之亲，以至于仁民爱物，皆道也。循其义之性，则自君臣之分，以至于尊贤敬长，皆道也。循其礼之性，则恭敬辞让之节文，皆道也。循其智之性，则是非邪正之分别，皆道也。盖所谓性者，无一理之不具，故所谓道者，不待求而自备。所谓性者，无一物之不得，故所谓道者，不假人而自周。②

金时习在此阐释了“性”与“道”的内在联系，指出人性中包含了所有的道德原则，因此“道”是自备的，不需要外求。同时，由于人性中没有一样是缺失的，所以“道”也是自足的，不需要依赖他人来实现。这里的“性”指的是人的本性，而“道”则是道德法则。

金时习进一步指出从家庭中的父子亲情，到对民众的仁爱和对万物的爱护，这都是道的体现。同样，遵循义之性，从君臣之间的义务到对贤者和长者的尊敬，也是道的体现。礼之性体现在恭敬和辞让的行为规范中，智之性则体现在对是非和正邪的辨识中。这些行为和规范都是“道”的体现，“道”不是外在强加的，而是内在于人的本性之中，不需要刻意寻求，是人本来就具备的。

> 尽性者，尽在我之理也。养性者，养在我之理也。或问浮屠氏者云见性，性可见乎？曰：“存养云则可也，岂云见乎？知而率循则可，岂可但睹其形容乎？睹而不循，岂云在我之理。”心者，禀受于

① 洪军：《四端七情之辨——朝鲜前期朱子学研究》，北京：人民出版社，2018年，第32页。
② 金时习：《梅月堂集》，首尔：民族文化推进会，1988年，第347—348页。

天而存于一身者。故先贤云:“心者,人之神明,所以具众理应万事者。”存而尽之,不为众欲所攻则可。如浮屠氏观心则不可。如金不博金,水不洗水,岂可以吾心观吾心?若云可观,心应有二。[①]

金时习在此批判了佛教的见性说。他认为佛教的见性说强调通过内在的直觉顿悟来观照心性,偏重于内在觉知,却缺失了儒家所强调的道德实践。他认为“性”是指人禀受的至善道德本体,“尽性”与“养性”即体认并扩充本然之性的过程。因此,他认为佛教的见性说难以说明心性本体的真谛。

金时习认为人心直接禀受天理,因此心具备众理而能应万事。然而,在纷繁的现实活动中,人心极易被私欲蒙蔽,陷入纷扰。他坚信唯有通过“存而尽之”的修养功夫,方能坚守天赋本心,并穷尽其固有之善,进而涤荡私欲,使心体如明镜般清澈,从而在应对世事万物时,充分展现心体“具众理、应万事”的妙用。他认为若仅止步于佛教的“观”,而不付诸实践,则心体的潜能无法显现。最后,他以“金不博金,水不洗水”的精妙譬喻,有力驳斥了佛教观心说的荒谬性,指出若心能自观则意味着心体分裂。

或问:“先圣有言:‘人心惟危,道心惟微。’心岂非二乎?”曰:“所谓人心者,生于物我之相形,人欲之私也。道心,源于性命之正,天理之公也。从事于此,无少间断,遂使道心常为一身之主,而人心每听命焉。则危者安,微者著,而人欲卒无以胜夫天理之公矣。”[②]

金时习在探讨“人心”与“道心”的关系时,明确指出“人心”与“道心”并非完全独立的两个实体。他认为“人心”是因人欲之私而产生,是危殆难安的,“道心”则源于性命之正和天理之公,是幽微难明的。他主张通过持续不断的修养和实践,让道心成为主导,使人心服从于道心,从而让原本危殆的

① 金时习:《梅月堂集》,首尔:民族文化推进会,1988年,第417页。
② 金时习:《梅月堂集》,首尔:民族文化推进会,1988年,第417页。

状态转为安定,使幽微者显发出光辉。

二、气一元论

周敦颐在《太极图说》中指出宇宙间一切生命形态无不是阴阳二气的产物。金时习亦将“气”视为宇宙的起源和构成万物的基础,他认为天地之间充满了气,因此气无处不在。

> 天地之间,惟一气橐籥耳。此理有屈有伸,有盈有虚。屈伸者,妙也;盈虚者,道也。伸则盈而屈则虚,盈则出而虚则归。出则曰神,而归则曰鬼。其实理则一,而其分则殊。其循环往复,荣华枯落,造化之迹莫非二气消长之良能也。而其体则诚实而无妄,其德则体物而不可遗,其用则洋洋乎如在其上,如在其左右。有以使人为昭明、焄蒿凄怆,其气则天地之正气也。①

“橐”在字典中通常被解释为“一种袋子”,但同时也被用作象声词。实际上,“橐”并非指普通的袋子,而是指一种用于鼓风的皮囊,它是古代冶炼铜铁时不可或缺的设备。由于使用“橐”进行鼓风时会发出低沉的声音,因此将其用作象声词橐龠来形容古时候的风箱。“天地之间,其犹橐籥乎。虚而不屈,动而愈出。”②老子用橐籥来比喻天地,意味着天地的运作就像风箱一样,虽然看起来是空的,但却能产生无穷的动力。老子认为风箱虽然看似空虚,但它“不屈”,这里的“不屈”意味着它永不穷尽。尽管风箱本身什么都没有,但当我们拉动它时,空气就会推动火势,使其越烧越旺。橐籥虽然中空,但能够不断地鼓出风来,这象征着天地虽然看似虚无,却蕴含着无穷的能量和生命力。

金时习认为天地之间充盈着气,就像是一个大的风箱。气的屈伸、盈虚,促使万物处于永恒的变化之中。他将气的发散称为“神”,回归称为“鬼”,这体现为万物从无形之气聚为有形,复从有形散归无形的过程。气的

---

① 金时习:《梅月堂集》,首尔:民族文化推进会,1988年,第383页。

② 陈鼓应:《老子今注今译》第1册,北京:商务印书馆,2006年,第93页。

这种循环流转，正是万物荣枯、自然界一切变化的根源。他进一步指出气的本质是真实不虚的，其德性涵育万物而无遗，其用贯通一切而无不在。

金时习认为，无论天体运行、四时更迭，抑或生命荣枯皆是气运行的结果。气不仅是万物生成的物质基础，其屈伸盈虚更是宇宙运行的根本动力。尽管气化育的万物形态千差万别，但气之运行始终依循内在统一之理。因此，万物的生生不息，正是气依其理而行的体现。

> 盈天地之间者皆气也。竖言则日月之往来，星辰之运行，寒暑之相推，阴阳之相代，消息盈虚，生旺休囚皆气也。横言则山川岳渎之融结，风雨霜露之施行，草木之荣瘁，人物之动息，圣贤愚迷之群分，清浊粹驳之不齐，皆气之寓于两间也。①

金时习还以“竖言”和“横言”的方式来形容气的作用。竖言指的是气的垂直作用，如日月星辰的运行和季节的更替，横言则是指气的水平作用，如地理环境、气候条件对生物和人类活动的影响。金时习在此揭示了“气”在宇宙和人类社会中的双重作用。竖言与横言的划分，不仅阐释了气在自然界中的垂直和水平运动，也暗示了气对社会和万物的影响。在竖言的层面，气的垂直作用体现了宇宙规律的恒定与变化，如日月的升落、四季的交替，这些都是自然界中不可更改的规律。而在横言的层面，气的水平作用则涉及地理和气候对生物多样性的影响。

宇宙万物都是由“气”构成的。“气”可以理解为宇宙间构成万物的材料、能量，它无形无质，却能生成万物。四季的更替也是因“气”的作用而发生的。这意味着金时习把气理解为物质，直到高丽时期为止，虽然有人把“气”理解为物质的东西，但是没有人能够把它理解为自然诸事物现象的本质。②金时习认为宇宙间的气以及由气构成的一切事物都处在永不停息的运动与变化之中。

---

① 金时习：《梅月堂集》，首尔：民族文化推进会，1988年，第351页。

② 朱红星、李洪淳、朱七星：《朝鲜哲学思想史》，延边：延边人民出版社，1989年，第137页。

金时习对“气”的理解，不仅体现在对自然现象的解释上，也反映在对人的道德性的理解上。周敦颐着重强调了人于万物之中所具有的独特地位，于是提出“惟人也，得其秀而最灵”的观点，彰显了人的特殊性。在周敦颐看来，人与万物的最大差异在于人最为完整地禀赋了天地间最为精华之气。金时习延续了周敦颐的思维方式，将人所禀受之气解读为“浩然之气”。

浩然之气，充塞乎宇宙，一团春风，畅于四支，融乎一心。俯仰无愧怍之容，动作无吝骄之态。昔之为寇，今则臣仆，昔之役我，今则从令。恢恢焉荡荡焉，谁敢侮余。[①]

“浩然之气”为正大而刚直之气，是一种盛大而充盈于生命之中的正直之气。金时习却认为浩然之气充满了整个宇宙，就像春风一样，温暖而舒适，遍布四肢，融合于心。他指出具备浩然之气的人无论在什么情况下，都不会感到羞愧或不安，行动中也不会表现出吝啬或傲慢。“浩然之气”让人在任何情况下都能保持坦荡和自信，无论是在行动还是静止时，都能保持内心的平静。浩然之气是道德修养的一种崇高境界，它表现为独立人格、顽强不屈的气节和光明磊落的品格。这种精神状态使人在面对外界压力和诱惑时，能够坚守内心的信念和道德原则。

孟子认为“浩然之气”很难用语言直接表述清楚，它是一种至刚至强之气，要用正直去培养它，还需要与“道”和“义”相配。“浩然之气”是由正义汇聚的，只要做一次有愧于心的事情，“浩然之气”的力量就会变得虚弱。“浩然之气”的培养需要长期的道德行为积累，它不是一蹴而就的，而是通过不断地实践和积累逐渐形成的。[②]“浩然之气”是最为伟大和刚强的，它无处不在，能够充塞于天地之间。

“浩然之气”由内而生，非得自于外。它与正义和道德相辅相成，因为“其为气也，配义与道”，“集义所生”。孟子所说的道义，本质上是指仁义礼智，这些美德又源自人心固有的恻隐之心、羞恶之心、辞让之心和是非之

① 金时习：《梅月堂集》，首尔：民族文化推进会，1988年，第352页。

② 朱熹：《四书章句集注·孟子集注》，北京：中华书局，2011年，第215—216页。

心。这四心是仁义礼智的萌芽,也就是四端。孟子认为培养“浩然之气”的过程,需要通过持续“直养”,扩展和强化人心固有的四端,从而形成一种精神和道德上的气的过程。因此,“浩然之气”实为人完满的道德修养的外在表现。孟子所说的“浩然之气”是指通过个人不懈努力而培养出的一种强大且坚毅之气,只要持续培养而不损伤,它就能遍布整个宇宙,无所不在。但“浩然之气”必须与道德和正义相结合,只有通过正义的滋养,它才能保持其力量。

孟子主张浩然之气是长期与“道”和“义”相配合,不断积累的结果。在孟子看来,“浩然之气”的培养,不仅需要内在修养,还要经受外界的考验。正如他所说:“故天将降大任于是人也,必先苦其心志,劳其筋骨,饿其体肤,空乏其身,行拂乱其所为,所以动心忍性,增益其所不能。”[①]他认为通过这些艰难的考验,人的意志得以磨炼,性格变得更加坚韧,同时也能增加自身原本不具备的能力。

朱熹同样认为“浩然之气”是人天生就具备的,“浩然,盛大流行之貌。气,即所谓体之充者。本自浩然,失养故馁,惟孟子为善养之以复其初也。”[②]朱熹认为浩然之气是人所固有的,“浩然”是指一种盛大而充盈的状态,这种气原本是浩然充盈的,但由于人们未能好好养护,导致它变得虚弱。

“浩然之气”为正大而刚直之气,是一种盛大而充盈于生命之中的正直之气。金时习虽然与孟子、朱熹一样都视浩然之气为一种强大的道德力量,却并没有像孟子那样用“集义”来解释“浩然之气”的形成过程。金时习认为“浩然之气”充满了整个宇宙,就像春风一样,温暖而舒适,遍布四肢,融合于心。

金时习的思想体系以气为主,重视气的存在以及对人的行为的影响。气作为一种内在的力量,本身就具有一定的独立性和自主性。气能够影响个人的情绪、行为和决策,甚至在一定程度上塑造人的性格。

① 朱熹:《四书章句集注·孟子集注》,北京:中华书局,2011年,第325页。
② 朱熹:《四书章句集注·孟子集注》,北京:中华书局,2011年,第215页。

三、天命观

金时习将天形容为“颠”,即高而无上,淡而无际,阐明了天是至高无上的存在。

> 夫天者,颠也。高而无上,淡而无际,有气圆转,健行不息。日月星辰,以光明系焉,而非缀旒也,风雨霜露,以气化坠焉,而非有为也。极清极刚,无复有涯,极强极健,无复有息。大地山川,兀然浮于旋转之中,草木人物,闯然动于性命之内,夫是之谓天形。[①]

在金时习看来,宇宙中的“气”是循环往复的,是强健有力而永不停息的。他认为日月星辰依附于天的光明,风雨霜露则是气化的结果,这些都是自然现象,而非人为所致。即“天”的运行并非人为干预,而是天然自成。同样,大地山川的浮动,万物生机勃勃地生长,都可以视为天的作用。他在此强调了天的自然性与永恒性,体现了天与宇宙万物之间紧密相连,同时突出了天对宇宙万物的影响。

> 《易·大有》之上九曰:“自天祐之,吉无不利。”夫子系之辞:“天之所助者顺,人之所助者信。履信思乎顺,是以自天祐之,言无不利。”以此敬天,敬亦诚矣,以此礼天,礼非妄矣。何必犯礼谄祀,以求媚于上帝星辰乎?[②]

“自天祐之,吉无不利”这句话体现了《易经》中天人合一的哲学思想。孔子在《系辞传》中解释道:“天之所助者顺也,人之所助者信也。”孔子进一步阐述了“自天祐之”的含义,指出“履信思乎顺,是以自天祐之,言无不利”。这里的“履信”意味着实践诚信,而“思乎顺”则是思考如何与天道相顺应。孔子认为天助那些顺应天道的人,人助那些坚守诚信的人。金时习则借孔子的解释指出天助的含义不是随意赐予的,而是对于那些顺应天道、履行诚信、尊重贤良的人的奖赏。他指出遵循自然规律和社会道德,以诚信和智慧

① 金时习:《梅月堂集》,首尔:民族文化推进会,1988年,第341页。
② 金时习:《梅月堂集》,首尔:民族文化推进会,1988年,第343页。

行事,是获得吉祥和成功的关键。

金时习指出“敬天”与“礼天”的核心在于“诚”。诚是宇宙万物的根本本性,也是人的道德本性。因此金时习认为,祭祀活动如果没有内心的真诚作为基础,那么这些外在的行为就失去了意义。他还批评那些只注重外在仪式而忽视内在修养的形式主义行为。他认为,那些通过祭祀和谄媚来求取神灵恩宠的行为,实际上是对天意的亵渎。

> 明德者,人之所得乎天,虚灵不昧,以具众理而应万事者也。夫元亨利贞,天之德,仁义礼智,性之德也。天以四德,能运行不息,化育万类。故君子体之,以得于吾已,则性之在我者,无有不善,德之及物者,无有不诚。故云:“存诸中之谓理,得之心之谓德,发于事之谓行。”《诗》云:“维天之命,于穆不已。于乎不显,文王之德之纯。”言天道不已,文王之德,纯于天道,亦不已。此圣人之所以与天地合德。而非老、庄不德之德也。彼老、庄之言德者,遗其得于已,而驱之于自然之域,耳目之表也。[①]

金时习沿用朱熹的观点,主张“明德”是天赋予人的,是虚灵不昧的。他认为德有天之德与性之德之分,天之德是指《周易》中的元、亨、利、贞四德,代表天道的运行法则和宇宙秩序,是天地化育万物的根本特性。性之德是指人性所具有的仁、义、礼、智,是天德在人性中的体现,是道德与伦理的基础。这正是周敦颐所言“元亨,诚之通;利贞,诚之复。大哉易也,性命之源乎!”[②]在此基础上,金时习指出君子若能体悟天德,便会发现自身之性无有不善。

金时习引用《诗》中“维天之命,于穆不已”,以及文王德行之纯粹,说明天道运行不已,文王的德行与天道相合,正是圣人与天地合德的体现。明德作为天赋予人的内在品质,是人道德行为的根源。它如同光明的火种,潜藏于人心之中,等待被发现与发扬。他主张,人应通过不断的修养与实践,逐

① 金时习:《梅月堂集》,首尔:民族文化推进会,1988年,第348—349页。

② 周敦颐:《元公周先生濂溪集》,长沙:岳麓书社,2006年,第55页。

渐去除私欲,使明德得以彰显,达到圣人之境界。他批判老庄所谓的“不德之德”,认为其遗弃了自身所得的德性,仅将其驱赶至自然、感官之外的领域,与真正的德性相悖。

> 仁者,天地生物之心,而我之所以为德者也。盖心之全德,莫非至理,而仁者,我所由以生,与万物同此元元者。故主于性中,为四德之长而兼包焉。惟其兼包也,故发于情为四端,而四端之中,恻隐又贯通焉。惟其贯通也,故以羞恶、辞逊、是非为其用,而于动静云为之际,未尝不以仁性为体。如无其体,私意妄作,于亲亲及物之分,尊卑等杀之间,恭敬揖逊之际,是非邪正之辨,不能无过焉。是故为仁者,须要克己。若克己私,廓然至公,涵育浑全,而理之具于性者,无所壅蔽。施于事物之间者,莫不各当其道,与天地万物相为流通,而生生之理,无不该遍矣。①

金时习认为人心中的全德无不是至理,而仁则是人与万物共同的根源。在这里,仁不仅仅是情感或行为,而是人与生俱来的道德属性,是人性中最为根本的部分。金时习强调,仁是仁、义、礼、智之首,并且包含了其他三德。这体现了儒家思想中“仁”的核心地位,即仁是所有道德行为和德性的出发点和归宿。仁的实践不仅体现在个人的情感和行为上,还体现在对他人和社会的责任上,是一种由内而外的道德实践。

周敦颐认为通过“无欲”的修养路径可以达到“圣人”境界。金时习亦认为要去除私欲方能使得仁德全体得以显现。他认为,只有当人能够克制自己的私欲,涵养浑全的仁德,才能使天赋之理显现。在实践中,这意味着人应当以仁为体,以仁性指导自己的行为。他强调,如果没有仁作为行为的指导,人的行为就会偏离正道。金时习认为宇宙万物的生成和变化根源于“气”的运动变化,而“理”则是事物的属性和秩序,存在于事物之中。他强调了“仁”作为天地生物之心的重要性,认为仁是人与生俱来的,是人性中最为根本的部分。

---

① 金时习:《梅月堂集》,首尔:民族文化推进会,1988年,第385页。

回之陋巷不改其乐，点之沂上咏而归，此之谓也。何者是志？曰：“志者，心之所之。志之所之，无坚不入，无高不企。”其指向有邪正之分。贤之所以为贤，愚之所以为愚，莫不刱[创]乎此也。[①]

金时习认为“志”是心向往的方向。“志”具有极强的驱动力，能使人无畏艰难险阻，无论面对多么高远的目标都能努力追求。但“志”也存在正邪之分。以颜回居陋巷而“不改其乐”、曾点沂水咏归而自得其所为代表的“志”，体现的是对道德本真与精神自由的坚守。

颜子一箪食，一瓢饮，在陋巷，人不堪其忧，而不改其乐。夫富贵，人所爱者也。颜子不爱不求，而乐乎贫者，独何心哉？天地间有至贵至爱可求，而异乎彼者，见其大而忘其小焉尔。见其大则心泰，心泰则无不足，无不足则富贵贫贱处之一也。处之一则能化而齐，故颜子亚圣。[②]

周敦颐认为颜子身处贫困，却不改其志，安贫乐道，是因为颜子认识到天地间存在着一种超越物质追求的至贵至爱。这种至贵至爱是精神层面的崇高价值，与世俗的富贵不同。当人领悟到这种更高层次的价值时，就会心怀坦荡，内心满足，从而对富贵贫贱泰然处之，达到一种精神上的满足。金时习继承并发展了这一思想，认为学者应当以颜渊、孟子为榜样，效仿古代圣王，实践仁德，实现社会公平正义。

颜渊之志也，忧之如何？如舜而已。孟轲之志也，高士之不事王侯，义士之杀身成仁，勇士之被坚执锐，一麾扬而三军为之奔溃。其志虽殊，而为正则一也。桀之为君，日亡吾亡，政之为帝，入海求仙，跖之为人，从卒九千，横行天下，所向无前，无非志也。故志于道者，理义为之主，而物欲不能移；志于利者，物欲为之主，故理义不能入。故曰志者，气之帅也。[③]

---

① 金时习：《梅月堂集》，首尔：民族文化推进会，1988年，第352页。
② 周敦颐：《元公周先生濂溪集》，长沙：岳麓书社，2006年，第64—65页。
③ 金时习：《梅月堂集》，首尔：民族文化推进会，1988年，第352页。

金时习认为那些志在于道的人，以理义为主，物欲不能改变他们。那些志在于利的人，以物欲为主，所以理义不能影响他们。他通过对古代圣贤与暴君的志向进行分析，从而揭示了“志”的作用。颜渊与孟子之志体现了对道德与仁义的崇高追求，他们的追求不仅是个人修养的体现，也是对社会的贡献。相反，夏桀、秦始皇以及盗跖的志向则被私欲和权力所吞噬，其结果不仅是个人的悲剧，也是社会的灾难。

周敦颐说：“志伊尹之所志，学颜子之所学。”[①]其深意在于为学者树立了两种相辅相成的道德典范与修养路径。伊尹代表着“外王”之志的极致——以天下为己任，致力于实现“天下之民归往”的王道政治理想，其志在于经世济民实现天下的公平与正义。颜渊则象征着“内圣”之学的典范——其“不迁怒，不贰过”的修养工夫，展现了对内心情绪的精微省察与对所犯过错的严格克治，其安于箪食瓢饮、不改其志的精神境界，则彰显了超越外在境遇，实现了内在的德性自足。

在周敦颐看来，人们应以伊尹与颜渊为目标，将“内圣”的道德修养与“外王”的政治理想相结合。这不仅体现了儒家修齐治平的理念，更凸显了“志”的重要性。学者当在道德修养中不断提升自我，在经世致用中践行理想，真正实践儒家所倡导的“内圣外王”的理想。

金时习继承并发扬了周敦颐的这一理念，强调了“志”在道德修养中的重要性。“志”于道者，以理义为行动指南，从而抵御物欲的诱惑，保持行为的正直与高尚，而“志”于利者，则被物欲所左右，理义难以在其心中生根。他认为学者应当志存高远，既修己之德，又济世为民，以实现个人追求与社会政治理想的统一。

第二节　徐敬德的太极论

徐敬德（1489—1546年），字可久，号食斋、花潭，松都（现开城禾井里）人，出身于没落的朝鲜贵族家庭，因其长期居于开城郊外花潭，世称花潭先

---

① 周敦颐：《元公周先生濂溪集》，长沙：岳麓书社，2006年，第59页。

生。参与科举考试后,曾短暂地做过官,当时官场的混乱状况对徐敬德产生了影响。1498年,朝鲜王朝发生了"戊午士祸",这场由士林派与勋旧派的冲突引发的政治动荡导致许多学者遭受迫害。随后在1519年,"己卯士祸"再次引发政治动荡,进一步加剧了朝鲜王朝的政治危机。在目睹了这一系列事件后,徐敬德更加坚定了自己不涉足官场的决心,钻研学问、从事教育事业,一生清贫。

著有《太虚说》《理气说》《原理气》《鬼神死生论》等哲学论著和若干诗文,均收录在《花潭集》中。

一、太虚说

周敦颐认为宇宙间一切生命形态和物质结构的形成,无不是阴阳二气的产物。张载主张"太虚即气",他说:"太虚无形,气之本体。"[①]徐敬德的哲学体系是以气为核心建构的,其思想深受周敦颐、张载、邵雍的影响。尽管他在理气观上有所拓展,但未能彻底坚持气的主导地位,故而其哲学体系呈现出明显的理气二元论特征。[②]他认为宇宙中的一切事物都源自"气"这一物质性的根本。"太虚"象征着气的原初状态,气在聚集之时,化育为有形之万物,气在消散之际,则复归于无形之"太虚"。张载认为"太虚"是无形的,是气的本来状态。[③]徐敬德亦认同张载的太虚即气说,他还主张生死、鬼神等现象,本质上都是气的聚集与分散。这表明所有生命现象和鬼神,都是因为气的聚散因缘际会而形成的,但是这些现象最终都归于太虚。

> 死生人鬼,只是气之聚散而已。有聚散而无有无,气之本体然矣。气之湛一清虚者,弥漫无外之虚。聚之大者为天地,聚之小者为万物。聚散之势,有微著久速耳。大小之聚散于太虚,以大小有

① 张载:《张载集》,章锡琛点校,北京:中华书局,1978年,第7页。

② 金哲洙、孙永建:《简论徐敬德的理气观》,《延边大学学报》(社会科学版),2006年第2期,第16页。

③ 杨立华:《宋明理学十五讲》,北京:北京大学出版社,2015年,第129页。

殊。虽一草一木之微者，其气终亦不散。[1]

徐敬德认为，死生、人鬼等一切现象，皆不过是气的聚散离合而已。他认为气的“聚”和“散”，有形、无形都是气的本体的状态。他认为气的本然状态是湛一清虚的，是无处不在的，即气并不存在于特定的空间或形式中，而是无处不在、无所不包。气的不同聚合程度决定了其表现的形式，大的聚合形成了天地，小的聚合则形成了万物。换言之，宇宙间的万物，以及纷繁多样的现象，皆由气的聚合造就。

徐敬德进一步指出，“太虚”涵盖了气的所有运动和变化，它是所有气的聚集和分散的根基。无论是广袤无垠的天地，还是渺小细微的草木，都是气的不同聚集状态的具体展现。这种聚散的方式虽然千差万别，但无论其规模大小，气的本质都是一体的。即便是最细微的草木，其气在聚散后也不会完全消失，而是会融入更广阔的“太虚”之中。徐敬德认为有形之物在消散后最终必然会复归太虚，也揭示了“太虚”的无限性和包容性。

> 太虚为一，其中涵二，既二也。斯不能无阖辟，无动静，无生克也。原其所以能阖辟、能动静、能生克者而名之曰太极。气外无理，理者气之宰也。所谓宰，非自外来而宰之，指其气之用事，能不失所以然之正者而谓之宰。理不先于气，气无始，理固无始。若曰理先于气，则是气有始也。老氏曰“虚能生气”，是则气有始有限也。[2]

徐敬德认为，“太虚”作为终极本原，涵摄了万物生成变化的一切可能性，此即“一而涵二”的精义。“太极”则内在于太虚之中，是“阖”“辟”“动”“静”“生”“克”发生的根本原因。基于此，徐敬德进一步对“理”与“气”的关系进行说明，理不先于气，理不在气之外。他主张“理为气之主宰”，理与气妙合无间——理在气之流行中，以气的秩序性彰显理的主宰作用。

徐敬德批评理先气后说，若理先于气存，则气将受理之拘束，从而限制

① 徐敬德：《花潭集》，首尔：民族文化推进会，1988年，第307页。
② 徐敬德：《花潭集》，首尔：民族文化推进会，1988年，第306页。

了气的可能性。由此可见徐敬德所认识到的理显得相当有限，仅局限于气的范畴内的理，因为他主张不存在超出气范畴的理。这种观点产生的原因在于，徐敬德认为太虚之中，气已然存在。徐敬德将太虚视为天地的根源，而在这个根源处，气已然存在，因此不存在没有气的状态，于是他得出了不存在超出气范畴的理的结论。[①]

徐敬德批评老子虚能生气说，认为若依老子所言“虚能生气”，则必然推导出气是有始有终的。这意味着作为万物本原的“气”并不是永恒的，从根本上动摇了“气”作为终极实在的永恒性与绝对性。徐敬德认为，老子提出的虚能生气说预设了气是有“起始”和“边界”的，这与气的永恒性、无限性和自足性的特征背道而驰。由此可见，徐敬德认为气是无始无终的，充塞于宇宙间。受《坛经》影响，后世禅宗多以“太虚”“虚空”来阐释人的本性。

> 世界虚空，能含万物色相，日月星宿，山河大地，泉源溪涧，草木丛林，恶人善人，恶法善法，天堂地狱，一切大海、须弥诸山，总在空中。世人性空，亦复如是。[②]

佛教认为，世界是虚空的，却又能容纳万物——日月星辰、山河湖海、须弥诸山，乃至善人恶人、善法恶法，皆显现于这空性之中。同样，众生的心性也具此空性。佛教主张，唯有摆脱对物质世界的执着、放下对名利的追求，人才能真正获得解脱，得到自由，实现永恒的幸福。这一境界即“涅槃”（梵语 nirvāṇa），意为寂灭、圆寂，即超越生死轮回的终极境界。徐敬德认为，老子所言“有生于无”与佛教所言“寂灭”，都指向了“无”或“空”，其理论建构皆停留于表面，均未能阐明道的本质。

> 太虚，虚而不虚。虚则气，虚无穷无外，气亦无穷无外。既曰虚，安得谓之气？曰：“虚静，即气之体，聚散，其用也。”知虚之不为虚，则不得谓之无。老氏曰：“有生于无。”不知虚即气也。又曰：“虚能生气。”非也。若曰：“虚生气”，则方其未生，是无有气而虚为

---

① 박근:《화담의 태허론 비판》,《율곡학연구》,2024年第55期,第69页。

②《坛经》,北京:中华书局,2010年,第40页。

死也。既无有气，又何自而生气？无始也，无生也。既无始，何所终？既无生，何所灭？老氏言虚无，佛氏言寂灭，是不识理气之源，又乌得知道？[①]

徐敬德指出“太虚”的本质是虚而不虚的，实际上虚即气。虚与气皆无处不在，徐敬德在此进一步阐释了虚气关系，指出虚静乃气之本态，聚散则为气之作用。徐敬德批评老子对“虚”的理解，认为老子所说的“有生于无”并未真正认识到“虚”就是气。又说：“虚能生气。”并非如此。若谓虚能生气，则在气未生之前，虚即为无气之态，犹如死寂。既然没有气，那又如何能自然地产生气呢？气没有开始，也没有生命的起源。既然没有起源，那又何来终结？既然没有生命的产生，那又何来消亡？老子所言虚无，佛氏所论寂灭，均未把握理气之真谛，又如何能知道。

徐敬德在此明确提出“太虚即气”的观点，因此“太虚”不是老子所说的虚无，也不是佛教所说的寂灭。徐敬德的太虚即气说，虽然承袭张载的观点，其中亦有他自身的思考。他认为“太虚”不是“无”，可谓“虚而不虚”，“虚即气”，“虚”是无处不在的，因此“气”也是无处不在的。

他进一步将“太极”实体化，认为其为“实有”。他认为“太虚”并不是空无的状态，在本质上仍是气，因此世界的本原是“有”而非“无”。在他看来，只有通过“气”来解释“太虚”，才能真正与佛教和老庄观点区别开来。

一气之分，为阴阳。阳极其鼓而为天，阴极其聚而为地。阳鼓之极，结其精者为日，阴聚之极，结其精者为月。馀精之散，为星辰。其在地，为水火焉。是谓之后天，乃用事者也。[②]

“一气”分化形成阴阳之气，当阳气达到极点时，它的扩展和鼓动作用形成了天，当阴气达到极点时，它的聚集和凝结作用形成了地。这说明阳气和阴气分别对应着宇宙的两个主要层面：天（扩展）和地（聚集）。阳气的极度扩展和凝聚形成了太阳，阴气的极度聚集和凝聚形成了月亮。他明确指出，

---

① 徐敬德：《花潭集》，首尔：民族文化推进会，1988年，第306—307页。

② 徐敬德：《花潭集》，首尔：民族文化推进会，1988年，第305页。

阳光与月光的本质乃阳气与阴气的精粹所在。而星辰,则是除太阳与月亮外,气的精华在宇宙间广泛散布的结晶。

这里说明星辰是气的精华在宇宙中散布的结果。水和火是自然界中最基本的元素,体现了气在地球上的具体化。这些令人叹为观止的现象及其背后的原理,被统一归结为"后天"。徐敬德认为气的分化形成阴阳,并通过阳气和阴气的极端状态形成了天、地、日、月、星辰及地球上的水火等自然现象。天、地、日、月、星辰以及地球上水火交融等自然景象的展现,均为"气""后天"作用的结果。

> 倏尔跃,忽尔辟,孰使之乎?自能尔也,亦自不得不尔,是谓理之时也。《易》所谓"感而遂通",《庸》所谓"道自道",周所谓"太极动而生阳者也"。不能无动静,无阖辟,其何故哉?机自尔也。[①]

徐敬德指出,事物间的变化与对立,诸如动与静、阖与辟等现象的发生,皆源于自然之法则。这就是《易经》所说的"感而遂通",而《中庸》所说的"道自道",周敦颐所说的"太极动而生阳"。动与静、阖与辟等现象的出现是由事物自身的自然机制决定的,即机自尔。此处"机自尔"是在说运动是"气"的内具的、必然的属性,是不靠任何外力影响的一种自律机制,也可以理解为气具有自律性运动因。[②]"机自尔"强调了"气"的内在和必然属性,它不依赖于任何外部的力量,而是一种自动的机制,这也正是"理之时"的呈现。这可以理解为气本身蕴含一种动能,其内在的自然属性促使运动和变化成为不可避免的趋势。

徐敬德认为太虚是"虚而不虚"的,即"虚"中包含着一切的可能性。在这种状态下,太虚并非真正的空无,而是包含了一切存在和变化的潜能,太虚是气的本来状态,理则是气的内在规律和秩序。由此可见,徐敬德认为理不仅不先于气,还要在气的作用下显现。气最终呈现为一种有序和有条理的状态,即理的呈现。

---

① 徐敬德:《花潭集》,首尔:民族文化推进会,1988年,第305页。

② 李甦平:《韩国儒学史》,北京:人民出版社,2009年,第239页。

徐敬德十分重视气的作用，有学者认为其思想是具有以气解释一切的倾向，因此认为徐敬德的思想具有唯气论或气一元论的特征。[①]然而实际上，徐敬德一直强调理气妙合之存在，当气有序显现时，是理之作用的呈现。因此将徐敬德视为气一元论以及唯气论者是不妥当的。其思想启发了李珥，他最终提出理气妙合说。

二、太极论

周敦颐《太极图说》建构的宇宙生成图式中，太极是宇宙万物的本原。太极动而生阳，静而生阴，阴阳分合而化生水、火、木、金、土五行，宇宙万物的生成与演化，皆以太极为终极依据。徐敬德延续周敦颐的思维方式，认为阴阳二气的交感作用化生了宇宙万物。

> 无外曰太虚，无始者曰气。虚即气也。虚本无穷，气亦无穷。气之源，其初一也。既曰气一，便涵二；太虚为一，其中涵二。既二也，斯不能无阖辟，无动静，无生克也。原其所以能阖辟，能动静，能生克者而名之曰太极。[②]

徐敬德以“太虚”与“气”为宇宙的根基。他明确指出，“太虚”并非空无一物，而是指其“无外”即广大、无边界之意，“气”则指其“无始”，即无始无终之意，虚即气也。作为宇宙本体，太虚与气一样具备无限性与永恒性。宇宙之本原可称为太虚，太虚即气。作为宇宙本原的“气”最初为一，即一个统一体，但在这个统一体中已蕴含着阴阳二气，阴阳二气的对立统一关系表现为阖辟、动静、生克。

在徐敬德的体系中，“太极”并非独立于气之上的更高本原或实体。他明确指出，所谓“太极”，是对太虚之气自身所固有的，是开阖、动静、生克发生的根本原因。由此可见，徐敬德并未明确区分理与太极，太极是气运动变

---

① 尹丝淳：《韩国儒学史：韩国儒学的特殊性》，邢丽菊，唐艳译，北京：人民出版社，2017年，第140页。

② 徐敬德：《花潭集》，首尔：民族文化推进会，1988年，第306页。

化的根源，而理是气运动变化的规律。[1]

> 又曰易者，阴阳之变。阴阳，二气也。一阴一阳者，太一也。二故化，一故妙。非化之外别有所谓妙者。二气之所以能生生化化而不已者，即其太极之妙。[2]

徐敬德认为通过阴阳二气的相互作用，化生万物，展现出太极的奥妙。在徐敬德看来，太极是阴阳二气交感运动变化发生的根本原因。换言之，太极是气内在的、使阴阳分化及其相互作用得以可能的根本动力。

“天地之心”见于《周易·复卦·彖传》：“复其见天地之心乎。”[3]程颐认为，天地万物无时不在变化之中，无一息停留。他强调动是天地万物的根本原则，认为以往人们强调“静”是天地万物的根本原则，是没有认识到真正的根本原则是“动”。他说：“一阳复于下，乃天地生物之心也。先儒皆以静为见天地之心，盖不知动之端乃天地之心也。非知道者，孰能识之？”[4]程颐认为“动之端”即天地之心，《复》卦的特点在于通过“动”来揭示天地之心。他认为，《复》卦中下面的一画便是动，不应称之为静。

> 《易》于复言“见天地之心”，于大壮言“见天地之情”。一阳动于坤下者，复也，其萌于思虑之初乎？一阳动于乾上者大壮也，其发于颜色之际乎？然则天地之性何所见？一阳初动，为心则万虑俱寂，为性当系坤之时。盖坤者寂然不动，性也；复者感而遂通，心也；大壮则万物相见，情也。所谓性者，乃真心不动之处。[5]

邵雍认为，复卦中一阳初动于坤下，象征着天地生物之心的初步觉醒，犹如人思绪的萌芽之初，而大壮卦中一阳动于乾上，则代表着天地之情的展现，恰似人的情感在外在行为中的流露。邵雍进一步阐释，所谓“性”，乃指

---

① 박근:《화담의 태허론 비판》,《율곡학연구》,2024年第55期，第68页。

② 徐敬德:《花潭集》，首尔：民族文化推进会，1988年，第306页。

③ 黄寿祺、张善文:《周易译注》上册，上海：上海古籍出版社，2007年，第144页。

④ 程颐:《周易程氏传》,《二程集》下册，北京：中华书局，1981年，第819页。

⑤ 邵雍:《皇集经世》,《邵雍全集》第3册，郭彧、于天宝点校，上海：上海古籍出版社，2015年，第1415—1416页。

真心不动、寂然无为之态，与坤卦之静谧特性相呼应，而“心”则为感而遂通、灵动应物之境，与复卦之初动相契合，至于大壮卦，万物相互彰显，此乃“情”之展现。在邵雍看来，天地之心虽然无法直接看见，但当《复》卦的一阳初动时，可以领悟到天地之心的存在。邵雍还说：“天地之心者，生万物之本也。”[①]他还将“心”分成了“天地之心”和“圣人之心”两大类。“圣人之心”属“人心”一类，其中还有“众人之心”。[②]

> 程、邵立言有异，初无二见，皆就一动静兼阴阳之上而语之。似邵指太极之体，程谓太极之用也。反本复静，坤之时也。阳气发动，复之机也。有无之极，于此拟之。而先后天之说，从可知也。《易》所谓“寂然不动，感而遂通”者，谓此也。《庸》所谓“诚自成，道自道”者，谓此也。孟子所谓“必有事焉而勿正，心勿忘，勿助长”，亦于此而体之。[③]

徐敬德认为，程颐和邵雍的观点虽然在表面上有所不同，但从根本上看，他们最初并无分歧。他们二人均从动静相依、阴阳并蓄的视角出发，深入探究天地之心。徐敬德指出，邵雍更倾向于探究“太极”的内涵，而程颐则着重于阐发“太极”的实际功用。他还主张通过先天与后天的角度理解二人的观点。在他看来，邵雍是从先天的角度来说太极的，强调的是太极之体，程颐是从后天的角度来说太极的，强调的是太极之用。

徐敬德引用《周易·系辞传》所言“寂然不动”，指出太极通过阴阳二气的交感作用，化生万物的过程。他还引用《中庸》中的“诚者，自成也”，从先天的角度强调了“诚”在万物生成过程中所发挥的重要作用。“诚”是宇宙万物生成的内在依据。周敦颐亦曾指出：“诚，五常之本，百行之源也。”[④]他进一步明确了“诚”在伦理道德领域的地位，“诚”是一切道德行为和伦理观念的

---

① 邵雍：《皇集经世》，《邵雍全集》第3册，郭彧、于天宝点校，上海：上海古籍出版社，2015年，第1240页。

② 张其成：《邵雍：从物理之学到性命之学》，《孔子研究》，2001年第3期，第62页。

③ 徐敬德：《花潭集》，首尔：民族文化推进会，1988年，第308页。

④ 周敦颐：《元公周先生濂溪集》，长沙：岳麓书社，2006年，第56页。

出发点，是维系社会秩序和人际关系和谐稳定的基石。道德行为的实践与道德品质的养成，都可追溯至对“诚”的秉持与践行。从宇宙生成的角度看，“诚”是万物得以有序生成的原始动力；从伦理道德的角度看，“诚”则是人的行为规范和价值判断的终极原则。

徐敬德认为，孟子说：“必有事焉而勿正，心勿忘，勿助长”，这一修养方法，虽表现为一种看似平静的内心状态，实则是在不知不觉间，通过持续不断的内在修炼，逐渐培养出浩然之气。这是从后天修养的角度出发，强调了后天努力在人的修养中的重要性。他借助先天与后天的理论框架，指出动静为相互依存的关系，并着重强调了先天规律对后天修养的指导作用。在徐敬德看来，太极是先天的阴阳交感发生的根本原因，而“诚”是宇宙万物的生成变化的原则。

徐敬德的太极论继承并融合周敦颐、程颐、邵雍等哲学家的思想，提出了自身的独到见解。他以“太虚”为宇宙的本原，认为太虚并非空无一物，而是广大无边、无始无终的，太虚具有无限性和永恒性。作为宇宙本原的“气”最初为一统一体，但其中蕴含阴阳二气，阴阳对立统一表现为阖辟、动静、生克。太极并非独立于气之上的更高本原或实体，太极是阴阳交感运动变化的根本原因。

三、无极而太极论

在周敦颐的《太极图说》中，“无极而太极”是作为一个整体而出现的，阐明了宇宙运行的原理，万物生成的过程。在周敦颐的宇宙生成论中，“无极而太极”不仅是本体或根本的角色，而且是宇宙生成万物的起点。周敦颐在《太极图说》中详细阐述了从“无极”到“太极”的转化过程，以及太极如何动而生阳、静而生阴，进而形成阴阳二气。太极的动态变化产生了五行，即水、火、木、金、土，这些基本物质相互作用，生成了万物。周敦颐强调了“无极而太极”在宇宙生成论中的核心地位，影响了后世学者对宇宙和世界的理解。

> 太虚湛然无形，号之曰先天。其大无外，其先无始，其来不可究。其湛然虚静，气之原也。弥漫无外之远，逼塞充实，无有空阙，无一毫可容间也。然挹之则虚，执之则无。然而却实，不得谓之无也。到此田地，无声可耳，无臭可接。千圣不下语，周张引不发，邵翁不得下一字处也。摭圣贤之语，溯而原之，《易》所谓“寂然不动”，《庸》所谓“诚者自成”，语其湛然之体，曰一气，语其混然之周，曰太一。濂溪于此不奈何，只消下语曰“无极而太极”，是则先天。①

徐敬德认为太虚是湛然无形的，因此可以称之为先天。太虚广大无垠、无外无始，其根源难以穷究，表现为一种虚静的原初状态。太虚无处不在，无始无终，无法感知也无法认知。太虚中的气弥漫无边，逼塞充实，毫无间隙。虽然太虚似乎不可见，但它并非真正的“无”。在太虚中，既听不到声音，也闻不到气味。周敦颐、张载、邵雍等皆难以用语言直接、准确地描述太虚的本质。太虚之体是湛然的，这正是《周易》所言“寂然不动”，亦是《中庸》所言“诚者自成”。

徐敬德认为“寂然不动”并非静止或虚无，而是指太虚本体所呈现的是超越动静、澄澈的状态。宇宙在“寂然不动”中，通过阴阳交感的相互作用，化生万物。这就是周敦颐所言“动而无动，静而无静，非不动非不静也”。②“诚者自成”是指太虚本体作为宇宙本原所固有的真实无妄性。太虚本体不依赖于外物而独立存在，其存在本身即“诚”，是万物得以生成的依据。周敦颐最终以“无极而太极”一语，完成了对“太虚”先天之境的描述。

徐敬德的无极而太极论是对周敦颐“无极而太极”命题的发展。他认为“无极而太极”是对“太虚”先天之境的描绘。具体而言，无极象征着宇宙的原始混沌状态，乃万物尚未萌发的起始之态，太极则由无极演化而来，代表着有形与有序的存在。“无极而太极”意味着宇宙化生万物的过程，展现了从无序到有序、从无形到有形的演变过程。

---

① 徐敬德：《花潭集》，首尔：民族文化推进会，1988年，第305页。

② 周敦颐：《元公周先生濂溪集》，长沙：岳麓书社，2006年，第62页。

四、人性论

周敦颐主张人得天地最优秀之气，因此人为万物之灵。徐敬德亦认为人禀受了天地的正气，表现为仁与义，因此人性是善的。

天地之正，禀全者人。其正伊何？曰义与仁。仁义之源，至善至真，如水未波，如镜未尘。情一用事，或失其正，其始也几差，其究也狂圣。彼狂罔念，蠢与物竞，惟圣克念，德与天并。圣狂之分，一蹴息敬。子既知有事于博约，盍顾于明命。宜时遵养，敦复初性，闲邪存诚，正斯内充。充之之极，浩然气雄，收天下善，敛之厥躬。道不远人，圣可学至。①

徐敬德认为仁义的根源，是至善至真，就像水清澈没有波澜，像镜子一样没有尘埃。但是当情一发生作用，就会偏离正道。徐敬德谓唯圣人能制私念，使其心合天道。人应通过广泛学习与自我约束来修养自身。

人应遵循天命的安排，培养、恢复自己最初纯真的本性，排除邪恶的念头，坚守内心的真诚正直，只有这样，才能使内心的正直之气充盈起来。当内心正直之气充盈到极致时，就会变得浩然正大，气势雄浑，能够广泛地吸纳天下的各种善行与美德，将其汇聚于自身，从而不断完善自我，提升自己的境界。

徐敬德认同周敦颐“圣可学”的观点，指出道并不在遥远的地方，圣人的境界也是可以通过努力学习与修养而达到的。这为人们指明了一条提升道德境界的路径，要求人们要时刻保持内心的正直、谨慎，不断学习与修养，排除邪恶、坚守真诚来完善自身，最终达到圣人的境界，与天道相合。他还指出修养的方法是“持敬观理”。

然则如何用功，而可止于无思无过之地也？曰：“持敬观理，其方也。敬者，主一无适之谓也。接一物则止于所接，应一事则止于所应，无间以他也则心能一。及事过物去而便收敛，湛然当如明鉴

① 徐敬德：《花潭集》，首尔：民族文化推进会，1988年，第316页。

之空也。”[1]

周敦颐认为“无欲”是达到圣人境界的修养路径,需要人们克制愤怒和私欲,防止其干扰内心的平静。徐敬德则进一步指出,若要达到无思无过的精神境界,应采用“持敬观理”的修养方法。所谓“敬”,即保持一种专注的状态,具体表现为在接触某一事物时,心神专注于该事物,在应对某件事情时,心神专注于该事情,不被其他事物所干扰,从而实现心的专一。待事物已过、事情已毕,则及时收敛心神,保持内心虚静,就像明镜般澄澈空明。通过这样的修养方式,人可以逐步达到无思无过的境界。

第三节 李彦迪的太极论

李彦迪(1491—1553年),字复古,号晦斋、紫溪翁,本贯骊江李氏,庆尚道庆州人,东国十八贤之一。《国朝儒先录》又将李彦迪与赵光祖(1482—1519年)、郑汝昌(1450—1504年)、金宏弼(1454—1504年)列为朝鲜四贤。

历任副提学、吏曹、礼曹、刑曹判书和左赞成等官职。1530年在担任司谏期间,遭到排挤,遂到庆州紫玉山隐居,研究性理学。1537年再被起用,1547年又遭权臣尹元衡(? —1565年)一派排挤,被流放到江界,1553年去世,谥号文元。

著有《求仁录》《大学章句补遗》《中庸九经衍义》《奉先杂仪》等。

一、太极即理

在哲学本体论层面,周敦颐的“无极”与朱熹的“太极”具有同等的地位,二者皆被视为宇宙的最高本体。然而就其哲学内涵而言,二者却存在着本质性的差异。周敦颐的“太极”是形下的,而朱熹的“太极”则是形上的。[2]在朱熹的思想体系中,“太极”属于“形而上”之理,是超越性的。李彦

---

① 徐敬德:《花潭集》,首尔:民族文化推进会,1988年,第317页。

② 陈代湘:《朱熹对周敦颐宇宙本体论的继承与改造》,《上饶师范学院学报》,2002年第1期,第25页。

迪继承并发展了二人的太极思想，主张“太极”不仅是道的本体，也是万物生成的根源。

> 夫所谓太极者，乃斯道之本体，万化之领要，而子思所谓天命之性者也。盖其冲漠无眹之中，万象森然已具。天之所以覆，地之所以载，日月之所以照，鬼神之所以幽，风雷之所以变，江河之所以流，性命之所以正，伦理之所以著。①

“太极”是“道之本体”和“万化之领要”，“太极”就是“理”。在李彦迪看来，太极不仅是宇宙运行的根本原理，也是万物生成的根源。太极不仅是天地间一切存在的最基本法则，还是从混沌到秩序、从无形到有形的转变过程的体现。太极寓于阴阳之变、万化之流中，弥漫天地，无远弗届，穿越时空，统摄万有，乃道之本体，万物之根源。

在李彦迪看来，太极是宇宙万物生成变化的基石，其效用彰显于无形至有形、混沌至有序的变化之中。太极贯穿于天地万物之中，不仅是天地之所以运转的根本原因，也是万物之所以存在和变化的基础。它寓于阴阳变幻、万化奔流之中，充盈于天地万物间。

> 今如来教所云：“无则不无而灵源独立，有则不有而还归澌尽。”是专以气化而语此理之有无，岂云知道哉？所谓灵源者气也，非可以语理也。至无之中，至有存焉。故曰：“无极而太极。”有理而后有气，故曰：“太极生两仪。”然则，理虽不离于气，而实亦不杂于气而言。何必见灵源之独立，然后始可以言此理之不无乎？鸢飞鱼跃，昭著上下，亘古亘今，充塞宇宙，无一毫之空阙，无一息之间断。岂可但见万化之澌尽，而遂指此极之体为寂灭乎？②

李彦迪认为“灵源”是气，不能将其等同于理。他认为“理”虽不离“气”，但又不混杂于“气”。他强调，真正的本体是“理”（太极），它虽与“气”不可分离，但绝不混同于“气”。他援引“无极而太极”和“太极生两仪”之命题，论证

① 李彦迪：《晦斋集》，首尔：民族文化推进会，1988年，第391页。

② 李彦迪：《晦斋集》，首尔：民族文化推进会，1988年，第391页。

“理”先于“气”而存在，理是宇宙万物存在的终极依据。他主张理先于气而存在，从“无极而太极”到“太极生两仪”，体现了理对气的生成和统摄作用。在他看来，“无极而太极”之命题旨在说明理本身超越有无对待的绝对性，虽无形无象，却是万物存在的终极根据。

理是气存在的依据，而非气的附属或现象。在理气关系上，他认为理与气不同，理虽与气相依存，却不可因此将二者混同，他明确提出理先气后、理气不杂的观点。理虽内在于气中发挥作用，但其本体地位并不因气的变化而消解。“理”并非虚无或寂灭，而是永恒的、无处不在的，体现在鸢飞鱼跃的自然现象中，充塞宇宙之间而无间断。因此，他认为不能因为万物的生灭变化就否定“理”的实在性与能动性。李彦迪思想的核心在于维护“理”的本体地位，反对将宇宙本原归结为“气”，最终流于“虚无”“寂灭”。

> 今详忘机堂之说，其曰：“‘太极即无极也’，则是矣。”其曰：“‘岂有论有论无，分内分外，滞于名数之末’，则过矣。”其曰：“‘得其大本，则人伦日用，酬酢万变，事事无非达道’，则是矣。”其曰：“‘大本达道浑然为一，则何处更论无极太极，有中无中之有间’，则过矣。”此极之理，虽曰贯古今彻上下而浑然为一致，然其精粗本末，内外宾主之分，粲然于其中，有不可以毫发差者，是岂漫无名数之可言乎？①

曹汉辅认同周敦颐的观点，主张“无极”即“太极”，从本质上把握了太极与无极的关系，强调了二者在宇宙本体层面的一致性，这一点也为李彦迪所认同。但曹汉辅反对将“无极”与“太极”进行区分，认为执着于“有无”“内外”等分别会导致对终极真理理解的割裂。曹汉辅强调“大本”与“达道”的浑然一体，主张在把握根本原则后，实践自然合乎天理，故无需辨析概念差异。

李彦迪虽然重视“理一”的贯通性，但也重视理的“分殊”，认为“理”存在着精粗、本末、内外的差别。他认为，曹汉辅对于概念区分的否定，会导致本

① 李彦迪：《晦斋集》，首尔：民族文化推进会，1988年，第389页。

体与现象层次的混淆，从而削弱了儒家伦理实践的规范性基础。在他看来，这是因为曹汉辅未能准确把握朱熹哲学中本体与现象、一理与万殊的辩证关系。

> 而其“体之具于吾心者，则虽曰“大本达道，初无二致”，然其中自有体用、动静、先后、本末之不容不辨者。安有得其浑然则更无伦序可论，而必至于灭无之地，而后为此道之极致哉？今徒知浑然者之为大而极言之，却不知粲然者之未始相离也。是以其说喜合恶离，去实入虚，卒为无星之称、无寸之尺而后已，岂非穷高极远而无所止者欤？①

朱熹在回应对其学说的批评时，运用“浑然”与“粲然”进行辩驳。②他认为完整的道体（理）本身是“浑然一致”的绝对整体（浑然），然而，这统一整体之中又内在地、必然地蕴含着精粗、本末、内外、宾主等差异性（粲然），二者相即不离，不可有毫厘偏差。圣贤言论之所以表现出或离或合、或异或同的多样性，恰恰是“浑然”本体与“粲然”辩证统一（道体之全）的体现。他认为推崇“浑然”之广大而空谈整体的观点，忽视了“粲然”（分殊）之客观存在。在朱熹看来，这种“信同疑异，喜合恶离”的观点，完全丧失了衡量事物差异的标准，最终沦为空洞无物的虚谈。

李彦迪对朱熹这一观点深表认同，并进一步运用“浑然”与“粲然”，揭示了片面强调“浑然”的严重后果。他指出，曹汉辅认为只要体认到“浑然”之理的整体性，便可忽视具体分殊规范的观点，是极其错误的。他认为曹汉辅的这种思维方式在根本上消解了现实世界的规定和伦理实践的客观基础。李彦迪批评曹汉辅“好合而恶离”的思想倾向，是片面追求“浑然”而厌弃“粲

① 李彦迪：《晦斋集》，首尔：民族文化推进会，1988年，第389—390页。

②夫道体之全，浑然一致，而精粗本末、内外宾主之分，粲然于其中，有不可以毫厘差者。此圣贤之言，所以或离或合，或异或同，而乃所以为道体之全也。今徒知所谓浑然者之为大而乐言之，而不知夫所谓粲然者之未始相离也，是以信同疑异，喜合恶离，其论每每陷于一偏，卒为无星之称、无寸之尺而已，岂不误哉！（朱熹：《朱子全书》第13册，朱杰人、严佐之、刘永翔编，上海：上海古籍出版社、合肥：安徽教育出版社，2002年，第77页。）

然”的典型表现，其最终归宿只能是陷入虚无的泥潭。

李彦迪认为人伦日用不仅仅是日常的琐碎事务，而是实践道德的重要场所。当人们真正理解了世间万事万物运行的根本原理“大本”时，在日常生活中无论是应对事情还是处理人际关系，人们都能够依理而行，做出符合道德的选择，事事通达，这就是“达道”的境界。

> 喜怒哀乐之未发，谓之中；发而皆中节，谓之和。中也者，天下之大本也；和也者，天下之达道也。致中和，天地位焉，万物育焉。①

“中”与“和”是儒家哲学中极为重要的概念，它们体现了儒家思想中对于人性修养与天地万物和谐共生的理想追求。“中”指的是不偏不倚、无过不及的状态，是一种平衡和适度的原则，它是天下的根本，而“和”则是在“中”的基础上，情感和行为都能适中且有节度，它是天下共同遵循的法度。“中”与“和”不仅是个人修养的最高境界，也是一种理想的社会状态。

当达到“中和”境界时，世间一切对立与分歧都将消融，从而造就一种浑然一体的和谐状态。社会就会秩序井然，万物就能在适宜的环境中生长繁衍。曹汉辅认为在这种状态下，讨论“无极”与“太极”的必要性也随之消失，因为一切都已融为一体。然而，李彦迪却持不同见解，他认为，尽管太极与无极自古相通，但在这一共通性之中，仍能细微分辨出精粗之别、本末之分、内外之差以及宾主之序。换言之，太极与无极虽统一，却亦不乏内外、精粗之别。

> 若曰：“游心于无极之真，使虚灵之本体作得吾心之主。”则是使人不为近思之学，而驰心空妙，其害可胜言哉？又况虚灵本是吾心之体也，无极之真，本是虚灵之中所具之物也，但加存之之功，而不以人欲之私蔽之，以致其广大高明之体可也。张南轩曰：“太极之妙，不可臆度而力致，惟当本于敬以涵养之。”正谓此也。今曰：

① 朱熹：《四书章句集注·中庸章句》，北京：中华书局，2011年，第20页。

"游心于无极,作得吾心之主。"则是似以无极太极为心外之物,而别以心游之于其间,然后得以为之主也。此等议论,似甚未安。[①]

曹汉辅在此强调,通过"游心于无极之真"的修养工夫,使超越性的"虚灵本体"成为人心的主宰。他认为,"无极之真"是超越现象界的终极实在,而"虚灵之本体"则是内在于人心的先天道德本体。通过将心提升至"无极之真"的境界,可以实现本体与工夫的统一,使超越的本体真正落实于主体的精神世界。曹汉辅对"虚灵无极"这一本体的体悟,引领生命步入一个迥异于日常的境界。[②]李彦迪则持有不同的观点。他认为,将心脱离实际学问、追逐空灵境界是危险的,因为这样可能导致心陷入无根的幻想。

李彦迪还引用张栻(1133—1180年)的观点,强调"太极之妙"不可强行追求,而应通过"敬"来涵养本心。他认为,将"无极"与"太极"视为心外之物,并试图通过心去游历其间以获得主宰,这种观点是不妥当的。他认为正确的修养方法是立足于本心,通过敬的功夫来存养心性,而不是将心性与宇宙本体割裂开来,试图在心外寻找主宰。他强调,应当通过涵养的工夫存养此本体,使其不被个人欲望所遮蔽。李彦迪强调对太极之德的体验是在实际的修养和实践之中,而不是在争论或想象之中。

二、工夫论

李彦迪与曹汉辅的"无极太极"论辩并未停留在太极为何物上,而是关注如何寻求"理",并将其落实到具体的道德实践中。李彦迪深入探讨了人与太极之间的微妙关系。

试以心言之,人受天地之中以生,则其心犹天地之有阴阳也。而太极之真,于是乎在也。其未感物也,湛然虚静,若无一物,是则所谓无声无臭之妙也,而来教所云寂者也。然其至虚至寂之中,此

---

① 李彦迪:《晦斋集》,首尔:民族文化推进会,1988年,第393页。

② 张品端:《韩国儒学史上"无极太极"论辩——以李彦迪和曹汉辅为中心》,《中国哲学史》,2017年第4期,第124页。

理浑然，无所不备，故感而遂通天下之故。若寂而又灭，则是寂然木石而已。其所以为天下之大本者何在？①

李彦迪阐述人心在未接触事物之前，心如明镜止水，空无一物，恰似“无声无臭”之玄境，与佛教所言“寂”之境颇为相似。他认为佛教的“寂”只是停留在死气沉沉的状态中，像木石一样沉寂而已。周敦颐在《太极图说》中提出了“主静，立人极”的修养论，主张通过静的工夫来修养自身。这一观点也为李彦迪所继承发展，他指“太极”乃此极致虚静之象征，非佛教之“寂”可比。虚静非空无，亦非寂灭，而是虚中含实，此时，人心方能洞察万物，融会贯通。

李彦迪认为在这种至虚至寂的状态中，所有的道理都已经具备，心能够感知并通达宇宙万物之理。他指出心在喜怒哀乐尚未显现之前，其真实状态是寂静而不动的，这就是所谓的“无极之妙”，天下的大本就在于此。

然其所以然之本体，则莫非天命之浑然者，而我之所以为性而具于心者也。当喜怒哀乐未发之前，此心之真，寂然不动，是则所谓无极之妙也，而天下之大本在于是也。固当常加存养之功以立大本，而为酬酢万变之主，而后可以发无不中，而得时措之宜。然于此心之始动几微之际，天理人欲战于毫忽之间，而谬为千里之远。可不于是而益加敬慎乎。是故君子既常戒惧于不睹不闻之地，以存其本然之天，而不使须臾之离。②

李彦迪强调，太极本体通过“天命”在人心、人性中有所体现。在心的波动之际，天理与人欲的斗争是持续而微妙的，斗争的结果会影响人的行为和决策，因此必须时刻保持警醒和自我涵养。君子在无人看见、无人听到的时候，依然自我约束，不让自己偏离道德本性和行为原则。他主张太极之理应通过敬的工夫来体会，这与张栻（1133—1180年）的工夫论相似。

修之之要，其惟敬乎！程子教人以敬为本，即周子主静之意

---

① 李彦迪：《晦斋集》，首尔：民族文化推进会，1988年，第392页。

② 李彦迪：《晦斋集》，首尔：民族文化推进会，1988年，第395页。

也。要当于未发之时,即其体而不失其存之之妙,已发之际,循其用而不昧乎察之之功。[①]

张栻主张,程子以“敬”为修养之基石,与周敦颐所倡导的“主静”功夫相契合。他认为“敬”与“主静”皆旨在保持内心的宁静与专注,二者实为同一种涵养心性的工夫路径。李彦迪则继承并深化了“敬”的修养论,强调通过“敬”与“慎独”的工夫来存养心之本体,使其不为私欲所遮蔽。他将此视为达到“中和”境界的关键。他主张通过不断地自我省察和实践,逐渐克服私欲,使天理在心中得到体现,从而在行动上做出符合道德要求的行为。李彦迪强调的省察工夫,亦是道德生活上的重要工夫,表现了朱子一系所重的在日用行事、形色容貌上用心,以使心得其养之特色。[②]

若论工夫,则只中正仁义,便是理会此事处,非是别有一段根原工夫又在讲学应事之外也。今忘机之说则都遗却此等工夫,遽欲以无极太虚之体作得吾心之主,使天地万物朝宗于我而运用无滞,是乃欲登天而不虑其无阶,欲涉海而不量其无桥,其卒坠于虚远之域而无所得也必矣。[③]

李彦迪在此对曹汉辅的修养论进行批判。他旗帜鲜明地主张,真正的儒家工夫体现于日常的“中正仁义”之中。他认为曹汉辅之说恰恰遗弃了“中正仁义”这一核心实践工夫,其谬误在于试图跳过必要的道德践履积累,直接通过体认“无极太虚之体”来确立吾心之本体主宰地位,以期达到“天地万物朝宗于我而运用无滞”的境界。

李彦迪断言,曹汉辅这种脱离现实人伦根基、一味追求玄远本体的修养论,其最终必然陷入空疏虚无、一无所获。李彦迪认为不从经验性事实出发的工夫最终会陷入佛教虚幻空无的观念性世界。[④]

---

① 张栻:《张栻集》第5册,北京:中华书局,2015年,第1609页。

② 杨祖汉:《从当代儒学观点看韩国儒学的重要论争》,上海:华东师范大学出版社,2008年,第43页。

③ 李彦迪:《晦斋集》,首尔:民族文化推进会,1988年,第390页。

④ 崔英辰:《韩国儒学思想研究》,邢丽菊译,北京:东方出版社,2008年,第165页。

李彦迪认为，真正的工夫论应当立足于“中正仁义”的实践，而非追求超越现实条件的“心之极致”境界。李彦迪明确指出，曹汉辅工夫论偏重顿悟而忽视日常积累，此举非但背离了儒家“下学上达”之旨，更易引人步入空虚之境。李彦迪强调，有效的工夫论必须符合“即事穷理”的原则，即在人伦日用中体认天理。

> 盖太极之体虽极微妙，而其用之广，亦无不在。然其寓于人而行于日用者，则又至近而至实。是以，君子之体是道也，戒慎乎其所不睹，恐惧乎其所不闻，有以全其本然之天，而绝其外诱之私，不使须臾之顷，毫忽之微，有所间断而离去。其行之于身也，则必造端乎夫妇，以至于和兄弟顺父母，而有以尽己之性。及其尽性之至也，则又有以尽人物之性，而其功化之妙，极于参天地赞化育，而人极于是乎立矣。①

尽管太极之理极其高深和精妙，无法用言语来形容，但它在现实生活中的存在却是不可否认的。“至近至实”揭示了太极之理深植于日常生活与人伦常理的奥秘之中。即便太极之理崇高无比，属于形而上学的范畴，人们也不应将其与现实生活割裂开来，盲目追求那些虚无缥缈的境界。太极之理虽然高深莫测，但它并非遥不可及。它既存在于宇宙万物的生成与变化之中，也体现在人伦日用的细微之处。

“讲学”是理论工夫，“应事”是实践工夫。只有将二者紧密结合，才能真正实现学问的完整性和价值。他强调，学问不应仅仅停留在书本和口舌之间，而应贯穿于日常生活的每一个细节之中。借助“讲学”，人们能深刻领悟太极之理的精妙深邃，进而为实践活动提供坚实的理论指导，而通过实践“应事”，人们则能在具体情境中验证并践行所学理论，让学问真正扎根于现实生活。

> 《诗》曰：“天生烝民，有物有则。”物者，人事也。则者，天理也。

① 李彦迪：《晦斋集》，首尔：民族文化推进会，1988年，第392页。

> 人在天地之间，不能违物而独立，安得不先于下学之实务，而驰神空荡之地，可以为上达乎？天理不离于人事，人事之尽而足目俱到，以臻于贯通之极。则天理之在吾心者至此而浑全。酬酢万变，左右逢源，无非为我之实用矣。故明道先生曰：“道之外无物，物之外无道。”又曰：“下学人事，便是上达天理。”讵不信欤？且如存养之云，只是敬以直内，存之于未发之前，以全其本然之天而已。[①]

李彦迪在此指出天理不离人事，他强调天理与人事的紧密联系。在他看来，天理是宇宙的自然法则，但不是遥不可及的，而是体现在日常生活之中。他主张人应当从具体的事情出发，通过不断的学习和实践来体认天理。他批判脱离现实、沉溺于虚幻玄谈的风气，认为此举无法使人真正洞悉天理。李彦迪也强调了“存养”的重要性，即在情感未发动之前，就应当保持内心的平和与正直。这是一种自我修养的方法，通过这种方式，人们可以保持天赋的本性，不被外界和个人的欲望所影响。

他主张即使是圣人也需要通过下学的工夫来达到上达的境界，而不是简单地进入太虚状态就能“酬酢万变”。人们需在日常生活中不断自省，修正言行，方能渐悟天理，并将其内化为自身之德行。因此，李彦迪十分重视“思”在格物致知过程中的重要作用，并将致知的目标归于“止于至善”。

> 盖格物而知止，则于事物当然之则皆有定见，而心无妄动危殆之累，其思虑益明矣。思之明，则又有以精研物理之所以然，而有得于心矣。孟子所谓“思则得之”，程子所谓“思虑有得，中心悦豫”者，正谓是也。曰静、曰安、曰虑，皆就心上说，以起下章诚意、正心之功。[②]

李彦迪在此围绕“格物”与“思”的关系展开论述。他首先指出，经由格物致知，方能明晰事物之自然法则，进而使内心安定，免遭妄动与危险之虞。

---

① 李彦迪：《晦斋集》，首尔：民族文化推进会，1988年，第392—393页。

②《国际儒藏·韩国编四书部》编纂委员会编：《国际儒藏·韩国编四书部·大学卷①》，北京：华夏出版社、北京：中国人民大学出版社，2010年，第304页。

接着强调，思虑的明晰能够帮助人们深入研究事物的原理，进而获得内心的感悟。文中引用孟子和程子的观点，进一步说明思虑的重要性。他主张认知活动应当遵循由近及远、循序渐进的原则，以人伦关系为认知起点，逐步拓展至对自然万物的理解。

> 致知之要亦宜有缓急先后之序，由近而及于远，由人伦而及于庶物，必有以见其至善之所在而知其所止，然后其所知所得皆切于身心日用之实而非外物也。若不务此，而徒欲泛然以观万物之理，则正如程子所谓“大军之游骑，出太远而无所归也”。此又不可不察。①

李彦迪的致知工夫论强调严格的认知次序与实践逻辑。在空间维度上主张“由近而及远”，在认知对象上遵循“由人伦而及庶物”的路径。李彦迪将“止于至善”设为终极目标，确保认知活动始终围绕道德实践而展开。李彦迪援引程子“大军游骑”之喻批判脱离人伦日用的认知活动，必然使知识沦为无本之木。他认为真正的致知必须满足“切于身心日用之实”。

李彦迪发展了徐敬德的太虚说，明确了太极之理并不是虚无缥缈的，而是根植于日常生活之中的。他主张，形而上的理与形而下的事紧密相连，彼此影响。他的太极思想不仅在宇宙论层面有所建树，还扩展至工夫论领域。他主张通过“敬”与“慎独”的工夫来存养心的本体，使其不被个人私欲所遮蔽，他还主张在日常生活中不断地“省察”，修养心性，从而达到与天理相契合的“中和”境界。李彦迪认为太极不仅是宇宙的本原，更是“人伦日用之间”的道德准则。他将太极的普遍原理具体化为“事事物物各有其则”的实践规范，主张在“居敬穷理”的日常工夫中体认太极之实。

李彦迪和曹汉辅围绕五封书信展开的“无极太极”论辩，不仅是对《太极图说》中“无极而太极”命题的深入探讨，更是朝鲜性理学史上的一次重要思想论辩。李彦迪在论辩中厘清了无极与太极的相关意涵，批评了曹汉辅的

① 《国际儒藏·韩国编四书部》编纂委员会编：《国际儒藏·韩国编四书部·大学卷①》，北京：华夏出版社、北京：中国人民大学出版社，2010年，第305页。

修养工夫,明确了儒家修养路径。此次论辩上承花潭徐敬德之气哲学,下启退溪李滉和栗谷李珥的理气说。李彦迪坚持理气论的实践性维度,主张通过“下学上达”的渐进工夫实现理气贯通。曹汉辅则倾向于通过直觉体认直接把握本体,其理论已隐含脱离修养工夫的潜在风险。李彦迪在论辩中坚持儒家传统的立场,强调“太极”作为宇宙本体的实在性,反对将“无极”视为超越“太极”的虚无概念。他的这一观点深得朝鲜大儒李滉的赞许。李滉认为,李彦迪在论辩中“阐明吾道之本原,辟异端之邪说”,不仅捍卫了儒学的正统性,还为朝鲜性理学的发展奠定了理论基础。

> 先生在谪所,作《大学章句补遗》,续《或问》,作《求仁录》。又修《中庸九经衍义》《衍义》未及成书,而用力尤深。此三书者,可以见先生之学。而其精诣之见,独得之妙,最在于与曹忘机汉辅《论无极太极书》四五篇也。其书之言,阐吾道之本源,辟异端之邪说,贯精微彻上下,粹然一出于正。深玩其义,莫非有宋诸儒之绪余,而其得于考亭者为尤多也。[①]

李滉盛赞李彦迪在流放期间完成的《大学章句补遗》《续或问》《求仁录》等著作,以及未完成的《中庸九经衍义》,认为这些著作是李彦迪思想体系的精髓。李滉对李彦迪的无极太极论给予高度评价,认为在构建思想体系方面,李彦迪系统地揭示了儒家道统的本体论基础,驳斥了佛道异端的虚无缥缈之说,从而捍卫了性理学的正统地位。

---

① 李滉:《退溪集》,首尔:民族文化推进会,1989年,第567—568页。

第三章 朝鲜中后期儒学家对“太极”的诠释

16世纪朝鲜性理学的发展进入鼎盛时期，以李滉、奇大升、李珥为代表的朝鲜儒学家进一步对“太极动静”“太极与阴阳”等命题进行深入研究与讨论。李滉依据周敦颐的太极动静说，最终提出太极自动静说，认为太极的动静是其内在属性，而非外力推动的结果，强调了太极作为宇宙本体的自主性与能动性，将太极视为宇宙生成与变化的根源。奇大升则从体用论的角度对太极与阴阳的关系进行阐释，主张太极是阴阳变化的本体，阴阳是太极之体的表现，太极通过阴阳的动静显发其用。李珥则从“理气不离”的角度，提出理通气局说，认为理与气相互依存，太极作为理，是阴阳变化的根本依据，而气则是理的载体和实现方式，太极与阴阳是“一而二，二而一”的辩证关系。18世纪朝鲜实学蓬勃发展，丁若镛作为实学的集大成，从实学的立场出发，批判了“太极即理”的观点，考察了周敦颐《太极图说》之旨，主张太极是有形之始的象征，而非无形之理。朝鲜儒学家们对太极思想的诠释不仅丰富了周敦颐太极思想的内涵，也促进了周敦颐太极思想在朝鲜的发展。

第一节 李滉的太极论

李滉（1501—1570年），字景浩，号退溪、陶翁。他出身于士族家庭，但家境并不富裕，两岁时父亲去世，由母亲独自抚养长大。作为家中最年幼的孩子，李滉自幼聪慧好学。

李滉历任礼曹判书、艺文馆检阅、公州判官、丹阳郡守、大司成、大提学等重要官职，为官清廉，深受百姓爱戴。他的仕途并不是一帆风顺的。45岁时，他因乙巳士祸受到牵连而被罢官，但不久后复职。在担任外职期间，李滉曾出任丹阳郡守、丰基郡守等职。在丰基郡守任上,他向当时的学者周世鹏建议,建成了朝鲜历史上首个获得朝廷赐额的书院——绍修书院,开韩国书院之先河。这一举措不仅极大地促进了地方教育的发展,更为后世书院的蓬勃发展奠定了坚实的基础。

50岁时,李滉归隐乡里,专注于学术研究和教育。60岁时,他在家乡安东建造了著名的陶山书院,致力于培养后学。1570年,李滉逝世,享年70岁,谥号“文纯”,从祀文庙。其思想对朝鲜性理学的发展产生重要的影响,被誉为“海东朱子”。

著有《退溪集》等。

一、理气论

李滉认为古今之人学问道术的差异,根源在于对“理”字的理解程度不同。“理”字难知,理解“理”并非简单知晓其表面含义,而在于能否深入洞察其精微奥义,达到真知妙解的程度。他认为必须穷尽对各种事理的探究,才能真正触及“理”的本质。

> 盖尝深思古今人学问道术之所以差者,只为理字难知故耳。所谓理字难知者,非略知之为难,真知妙解,到十分处为难耳。若能穷究众理,到得十分透彻,洞见得此个物事至虚而至实,至无而至有,动而无动,静而无静,洁洁净净地,一毫添不得,一毫减不得,能为阴阳五行万物万事之本,而不囿于阴阳五行万物万事之中。安有杂气而认为一体,看作一物耶?[①]

“理”是宇宙万物的根本法则,其本质既超越又内在于现象世界。他强调理具有“至虚而至实,至无而至有”的特性,既无形无相,超越具体事物,又真实不虚,贯穿于一切存在。理作为“阴阳五行万物万事之本”,是纯粹而绝对的,不增不减,不受具体事物的影响。当学者对“理”的理解达到极为透彻的境界时,会发现“理”具有超越性与内在性统一的特征。它既是至虚至实、

① 李滉:《退溪集》,首尔:民族文化推进会,1989年,第426页。

至无至有的存在，又是超越动静的存在，呈现出绝对纯粹的状态——既无任何增益，也无任何削减。

李滉进一步将“理”定位为阴阳五行和万物万事的根本依据，同时强调其超越性，“理”作为宇宙万物的本原，却不被局限于具体的阴阳五行或万事万物之中。他批判了将“理”与杂气混为一谈的错误认识，认为只有超越经验层面的纯粹认知，才能真正把握“理”的本质，从而区别于仅基于感官经验的片面理解。这要求学者既要有对具体事物细致入微的观察，又要有超越经验的思辨能力。

> 天地之间，有理有气。才有理，便有气眹焉，才有气，便有理从焉。理为气之帅，气为理之卒，以遂天地之功。所谓理者，四德是也，所谓气者，五行是也。而其于流行之际，元为始物之理，则木之气承之以生，亨为通物之理，则火之气承之以长，利为遂物之理，则金之气承之以收，贞为成物之理，则水之气承之以藏，土则俱旺四季。此天之所以具四德五行，而成其道者也。[①]

天地之间存在着理与气两种基本要素。理一旦确立，气便随之显现端倪，气一旦生成，理即蕴含其中。理作为主导者统御气，气作为执行者遵循理，二者协同完成天地的造化之功。此处所言理即四德，所言气即五行。天地运行以“理”为根本法则，“气”为物质基础，二者关系为“理为气之帅，气为理之卒”。理就是元、亨、利、贞四德，为形而上的主宰，通过木、火、金、水、土五行之气的承载而实现其造化。

李滉还将元亨利贞四德与五行相对应，元作为创生之原理，由木行之气承载而显现为生长，亨作为通达之原理，由火行之气承载而显现为繁盛，利作为成就之原理，由金行之气承载而显现为收敛，贞作为完成之原理，由水行之气承载而显现为闭藏，至于土行之气则贯穿四季并发挥调和作用。李滉以阴阳二气解释人性的差异。他认为，阳气主明、主强，赋予人刚健奋发之特质，阴气主昏、主弱，使人偏于柔顺沉静。

① 李滉：《退溪集》，首尔：民族文化推进会，1989年，第210页。

何气为明为强？何气为昏为弱？气禀不齐之故。《大学或问》论明德处，论之详矣。今以所问，略言之。得阳气者，为明，为强，得阴气者，为昏，为弱。大概则然。而就其中，又各随所得之清浊、纯驳、分数、多寡，而有善恶之不齐焉。故濂溪有“刚善、刚恶、柔善、柔恶，中焉止矣”之论。[①]

人的气质亦因所禀之气的不同而呈现明暗强弱之别，正如日照则万物昭晰，云蔽则天地晦暝。李滉进一步指出，气禀的善恶表现不仅取决于阴阳属性，更受制于气的清浊纯驳。阳气若清纯，则表现为刚健中正，若驳杂，则易流于刚暴。阴气若精粹，则显为柔善，若浑浊，则沦为柔恶。

周敦颐在《通书》中说：“性者，刚柔善恶，中而已矣。”[②]李滉在继承周敦颐人性论的基础上，进一步指出刚柔二性本身并非本质上的善恶之分，其道德价值的关键在于能否“得中”，即是否符合天理的规范。具体而言，刚强之性若能契合天理，则表现为正义果敢的德行，若失其节度，则易沦为偏执暴戾的恶行。同理，柔和之性若得其中，可显发为仁厚宽容，若过度弱化，则难免流于优柔萎靡的缺陷。

理胜气欤？气胜理欤？理胜气时，气何弱欤？气胜理时，理何弱欤？理本其尊无对，命物而不命于物，非气所当胜也。但气以成形之后，却是气为之田地材具，故凡发用应接，率多气为用事。气能顺理时，理自显，非气之弱，乃顺也。气若反理时，理反隐，非理之弱，乃势也。[③]

理支配万物而不被万物所支配，理为主，气为仆，因此“气”不能胜过“理”。李滉认为理气是“不离不杂”的关系，理主宰气，却不被气所限定。然而，一旦“气”形成了具体的事物，它就成为“理”得以表现的工具。因此，在现实生活中，“气”往往发挥重要作用。即理的表现和作用，大多是通过“气”

① 李滉：《退溪集》，首尔：民族文化推进会，1989年，第356页。
② 周敦颐：《元公周先生濂溪集》，长沙：岳麓书社，2006年，第58页。
③ 李滉：《退溪集》，首尔：民族文化推进会，1989年，第356页。

来实现的。当“气”顺应“理”时,“理”得以显现;当“气”违背“理”时,“理”则会隐而不显。这并不是“理”本身的强弱问题,而是“气”的作用和状态所导致的。

在理气关系上,李滉认为“理”是至高无上的,没有与之对等的存在。“理”是根本,而“气”只是“理”的表现形式。“气”是“理”的载体和工具,是“理”在具体事物中的表现形式。“气”顺应“理”时,“理”自然显现,“气”违背“理”时,“理”会被掩盖。李滉认为理气关系为“理主气从”,在形上层面,理作为永恒本体主导气的运行,在形下层面,气作为载体通过运动变化彰显理,二者的共同作用构成了宇宙的生成与变化。

二、太极自动静

周敦颐依据《周易·系辞传》“易有太极,是生两仪”,在《太极图说》中说道:“无极而太极,太极动而生阳,动极而静,静而生阴,阴极复动。一动一静,互为其根。”[1]从无形到有形,太极的运动产生阴阳,当运动达到极致时便转化为静止,静止中又孕育出阴,当阴发展到极限时,又会重新开始运动。运动和静止相互依存,相互转化。在周敦颐看来,太极既非静止的抽象实体,亦非单向的运动实体,而是通过动静的循环往复,实现阴阳二气的转化,从而创生万物。

在周敦颐的思想体系中,太极是能动、能静的,这是毋庸置疑的。太极的动静,不是外力所赋予的,而是其本有的属性。太极通过动静循环,推动了阴阳的产生与转化,成为宇宙万物生成与演化的根源。朱熹在继承周敦颐宇宙生成论的基础上,推动了太极的本体论转向。他将太极阐释为统摄万物的终极之理,强调其作为天地万物之理的形上属性。

> 盖太极是理,形而上者;阴阳是气,形而下者。然理无形,而气却有迹。气既有动静,则所载之理亦安得谓之无动静![2]

---

① 周敦颐:《元公周先生濂溪集》,长沙:岳麓书社,2006年,第7页。

② 朱熹:《朱子语类》第1册,黎靖德编,北京:中华书局,2020年,第104页。

朱熹虽然说“太极有动静”，但他并不认为太极本身能够动静。在他看来，太极作为形而上之理，是万物之理的总和，而阴阳则是太极之理在具体事物中的表现。宇宙万物通过阴阳的相互作用，得以生成、发展和变化。

> 太极之有动静，是天命之流行也，所谓“一阴一阳之谓道”。诚者圣人之本，物之终始，而命之道也。其动也，诚之通也，继之者善，万物之所资以始也。其静也，诚之复也，成之者性，万物各正其性命也。“动极而静”，“静极复动”，“一动一静，互为其根”，命之所以流行而不息也。①

朱熹以体用论说明太极与动静的关系时，明确了太极的本体地位。朱熹将“理”视为形而上的本体，而“气”是形而下的现象。然而，朱熹本人并不认为理与气是完全分离的，而是主张理气一体，理寓于气中，气的运行离不开理的主宰。朱熹进一步提出了“本然之妙”与“所乘之机”来阐释太极与动静的关系。

> 熹向以太极为体、动静为用，其言固有病，后已改之曰：“太极者，本然之妙也；动静者，所乘之机也。”此则庶几近之。来喻疑于体用之云甚当。但所以疑之之说，则与熹之所以改之之意，又若不相似然。盖谓太极含动静则可（以本体而言也），谓太极有动静则可（以流行而言也）。若谓太极便是动静，则是形而上下者不可分，而“易有太极”之言亦赘矣。②

在朱熹的思想体系中，太极既是构成宇宙万物的形上本体，即“所以然之故”，又是规范事物变化的最高法则即“所当然之则”，因此“太极”既是宇宙生成论意义上的本原，亦是本体论层面的依据。从本体论角度而言，太极作为宇宙的形上本原，内含动静之理，就现象界而言，太极借助动静机制实

① 朱熹：《朱子全书》第13册，朱杰人、严佐之、刘永翔主编，上海：上海古籍出版社、合肥：安徽教育出版社，2002年，第72页。

② 朱熹：《朱子全书》第22册，朱杰人、严佐之、刘永翔主编，上海：上海古籍出版社、合肥：安徽教育出版社，2002年，第2072页。

现造化之功。朱熹批评了将太极等同于动静本身的观点，认为若太极即动静，形而上与形而下将无法区分，且《易经》中所言太极亦将失去意义。在朱熹的思想体系中，太极作为宇宙本原，具有超越性和绝对性，它是无形无象的，却是万物存在的根本依据。

问："太极之有动静，是静先动后否？"曰："一动一静，循环无端。无静不成动，无动不成静。譬如鼻息，无时不嘘，无时不吸，嘘尽则生吸，吸尽则生嘘，理自如此。"①

太极包含动静之理，动静是太极的表现形式，它们相互依存、循环不息。他用"一动一静，循环无端"来描述这种关系，意味着动静之间没有明确的先后顺序，它们是相互转化、相互生成的。他认为"无静不成动，无动不成静"，表明动静是相互依存的，一方的存在是另一方存在的前提。动静不是分离的，而是太极的两个方面，它们互为根本，相互转化。朱熹在阐释太极动静问题时，提出了"人乘马"的比喻。

问："动静者，所乘之机。"曰："太极理也，动静气也。气行则理亦行，二者常相依而未尝相离也。太极犹人，动静犹马，马所以载人，人所以乘马。马之一出一入，人亦与之一出一入。盖一动一静，而太极之妙未尝不在焉。此所谓'所乘之机'，无极、二五所以'妙合而凝'也。"②

在这一比喻中，太极如同骑马的人，是形而上之本体，虽蕴含动静之理，却不会主动产生动静，而气则如同马，是形而下之实体，能够自发地表现出动静的变化。反之，气虽然能够自主地表现出动静，但其运动的依据却始终依赖于太极所蕴含的理，但理对于气的主宰性却未在该比喻中体现。

曹端（1376—1434年）认为朱熹"人乘马"之喻虽然形象地说明了理气关系，但在一定程度上可能导致对理气关系的误解，尤其是可能弱化了"理"的主导性和能动性。曹端强调，"理"不仅是气的依据，更是气的生成与运行的

---

① 朱熹：《朱子语类》第6册，黎靖德编，北京：中华书局，2020年，第2894页。

② 朱熹：《朱子语类》第6册，黎靖德编，北京：中华书局，2020年，第2899页。

根本动力。他认为,理本身具有能动性,能够直接主导气的运动,而不是被动地依赖于气的动静。

> 先贤之解《太极图说》,固将以发明周子之微奥,用释后生之疑惑矣。然而有人各一说者焉,有一人之说而自相龃龉者焉,且周子谓:“太极动而生阳,静而生阴。”则阴阳之生,由乎太极之动静。而朱子之解极明备矣,其曰:“有太极则一动一静而两仪分,有阴阳则一变一合而五行具。”尤不异焉。及观《语录》却谓:“太极不自会动静,乘阴阳之动静而动静耳。”遂谓:“理之乘气,犹人之乘马,马之一出一入,而人亦与之一出一入。”以喻气之一动一静,而理亦与之一动一静。若然,则人为死人,而不足以为万物之灵,理为死理,而不足以为万化之原,理何足尚而人何足贵哉?今使活人乘马,则其出入、行止、疾徐,一由乎人驭之何如耳。活理亦然。不之察者信此则疑彼矣,信彼则疑此矣,经年累岁无所折衷,故为辨戾,以告夫同志君子云。[①]

曹端质疑朱熹的“人乘马”之喻。他认为,朱熹将不动之“理”比作“乘马之人”,运动之“气”比作“被乘之马”,这是以理完全依赖气为运动前提,致使理丧失能动性,沦为被动依附于气的“死理”。因此曹端主张“理”应当是活理,而非死理。为解决逻辑上的矛盾,曹端主张要承认理(太极)自会动静,理(太极)不需要乘气而动。[②]这样理(太极)便成了一个活理,那么在“人乘马”之喻中,相对应的人也应是活人,因此他认为人乘马说应该是“活人驭马”,马的行进状态即前进、停止、疾驰、慢走等都由人(理)来决定。

薛瑄(1389—1464年)则在曹端活理说基础上,进一步指出理与气是浑然无间的,不能将理与气截然分开。他认为,理与气是一体的,理通过气来表现,气则依赖于理而存在。薛瑄对“气有动静,理无动静”这一命题进行了修正与发展。

---

① 曹端:《曹端集》,北京:中华书局,2003年,第23—24页。

② 张立文:《李退溪思想世界》,北京:人民出版社,2013年,第134页。

才说理,便无可言者。理气无缝隙,故曰:“器亦道也,道亦器也。”太极不可以动静言,然舍动静便无太极。[1]

薛瑄在此揭示了理与气、道与器、动与静之间的关系。他认为理存在于气之中,气是理的载体,二者紧密相连。“理气无缝隙”,因此气有动有静,理也必然有动有静。他还进一步指出理气二者的关系是浑然一体无间的,即“理气浑然无间,截理气为二,则非矣”。[2]他认为太极本身虽不能用“动”或“静”来直接描述,但太极是动静的依据。

临川吴氏曰:“太极无动静,故朱子释《太极图》曰‘太极之有动静,是天命之流行也。’此是为周子分解,太极不当言动静,以天命有流行,故只得以动静言。”窃谓:“天命即天道也,天道非太极乎?天命既有流行,太极岂无动静乎?”朱子曰:“太极,本然之妙也,动静,所乘之机也。”是则动静虽属阴阳,而所以能动静者,实太极为之也。使太极无动静,则为枯寂无用之物,又焉能为“造化之枢纽,品汇之根柢”乎?以是而观之,则太极能为动静也明矣。[3]

薛瑄质疑元代学者吴澄(1249—1333年)的太极无动静论,他认为天命即天道,天道就是太极。既然天命有流行,那么太极也有动静。在薛瑄看来,天命就是天道,就是自然运动的法则、规律,这些法则、规律就是太极。天命流行与太极动静其实是一回事。太极本身就具有运动的属性,不应从太极之外去寻找太极运动的原因。[4]

薛瑄据朱熹所言“太极本然之妙也,动静所乘之机也”,认为动静是阴阳的属性,但使阴阳能够动静的根本原因是太极。他认为太极是造化之枢纽,是万物生成的根源,因此太极必然能动静。太极虽无形迹可循,通过其化育万物之功显示其动静的属性。薛瑄强进一步指出,若否定太极动静的属性,

---

① 薛瑄:《读书录》卷六,《钦定四库全书》,乾隆四十六年,第7页。
② 薛瑄:《读书续录》卷一,《钦定四库全书》,乾隆四十六年,第3页。
③ 薛瑄:《读书录》卷九,《钦定四库全书》,乾隆四十六年,第15—16页。
④ 杨宗礼:《薛瑄太极论初探》,《运城师专学报》,1987年第3期,第11页。

是割裂本体(太极)与现象(万物化生)之间“体用一源”的辩证关系,最终将使宇宙生生不息、繁衍万物的过程沦为“无源之水”“无根之木”。

由此可见,曹端与薛瑄虽同斥太极无动静说,但二人立论的焦点略有不同。曹端的活人驭马说,主张理自能动静,旨在于使理摆脱“被动依附于气”的处境,确立了理的绝对主导地位。薛瑄则由太极是造化之枢纽,万物之根柢,推导出太极必然能动静。因此他认为太极之动静属性涵摄于宇宙万物的繁衍生息之中。李滉融会曹、薛二人的太极论,提出太极自动静说。

> 太极之有动静,是天命之流行。理为之主,而使之流行欤?太极之有动静,太极自动静也。天命之流行,天命之自流行也。岂复有使之者欤?但就无极二五妙合而凝,化生万物处看,若有主宰运用而使其如此者,即《书》所谓“惟皇上帝,降衷于下民”,程子所谓“以主宰谓之帝”是也。盖理气合而命物,其神用自如此耳。不可谓天命流行处亦别有使之者也。①

李滉明确指出太极的动静是太极自身的属性,是内在的、自主的,而非外力推动的结果。他在此点明了“太极”与“动静”,“理”与“气”之间的关系。天命的流行是自然而然的,是理气结合的结果,并不需要一个外在的驱动力。他反对将天命流行归因于外在的推动力。太极之动静本质上是其本体自性的显现方式,而非外力作用的结果。这一命题揭示了本体论层面的自主性原则——太极作为终极实在,其动静变化与天命之流行一样,并非外在力量驱使。李滉对朱熹的理静气动说重新审视,并加以发展。

> 古人以人乘马出入,比理乘气而行,盖人非马不出入,马非人失轨途,人马相须不相离。人有指说此者,或泛指而言其行,则人马皆在其中,四七浑沦而言者是也。或指言人行,则不须并言马,而马行在其中,四端是也。或指言马行,则不须并言人,而人行在

① 李滉:《退溪集》,首尔:民族文化推进会,1989年,第355—356页。

> 其中，七情是也。公见滉分别而言四七，则每引浑沦言者以攻之，是见人说人行马行，而力言人马一也，不可分说也。见滉以气发言七情，则力言理发，是见人说马行，而必曰人行也。见滉以理发言四端，则又力言气发，是见人说人行，而必曰马行也。此正朱子所谓与迷藏之戏相似，如何如何？①

李滉在“人乘马”之喻中，主张人与马相依而行，即理乘气而行，形象地说明了理与气，四端与七情的关系。他认为四端以理发为主，七情以气发为主。李滉在此指出，奇大升理气浑沦说，否定了理气分说，忽视了理与气各自在四端与七情显发过程中的作用。当李滉讨论以“气发”为主导的七情时，奇大升却片面强调“理发”，偏离了七情气发的属性。当李滉讨论以“理发”为主导的四端时，奇大升又片面强调“气发”，模糊了四端纯然发于理的特质。李滉认为，奇大升这种既否定分说、又在分说时颠倒理气主次作用的做法，完全违背了“理气不杂”的辩证关系。

李滉的四端七情论，主张理气互发，坚持辨析理气各自的作用。李滉主张四端为理发，理具有能动性。李滉的这一观点打破了朱熹“理静气动”的理论框架，重新定义了理与气的关系。在李滉的理气论体系中，理发说揭示了理居于主导地位，而气则处于从属地位，气在理的主宰下发挥其承载的作用。李滉的理发说继承了周敦颐的太极动静说。李滉将周敦颐的宇宙生成论转化为心性论中的道德本体发用论。周敦颐的太极动静说，揭示了太极的能动性，这为李滉的理发说提供了有力的理论支持。

由此可见，李滉的太极动静观也在曹端、薛瑄二人的思想基础上进一步发展，最终用周敦颐的太极动静说取代了朱熹的太极动静说，他认为太极自有动静，并且太极的动静并非依赖于外力的推动，而是太极自身固有的属性。这种内在的动静属性使得太极能够自主地生成万物，成为宇宙万物生成的根源，宇宙运行的根本动力。

---

① 李滉：《退溪集》，首尔：民族文化推进会，1989年，第419—420页。

> (李公浩问:)“太极动而生阳,静而生阴”,朱子曰:“理无情意、无造作”,既无情意造作,则恐不能生阴阳。若曰能生,则是当初本无气,到那太极生出阴阳,然后其气方有否?”勉斋曰:“生阳生阴亦犹曰阳生阴生。”亦莫是恶其造作太甚否?
>
> (李滉答:)朱子尝曰:“理有动静,故气有动静。若理无动静,气何自而有动静乎?”知此则无此疑矣。盖无情意云云,本然之体,能发能生,至妙之用也。勉斋说亦不必如此也。何者?理自有用,故自然而生阳生阴也。①

李公浩就对朱熹“太极动而生阳、静而生阴”的观点表示怀疑。他认为若理“无情意、无造作”,则无法主动生发阴阳二气。若理不能造作,似难以直接生出阴阳,若认定理能生阴阳,又会引发对初始是否有气的疑问,即太极生出阴阳前气是否存在。李公浩认为黄干的观点似乎过于强调“理生气”这一过程,其表述似乎偏离了朱熹之意。

> 既是阴阳,如何又说生阴生阳?曰:“‘生阴生阳’亦犹‘阳生阴生’。太极随阴阳而为动静,阴阳则于动静而见其生。不是太极在这边动,阳在那边生。譬如蚁在磨盘上一般,磨动则蚁随他动,磨止则蚁随他止。蚁随磨转,而因蚁之动静可以见磨之动静。”②

黄干认为太极自身不会动静,他用蚂蚁与磨盘的关系来比喻太极与阴阳的动静关系。他将太极比作磨盘,阴阳比作蚂蚁。磨盘的转动带动蚂蚁的移动,而蚂蚁的动静可以反映出磨盘的状态。他认为太极的动静通过阴阳的变化得以体现,阴阳的变化也反映了太极的动静状态。因此将“生阴生阳”解释为“阳生阴生”,这是将“太极动而生阳”理解为“太极动而阳生”。在他看来,太极虽有动静,但太极自身并不会自主地产生动静,而是依附于阴阳之气的动静。太极的动静是以阴阳之气的动静为基础和载体的。具体而

---

① 李滉:《退溪集》,首尔:民族文化推进会,1989年,第384—385页。

② 胡广等撰:《性理大全书》第1册,程林、彭荣 校点,北京:北京大学出版社,2024年,第31页。

言,阴阳之气的变化推动了太极的动静,太极的动静是建立在阴阳之气变化之上的。

李滉认为朱熹所言“理”无情意、无造作,是“理”的本然之体。然而,他特别指出,不能因此而忽视“理之用”的至妙功能。虽然理本身并不直接分化或创生阴阳二气,但阴阳二气的化生过程,实质上体现了理的妙用。在这个意义上,李滉主张不必如黄干那般,将表述修正为“生阳生阴”,而应当从理之体用相即的哲学视角来理解,就本体而言,理虽无造作,但就发用而言,完全可以说“理能生气”“太极动而生阳”。李滉的诠释,既维护了朱熹理气论的基本立场,又通过体用论的阐释框架,为理的能动性提供了更为圆融的哲学解释。

李滉从理的体用论出发,将理分为“体”与“用”两个维度,在本体层面,理作为形上根据不直接参与气化运动,在用的层面,理的妙用通过“动静”以显发,阴阳二气的生成过程实质是理之妙用的体现。这就避免了曹端、薛瑄理为死理,太极为死太极的诘难。

朱熹将“太极”界定为天地万物之理时,出现形上之理如何引发形下之气的理论困境。若严格遵循“理无情意、无造作”的属性,则难以说明宇宙生成的机制,若承认理具能动性,又动摇其形上的本体论属性。李滉意识到“若理无动静,气何自而有动静乎”的矛盾,在他看来理有动静,气才有动静。

朱熹说:“‘一动一静,互为其根’,动而静,静而动,辟阖往来,更无休息。”[①]即动与静是相互依存、相互包含的关系,动之中蕴含着静的可能,静之中也孕育着动的契机。李滉受此启发,亦主张“动”与“静”二者相互联系,动中必有静,静中必有动。

> 若以天理观之,则动之不能无静,犹静之不能无动也,静之不能无养,犹动之不可不察也。但见得一动一静,互为其根,不容间断之意,则虽下“静”字,元非死物。至静之中,自有动之端焉。[②]

---

① 朱熹:《朱子语类》第6册,黎靖德编,北京:中华书局,2020年,第2888页。

② 李滉:《退溪集》,首尔:民族文化推进会,1989年,第443页。

李滉在此进一步指出，即使是静的状态，也不是绝对的静止，而是蕴含着潜在的动。在他看来，即使在看似静止的状态中，也存在着运动的端倪和可能性。动非外在显用，静亦非枯寂死物，二者始终处于动静循环之中。李滉将"动静"范畴与其理气论相结合，提出"盖理动则气随而生，气动则理随而显"的命题。

> 然人心动静之理，即天地动静之理，非有二也。故云"至于见得大本达道处，又衮同只是此理也"。延平答朱子曰："复见天地之心，此便是动而生阳之理。"按朱子尝曰："理有动静，故气有动静。若理无动静，气何自而有动静乎？"盖理动则气随而生，气动则理随而显。濂溪云"太极动而生阳"，是言理动而气生也。《易》言"复其见天地之心"，是言气动而理显，故可见也。（凡言心者，皆兼理气看。）二者皆属造化，而非二致。故延平以复见天地之心，为动而生阳之理，其言约而尽矣。①

李侗在回答朱熹的问题时，指出"复见天地之心"正是天地由静而动、生出阳气的理。李滉依据朱熹所言"理有动静，故气有动静"推导出"理动则气生，气动则理显"。他认为周敦颐在《太极图说》中提到"太极动而生阳"，正是说明理动而气生的过程。而《易经》中"复其见天地之心"的表述，则是气动而理显的体现。李滉进一步指出，凡言"心"者，皆兼理气而论，二者都属于宇宙的造化过程，并不是截然不同的存在。因此，他认为李侗以"复见天地之心"来阐述动而生阳之理，其言简洁而全面，揭示了理与气的关系及其在宇宙生成中所发挥的作用。

> 先生曰："太极动而生阳，至理之源，只是动静阖辟。至于终万物、始万物，亦只是此理一贯也。到得二气交感，化生万物时，又就人物上推，亦只是此理。《中庸》以喜怒哀乐未发已发言之，又就人身上推寻，至于见得大本达道处，又衮同只是此理。此理就人身上推寻，若不于未发已发处看，即何缘知之？盖就天地之本源与人物

① 李滉：《退溪集》，首尔：民族文化推进会，1989年，第101—102页。

上推来,不得不异。”[①]

李侗认为太极动而生阳说的是“至理之源”,而“未发已发”则是专门就人而言的。李侗在探讨太极动静与万物生成的关系时指出,太极动而生阳是宇宙至理的根源,其关键在于动静、阖辟的变化。从天地万物的生成来看,无论是万物的终结还是万物的起源,其背后贯穿的都是这一动静之理。当阴阳二气交感化生万物时,从万物的角度推究,依然是这一动静之理在起作用。在《中庸》中,通过喜怒哀乐未发与已发的状态来探讨人性,也是从人的角度对这一至理进行推究。当人们领悟到人性的根本与大道时,会发现这依然是同一动静之理。李侗强调,若不从未发已发的角度去观察和理解,便无法真正把握这一至理。从天地本原到人物,虽然推究的角度不同,但其根本原理是一致的。

李滉认为李侗全面地概括了“复见天地之心”的内涵。他进一步指出人心的动静之理与天地的动静之理本质上是相通的,二者并无区别。人心的动静遵循天理,因此通过体察人心的动静,可以洞察天理。朱熹说:“理有动静,所以气也有动静。如果理没有动静变化,气又怎么会存在动静变化呢?”由此,李滉认为当理开始运动时,气会随之产生,当气运动时,理也会随之显现。他认为周敦所说的“太极动而生阳”,阐述了理动而气生的过程。“理有动静”成为退溪学派主张“理的能动性”的有力论据。[②]

李滉认为《周易·复卦·彖辞》中“复,其见天地之心乎?”是说气一旦开始显露理也因此而显现的过程。在李滉看来,能够彰显出天地之心的,正是那初露端倪的生机与活力。这种微微显露出的生气,不仅是万物复苏的前奏,更是天地间阴阳变化、生生不息的写照。他认为《复》卦所言“天地之心”是通过气之端倪显化理之本体,即在阴阳消长的临界点上,初萌的阳气作为理

① 朱熹:《朱子全书》第13册,朱杰人、严佐之、刘永翔主编,上海:上海古籍出版社、合肥:安徽教育出版社,2002年,第329页。

② 최영진:《한국 성리학의 발전과 심학적·실학적 변용》,서울:문사철,2018年,第145页。

的显发载体，使寂然不动的天地之理得以显现。这既是气化层面万物更始的肇端，更是本体层面理主宰气的确证，阴阳二气的生生不息，实为理通过气彰显其用的过程。他还指出：“心静而太极之体具，心动而太极之用行。”[①]阐述心与太极的体用关系。他认为，当人的内心处于静的状态时，能够完整地体现太极的本体，而当内心有所活动时，则能够发挥太极的用。他以生成论为基础建构了自身的本体论。[②]

从周敦颐到朱熹，再到黄干、曹端、薛瑄及李滉，关于太极动静的哲学诠释呈现出一条从宇宙生成论向体用论发展的脉络。周敦颐以“太极动而生阳”确立宇宙生成论，而朱熹通过“理气二分”的框架，将太极升华为形而上的终极之理，强调其作为“本然之妙”的超越性。然而，朱熹“理静气动”的预设引发了后世学者对理的主宰性与能动性的质疑，曹端以活理说批判“人乘马”之喻中理的被动性，主张“理能动静”，从而提出活人驭马说。薛瑄则在曹端的活理说基础上，主张理气浑然一体。

李滉借鉴了曹端、薛瑄的观点，最终以周敦颐的太极动静说取代了朱熹的太极动静说，指出太极自有动静，太极内在的动静属性使得太极能够自主地生成万物，成为宇宙运行的根本动力。他由此提出太极自动静说，由此赋予太极以能动性。在他看来，太极为非动非静、即动即静的动静合一体，从而肯定了理的自主性与能动性。[③]这也为他以理气互发说诠释四端七情的命题奠定理论基础。

第二节 奇大升的太极论

奇大升（1527—1572年），字明彦，号高峰，原籍幸州，父亲是京畿殿参奉

① 李滉：《退溪集》，首尔：民族文化推进会，1989年，第225页。

② 황상희：《퇴계의 태극론 연구》，《퇴계학논집》，2015年第16辑，第87页。

③ 徐仪明：《朱子心性论对退溪四端七情说形成的影响》，《河南师范大学学报》（哲学社会科学版），1998年第5期，第3页。

奇进,母亲为晋州姜氏。

1546年乡试进士科及第,1549年司马试合格,1554年东堂乡试状元,1558年文科乙科及第。历任承文院副正字、艺文馆检阅、弘文馆副修撰、司宪府持平、司谏院献纳、承政院同副承旨等职。1563年因卷入政治斗争被削职,后复职。1570年辞官归乡,专注于学问。1572年病逝于全罗道,享年46岁,谥号"文宪"。

因生前写宗系辩诬的奏文之功,在奇大升去世90年后的1662年被追授光国功臣三等,成为少数获死后殊荣的文臣之一。韩国光州月峰书院至今仍供奉其牌位,表彰其学问与德行。

著书有《高峰集》。

一、太极即理

奇大升认为周敦颐《太极图》中最顶端第一层的那个空白圆环,就是太极本身,第二层的黑白圆环,则是用来表现阳动阴静的状态,中间的较小圆环,才是太极的真实本体。在他看来,太极通过阴阳来表现其本体,这个本体并不是混杂在阴阳之中的。太极的体用特性需要通过阴阳的运动才能表现出来。因为太极是无形无相的绝对本体,而阴阳之气则是具体的存在。

> 论《太极图》,恒以太极与阴阳为一物,而无道器之分。故大升以书辨之曰:"《太极图》最上一圈,正所谓太极也,次下一圈,所谓阳动阴静者也,中小圈,乃太极之本体也。此所谓即阴阳而指其本体,不杂乎阴阳而为言者也。阴之静,则是太极之体所以立也,阳之动,则是太极之用所以行也。然太极非以阴阳为体用也,特太极之体用,因阴阳而后见尔。盖太极无象,而阴阳有气,故其流行之际,不得不如是云。"[①]

奇大升通过对周敦颐《太极图》的解析,构建了理气论诠释框架,最上一圈象征太极本体,即无极而太极,下一圈展现阴阳动静,即气化流行,而中小圈则表征太极本体与阴阳现象的辩证关系。这表明,太极并不是独立于阴

---

① 奇大升:《高峰集》,首尔:民族文化推进会,1989年,第317页。

阳之外的存在，而是通过阴阳的动静显发其体用。他认为，太极的动静并非阴阳本身的动静，而是太极体用的显现。正如周敦颐所言：“太极动而生阳，动极而静，静而生阴，静极复动。一动一静，互为其根。”[①]阴阳并不是独立于太极之外的存在，而是太极生生之理的体现。

他坚持太极作为形上之“理”的超越性，将其定位为最高本体，而阴阳则属于形下之“气”的范畴，是太极作用的具体体现。这一诠释既继承了朱子学“理气二分”的基本框架，又通过“体用一源”的思维，避免了理气割裂的二元论倾向，正如朱子所主张的理气或道器既有区别又相互联系。奇大升特别强调，太极的体用并非以阴阳为体用，而是通过阴阳的动静得以显现。他在维护理的纯粹性的同时，确保了其在现象界的发用。

在奇大升看来，太极是形而上之至理，是形而上的本体，太极作为本体既内在于万物之中，又是超越具体的气化过程的存在，始终保持不变。《周易·系辞传》所言“形而上者谓之道，形而下者谓之器”[②]，奇大升认为，太极作为道之本体，本身具有永恒性与绝对性，成为了现象世界存在的终极依据。相较而言，阴阳二气属于形而下的“器”的范畴，是太极之用的表现。阴阳二气的聚散阖辟动态过程，即“气化流行”，虽然是万物生成演化的根本动力，但却始终受制于太极之理。

奇大升由此批判李恒（1499—1576年）“太极与阴阳为一物”的观点。李恒将太极与阴阳视为一体，这就模糊了形而上之道与形而下之器之间的界限。在奇大升看来，太极与阴阳在本体论上并非同一实体，李恒混淆了本体与现象。若采纳李恒的观点，太极将变为具体事物的特征或构成元素，从而丧失其作为万物之基与终极法则的超越性。

奇大升进一步指出，李恒的观点将引发两大困境：其一，在本体论层面，若太极与阴阳无别，则宇宙生成论将陷入“无本之流”，难以解释现象世界何以具有秩序性。其二，在实践哲学层面，道德价值的形上根基天理，可能被

① 周敦颐：《元公周先生濂溪集》，长沙：岳麓书社，2006年，第7页。

② 黄寿祺、张善文：《周易译注》下册，上海：上海古籍出版社，2007年，第396页。

经验世界的偶然性所解构，危及儒家伦理体系的绝对性。

二、太极动静论

周敦颐在《通书》中说："动而无静，静而无动，物也。动而无动，静而无静，神也。动而无动，静而无静，非不动不静也。物则不通，神妙万物。"① "物"的特性是"动"与"静"相互对立、无法共存。当物体运动时，它无法保持静止，当物体静止时，它无法运动。这表明"物"的状态具有单一性，即要么处于运动状态，要么处于静止状态，二者在同一时刻无法共存。与"物"不同，"神"的特性超越了"动"与"静"的对立。

"动而无动"意味着"神"在运动中并不表现出外在的运动状态，"静而无静"意味着"神"在静止中也不表现出外在的静止状态。这表明"神"不受"动"与"静"的影响。《太极图说》谓："太极动而生阳，动极而静。静而生阴，静极复动。一动一静，互为其根，分阴分阳，两极立焉。"②太极之能动静，并因动静而产生阴阳，由此形成万物，是神无所不通的动力功能发挥作用的结果。朱熹对此阐释道：

> "动而无静，静而无动者，物也。"此言形而下之器也。形而下者，则不能通，故方其动时；则无了那静，方其静时，则无了那动。如水只是水，火只是火。就人言之，语则不默，默则不语；以物言之，飞则不植，植则不飞是也。"动而无动，静而无静"，非不动不静，此言形而上之理也。理则神而莫测，方其动时，未尝不静，故曰"无动"。方其静时，未尝不动，故曰"无静"。静中有动，动中有静，静而能动，动而能静，阳中有阴，阴中有阳，错综无穷是也。③

朱熹认为，形而下之器指的是具体的、有形的事物，它们的运动和静止是截然分开的。物体在运动之时，其内部并无静止之态，而物体静止之时，

---

① 周敦颐：《元公周先生濂溪集》，长沙：岳麓书社，2006年，第62页。

② 周敦颐：《元公周先生濂溪集》，长沙：岳麓书社，2006年，第7页。

③ 朱熹：《朱子语类》第6册，黎靖德编，北京：中华书局，2020年，第2930—2931页。

亦无运动之迹可循。如水通常呈现流动状态，火则通常处于燃烧状态，再如人说话时就不会沉默，沉默时就不会说话，从物体的角度来说，飞翔的物体就不会固定不动，固定不动的物体就不会飞翔。

当处于运动状态时，实际上并没有完全脱离静止，所以说“无动”，当处于静止状态时，实际上也并没有完全脱离运动，所以说“无静”。这种动静关系是相互交融的，静中有动，动中有静，静中藏动之潜能，动中寓静之要素。就像阴阳的关系一样，阳中有阴，阴中有阳，二者相互交织、相互渗透，呈现出复杂且无穷的变化。

朱熹认为太极是“形而上”的本体，动静是“形而下”的现象，二者虽有联系，但不能混为一谈。他严格区分“形而上”与“形而下”的界限，认为二者不能混淆。太极属于“形而上”的范畴，而动静属于“形而下”的范畴。

> 太极自是涵动静之理，却不可以动静分体用。盖静即太极之体也，动即太极之用也。譬如扇子，只是一个扇子，动摇便是用，放下便是体。才放下时，便只是这一个道理，及摇动时，亦只是这一个道理。①

朱熹在此巧妙地运用扇子作为比喻，阐释了静止时的扇子体现的是太极之体，摇动时的扇子体现的是太极之用。无论扇子是静止还是运动，皆统摄于太极之中。元代理学家吴澄（1249—1333年）在继承朱熹“理气”二元的基本框架前提下，对其思想重心进行了重要的调整与发展。他将宇宙生成与变化的原因归结为阴阳二气的“絪缊化生”与不息运行，阴阳之气的运行变化是以理为依据的。

> 自未有天地之前，至既有天地之后，只是阴阳二气而已。本只是一气，分而言之，则曰阴阳，又就阴阳中细分之，则为五行。五行即二气，二气即一气。气之所以能如此者，何也？以理为之主宰也。理者，非别有一物在气中，只是为气主宰者，即是无理外之气，

---

① 朱熹：《朱子语类》第6册，黎靖德编，北京：中华书局，2020年，第2894页。

亦无气外之理。[①]

吴澄认为从天地未形成到既成之后,皆由一气分化而来。一气分为阴阳二气,阴阳进一步细化为金木水火土五行,五行本质上仍是阴阳二气的不同组合,而阴阳又统归于一元之气。这一过程体现了“理一分殊”的生成逻辑,强调宇宙万物的统一性与层次性。气的运动变化之所以井然有序,乃是因为“理”在其中发挥着主宰作用。他着重指出,理并非游离于气之外的独立实体,而是气自身运动所遵循的内在规律。

理与气是不可分离的,理在气中,气是理的表现,理主宰着气的运行变化。因此在吴澄看来,既不存在脱离理而独立存在的气,也不存在脱离气而独立显现的理。吴澄将他的理气论融入对太极动静的理解之中。他主张“太极无动静”,认为所谓的动静,不过是气的运行变化所呈现出的外在形态而已。

> 临川吴氏曰:“太极无动静。动静者,气机也。气机一动,则太极亦动,气机一静,则太极亦静。故朱子释《太极图》曰:‘太极之有动静,是天命之流行也。’此是为周子分解,太极不当言动静,以天命之有流行,故只得以动静言也。”今详此说,质之以周子、朱子之说,太似不同。[②]

吴澄认为,太极本身是超越动静的,而气的运动或静止则在现象层面上使太极似乎表现出动或静。所以太极尽管包含动静之理,而主宰世界的生成、变化,但它本身却是一个寂然不动的绝对体。[③]在他看来,太极作为至极之理,其本身是超越动静的绝对本体,而所谓动静,实则是太极之理的作用在气化过程中的显现。他引用朱熹的注解,指出太极的动静实际上是天命的流行,正如朱熹所言“太极之有动静,是天命之流行也”,这意味着太极的

① 吴澄:《吴澄集》第1册,方旭东、光洁点校,北京:中国社会科学出版社,2021年,第50—51页。

② 奇大升:《高峰集》,首尔:民族文化推进会,1989年,第132页。

③ 侯外庐、邱汉生、张岂之主编:《宋明理学史》中,西安:西北大学出版社,2018年,第697页。

动静并非其固有属性,而是天命循环往复的体现。他认为,周敦颐本不应直接以“动静”描述太极,但因天命必然表现为流行变化,才不得不借助“动静”来阐述太极的作用。

奇大升在此驳斥了吴澄的太极无动静说,如果将动静仅归属于气机而与太极无关,则会导致理论上的困境:太极本身不含动静之理,那么气的运行变化依据何在?他认为吴澄太极动静观割裂了理与气的统一性,使太极被动依附于气的运动变化,削弱了其作为宇宙本体的地位。因此,他认为吴澄的观点偏离了周敦颐与朱熹之意。

吴澄与奇大升关于太极动静问题的分歧,实际上体现了宋明理学中对理气关系的两种不同诠释进路,即理本论与气本论的对立。吴澄主张太极无动静说,强调太极本体的超越性,认为动静仅是气化流行的现象,虽凸显了理的形上特质,却面临理气割裂的理论困境。奇大升则基于“理气不离”的观点,认为太极含动静之理,指出气的运行变化必须以太极之理为根据。奇大升认为朱熹所言“太极之有动静,是天命之流行也”并不是将太极动静的根源归结为天命之流行,因为太极动静与天命之流行并非因果关系,而是体用关系。

朱熹对太极动静问题的分析具有两重性:一方面,他是顺着周敦颐的思维方式,主张“太极之有动静,是天命之流行也”,就此而言,朱熹的“理”(太极)是有动静的。另一方面,他为了保持“理”的本体论特性,又以体用论来说明动静与太极(理)的关系。[①]朱熹在《答杨子直》的信中阐述了自己意识到以体用论阐述“太极动静”并不完满,于是以“本然之妙”与“所乘之机”的关系进行修改。

> 熹向以为太极为体,动静为用,其言固有病,后已改之曰:“太极者,本然之妙也;动静者,所乘之机也。”此则庶几近之。来喻疑用体用之云甚当,但所以疑之之说,则与熹之所以改之之意,又若不相似然。盖谓太极含动静则可(以本体而言也),谓太极犹动静

① 张立文:《李退溪思想世界》,北京:人民出版社,2013年,第130—131页。

则可(以流行而言也)。若谓太极便是动静,则是形而上下者不可分,而“易有太极”之言赘矣。[①]

朱熹认为动静之理,便是太极,太极是动静的形而上本体,因此太极含有动静的潜能,天命流行不息可以视为是太极的动静。奇大升认为朱熹的本意并不是说所乘之机有动静,太极本然之妙无动静。从本体层面而言,太极本然之妙蕴含着动静之理,并且通过气机表现出来。从流行层面而言,太极有动静,但不能理解为太极本身能动静,否则就会混淆形而上与形而下的区别。

在周敦颐的哲学体系中,太极具有能动、能静、能生的特性,因此他所言太极属于形而下的范畴,而非形而上。这正是周敦颐与朱熹太极论的差异所在。这种差异为后世学者解读太极相关命题带来了诸多困难。奇大升针对这一问题进行了深入研究。他辨析了太极与阴阳、道与器、太极动静等命题,以此深入探究周敦颐与朱熹的理论体系,在此基础上系统且详细地阐释了形而上与形而下的区别。奇大升结合周敦颐的太极动静说指出,太极之动静并非绝对的静止或运动,而是相互依存、相互转化的。

奇大升基于“理气不离”的立场,阐释“太极动静”这一命题。从本体层面而言,太极本然之妙原本就蕴含着动静之理,且通过气机得以表现。从流行层面来看,虽然太极有动静之说,但不能理解为太极自身能够动静,否则就会混淆形而上与形而下的区别。他承认太极能动静,但强调太极自身并不具备动静的能力,而是太极因阴阳动静而表现出动静之象。[②]

第三节 李珥的太极论

李珥(1536—1584年),字叔献,号栗谷,江原道江陵人,世称栗谷先生,谥号文成。朝鲜王朝时期思想家、教育家、儒学家、哲学家和文学家。其父为

① 朱熹:《朱子全书》第22册,朱杰人、严佐之、刘永翔编,上海:上海古籍出版社、合肥:安徽教育出版社,2002年,第2072页。

② 최정묵:《고봉 기대승의 태극·이기론》,《유학연구》,2010年第23辑,第78页。

司宪府监察李元秀，母亲是擅长诗画的申师任堂。[①]李珥是李元秀与申师任堂的第三个儿子，出生于江陵。李珥自幼受到母亲的文化熏陶，展现出非凡的文学天赋。他在八岁时便写下了五言律诗《花石亭》，诗的创作地点位于韩国坡州栗谷里的花石亭，此地也因此成为后人纪念李珥的重要文化遗址。这首诗不仅展现了李珥的文学才华，还因其意境深远、语言精练而广受赞誉。

林亭秋已晚，骚客意无穷。远水连天碧，霜枫向日红。
山吐孤轮月，江含万里风。塞鸿何处去，声断暮云中。

李珥在诗中描绘了秋日傍晚的自然景象，通过“远水连天碧，霜枫向日红”等鲜明的色彩对比，展现了广阔而生动的画面。他以“山吐孤轮月，江含万里风”进一步渲染了孤寂而壮丽的氛围，同时借“塞鸿何处去，声断暮云中”表达了对远方和未知的向往与思索。全诗意境深远，情感细腻，既展现了秋日的静美与萧瑟，又抒发了诗人对人生、时间和空间的感悟。

1548年，年仅十三岁的李珥一举考中进士初试。李珥二十三岁时，拜访了在陶山生活的李滉，请教了关于“主一无适”“居敬穷理”等问题。“厥后，往来书札，辩论居敬穷理及《庸学辑注》《圣学十图》等。退溪多舍旧见而从之。尝致书曰：‘世间英才何限，而不肯存心于古学。如君高才妙年，发轫正路，他日所就，何可量哉！千万益以远大自期。’”[②]

然而1551年，李珥的母亲申师任堂离世，李珥回家治丧。他在服丧满三年之后离家前往金刚山学禅。经过一年的探索，他对禅学持否定态度，最终返回家乡专攻儒学经典。1556年春，在进士初试中状元及第。

---

① 申师任堂本名不详，她根据中国周文王之母太任之名，自号“师任堂”。申师任堂自幼熟读经文，不仅擅长写作、针工和刺绣，还在诗文与绘画领域造诣深厚。她的创作以葡萄、梅花、兰草、山水等写实题材为主。其画作《秋草》在当时的画坛享有盛誉，甚至传入王宫，成为宫中瓷器花纹的底本。她的绘画风格并不拘泥于反映封建统治集团趣味的水墨画，而是以真实生动的彩色画为特色，为朝鲜画的发展作出了重要贡献。申师任堂不仅在绘画领域享有盛名，作为诗人也在文学史上留有其印记。

② 李珥：《栗谷全书》，首尔：民族文化推进会，1989年，第344页。

1558年他拜见生活在陶山的李滉。当年冬天，在天道策别试中再次中状元。栗谷李珥，作为李氏朝鲜知名儒学家和哲学家，不仅在13岁时就在进士初试中获得状元，而且在其后的九次科举考试中均考取状元，因此被尊称为九度状元公。23岁所作论文《天道策》轰动整个学术界，更传至中国。1564年考中生员、进士科和明经科，历任户曹佐郎、吏曹佐郎、户曹判书、大提学等官职。

1570年辞官归隐黄海道海州，此后专心致力于书院教育事业。李珥生活的16世纪中期，朝鲜社会已经趋于成熟，朝鲜性理学的价值取向从内圣向外王转变，开始迈向转型阶段。李珥注重将学问与社会现实紧密结合，依据性理学理念推动社会改革。①

朝鲜的儒学家们以性理学为正统，视佛教与道家思想为异端，排斥阳明学，李珥却没有墨守成规，没有一味地坚持朱子学的立场，他包容佛教、道教、阳明学等，涉猎广泛，这也是其哲学思想的显著特征。②1584年，李珥病逝。因其在学术和教育领域的卓越贡献，1624年李珥被追封为文成公。

著有《栗谷全书》。

一、太极即理

周敦颐在《太极图说》中构建了以“太极”为本原的宇宙论生成模式，他主张太极与阴阳密不可分，因阴阳互为其根、相涵相摄，太极贯通于阴阳二气的交感互动与转化过程之中。李珥延续周敦颐的思维方式，认为宇宙万物的生成与变化都是理气妙用的结果。

> 一理浑成，二气流行。天地之大，事物之变，莫非理气之妙用也。知此说者，可与论《易》也。今执事先生特举《易》学之微意，下询承学，欲闻研覈之说。愚也糟粕浅见，韦编未绝，枕书未破，安足以仰塞明问？既辱盛意，不敢囚舌，而为之说曰：“万物一五行也，

---

① 邢丽菊：《韩国儒学思想史》，北京：人民出版社，2015年，第181页。

② 류승국：《한국유학사》，서울：성균관대학교출판부，2009年，第225页。

五行一阴阳也，阴阳一太极也，太极亦强名耳。其体则谓之易，其理则谓之道，其用则谓之神。”①

李珥认为，理是万物生成的依据，气是化生万物的材料，理气相互交融浑然一体。天地间的一切现象和事物的变化，都是理与气相互作用的结果。万事万物由五行构成，五行之间相互生克。五行又是由阴阳二气构成的，阴阳的相互作用推动了万物的生成与变化。阴阳则源于太极，太极是万物生成的终极依据。

他认为太极无法用具体的语言和概念完全概括，因此太极只是一个代名词。太极是作为终极本体的超验性存在，太极是不可言说的形上根源。从其本体层面来看，太极可以被称为“易”，即《易经》所揭示的宇宙变化规律，体现了宇宙的动态性与无限可能性。从其原理层面来看，太极可以被称为“道”，即宇宙的根本法则和运行机制，是万物生成与变化的根本依据。从其作用层面来看，太极可以被称为“神”，即宇宙变化中那种超越动静、无形无相却又无所不在的玄妙力量。

动而无静，静而无动，物也。动而无动，静而无静，神也。动而无动，静而无静，非不动不静也。物则不通，神妙万物。②

周敦颐认为物的特性是“动”与“静”相互对立、无法共存，而“神”则超越了“动”与“静”，表现出一种既动又静、既静又动的玄妙状态。他认为物的状态是单一的，要么动，要么静，二者不能同时存在。与物不同，神的特性超越了“动”与“静”的对立。“动而无动”意味着神在运动时并不显露其外在的运动状态，“静而无静”则表明神在静止时也不展现其静止的特征。这表明“神”是一种超越物质形态的存在，其本质不受“动”与“静”的限制。

周敦颐指出“神”既非单纯的动，也非单纯的静，而是超越了动静的。太极之能动能静，并因动静而生阴阳与万物，是神统率万物、无所不通作用发

① 李珥：《栗谷全书》，首尔：民族文化推进会，1989年，第306页。
② 周敦颐：《元公周先生濂溪集》，长沙：岳麓书社，2006年，第62页。

生的结果。[1]李珥延续了周敦颐的思维方式，认为太极是宇宙的终极法则，其作用为“神”。

太极作为宇宙秩序与法则，贯穿于万物的生成与变化之中，而“气”则是构成万物的物质基础。李珥认为理与气的关系是“不离不杂”的，即理依附于气而显现，气则是理的载体和实现方式。

> 夫形而上者，自然之理也。形而下者，自然之气也。有是理则不得不有是气，有是气则不得不生万物。是气动则为阳，静则为阴。一动一静者，气也，动之静之者，理也。阴阳既分，二仪肇辟，二仪既辟，万化乃生。阴阳既分，二仪肇辟，二仪既辟，万化乃生。其然者，气也。其所以然者，理也。[2]

“形而上者”指的是“自然之理”，即宇宙的根本法则和秩序，是抽象的、超越物质形态的存在，“形而下者”指的是“自然之气”，即构成万物的物质基础，是具体的、可感知的存在。李珥指出，“有是理则不得不有是气，有是气则不得不生万物”。“理”与“气”是相互依存的关系，没有“理”，则“气”无法有序运行，没有“气”，“理”则无法显现其作用。这表明，“理”是“气”存在的依据，而“气”是“理”得以实现的载体。基于此，李珥提出了理通气局说，理通气局四字，自谓见得，而又恐珥读书不多，先有此等言而未之见也。[3]可见，“理通气局”是李珥的自得之见。他认为理无形而有超越性，通达无阻于宇宙万物之间，气则有形，相对受拘于限。理作为普遍法则，具有超越性，气作为物质载体，具有限定性。

> 理通者，何谓也？理者，无本末也，无先后也。无本末无先后，故未应不是先，已应不是后。是故乘气流行，参差不齐，而其本然之妙，无乎不在。气之偏则理亦偏，而所偏非理也，气也。气之全

① 杨柱才：《道学宗主——周敦颐哲学思想研究》，北京：人民出版社，2004年，第276页。

② 李珥：《栗谷全书》，首尔：民族文化推进会，1989年，第306—307页。

③ 李珥：《栗谷全书》，首尔：民族文化推进会，1989年，第210页。

则理亦全,而所全非理也,气也。至于清浊粹驳,糟粕煨烬,粪壤污秽之中,理无所不在,各为其性,而其本然之妙,则不害其自若也。此之谓理之通也。[1]

“理”是无形的、普遍的,贯穿于一切事物之中,没有本末、先后之分。理的无为特性使其在宇宙中无所不在,即使在气的变化中,理依然保持其本然的妙用。李珥指出“气”是有形的,有变化和运动的能力。气的有为特性使其在宇宙中表现出多样性,如清浊、粹驳、糟粕等不同状态。气的偏全、清浊等变化会影响理的表现形式,但这些变化并不能改变理的本质。理与气的关系是相互依存的,理通过气得以显现,而气的变化则受理的支配。气的偏全并非理的偏全,而是气自身的特性。即使在污秽、糟粕之中,理依然存在,并保持其本然妙用。

气局者,何谓也?气已涉形迹,故有本末也,有先后也。气之本则湛一清虚而已,曷尝有糟粕煨烬、粪壤污秽之气哉?惟其升降飞扬,未尝止息,故参差不齐而万变生焉。于是气之流行也,有不失其本然者,有失其本然者。既失其本然,则气之本然者,已无所在。偏者,偏气也,非全气也,清者,清气也,非浊气也。糟粕煨烬,糟粕煨烬之气也,非湛一清虚之气也。非若理之于万物,本然之妙,无乎不在也。此所谓气之局也。[2]

气的本质是湛一清虚的,但在其升降飞扬、运动不息的过程中,气会因变化而产生参差不齐的现象,从而衍生出万物的多样性。气的流行或能保持其本然之态,或会偏离其本然。一旦偏离,其清虚本质便隐匿不显。气一旦涉及形迹,便有了本末、先后的分别,气表现为偏气、浊气、糟粕煨烬之气等,而非原本的湛一清虚之气。气的局限性表明,气的变化是具体的、有形的,且会受到外界条件的影响,从而失去其本然状态。

李珥的理通气局说,旨在阐释理与气在宇宙中的不同作用及其相互关

① 李珥:《栗谷全书》,首尔:民族文化推进会,1989年,第211页。
② 李珥:《栗谷全书》,首尔:民族文化推进会,1989年,第211页。

系。李珥认为理无形无为，而气有形有为，因此理通而气局。理在万物中无所不在，始终保持其本然的妙用，而气则因其形迹和运动等，表现出局限性。气的偏全、清浊、粹驳等现象，都是气在流行中的表现，而非理的本然状态。

李珥所论“气”则属于形而下的范畴，其本质特征在于“有相有为”，在运动层面，气表现为阴阳动静的循环往复，体现为一种动态的生成性。在质性层面，气分化为清浊、粹驳、糟粕等状态，呈现出多样化的层级结构。在作用层面，气展现为聚散屈伸的造化之功，成为万物生成与变化的直接动力。值得注意的是，气的偏全、通塞等状态差异虽会制约理的显发程度，如浊气中理似隐微，清气中理则昭著，但正如月映万川而本体恒一，理的本体永不随气的形态而改变，始终保持着其超越性与恒常性。

二、太极与阴阳

李珥以周敦颐《太极图说》中的“太极动静”“阴阳”等为切入点，分析了“气”的表现形式及其与“理”的关系。他认为，“气”动则为阳，静则为阴，阴阳的分化是宇宙生成万物的关键。动静是“气”的表现，而动静的规律则是由“理”所决定的。

> 且太极为阴阳之根柢，而或阴或阳两在不测，故曰神无方而易无体，今若曰阴气为阴阳之根柢，则是神有方而易有体矣，尤不可也。[1]

李珥认为太极是阴阳之气的根本，太极之理虽无形无相，却贯穿于阴阳变化的始终，阴阳之气的运行正是太极之用的显现。理与气相依相存，相互作用，共同促成了宇宙万物的生成与变化。太极贯穿于阴阳变化的始终，既是阴阳变化的根本，也是宇宙运行的终极依据。理作为宇宙运行的终极依据，无形无迹。气则是构成万物的基础，有形有象。理赋予气以秩

① 李珥：《栗谷全书》，首尔：民族文化推进会，1989年，第186页。

序，使其按照法则运行与变化；气作为理的载体，承载着理，发挥着理的作用，从而化生出万物。理与气相互依存，共同维系着宇宙的有序运行与万物的生生不息。

李珥认为圣贤关于“太极生两仪”的论述存在未尽之处，若只看到太极生两仪（阴阳）的表面之意，这样就容易将阴阳理解为是由太极所产生的。他坚信阴阳并非源于太极，而是宇宙本就存在的要素。

> 圣贤之说，果有未尽处，以但言太极生两仪，而不言阴阳本有，非有始生之时故也。是故缘文生解者，乃曰气之未生也，只有理而已，此固一病也。又有一种议论曰，太虚澹一清虚，乃生阴阳，此亦落于一边，不知阴阳之本有也，亦一病也。大抵阴阳两端，循环不已，本无其始。阴尽则阳生，阳尽则阴生，一阴一阳而太极无不在焉。此太极所以为万化之枢纽，万品之根柢也。①

李珥以阴阳为宇宙之两极，二者相互依存，相互交感，阴极阳生，阳极阴生，循环不已，是天地万物生生不息的动力源泉。太极作为宇宙运行的根本，贯乎阴阳之气交感作用的全过程。阴阳之气的交感作用以太极之理为依据，太极之理在阴阳的相互作用中得以显现，是宇宙生成万物的依据和终极法则。

李珥在此批评了当时关于太极与阴阳关系的两种观点。第一种观点认为，在“气”未生成之前，只有“理”存在。这种观点将“理”与“气”割裂开来，从而忽视了“理”与“气”的不可分割性。第二种观点认为，宇宙的本原“太虚”是清虚的，从太虚之中生出阴阳。这一观点源于徐敬德的太虚说。李珥指出，徐敬德错误地将阴阳视为具有起点和终点的存在，这与阴阳循环往复、无始无终的本质相悖。如果阴阳有起点和终点，那么宇宙的运行机制将会停止，这是不符合自然规律的。

> 太虚，虚而不虚。虚则气，虚无穷无外，气亦无穷无外。既曰

① 李珥：《栗谷全书》，首尔：民族文化推进会，1989年，第186页。

> 虚，安得谓之气？曰：“虚静，即气之体，聚散，其用也。”知虚之不为虚，则不得谓之无。[1]

徐敬德认为“太虚”不是“无”，可谓虚而不虚。“太虚”的本质是“虚而不虚”，虚是气的本体。虚本身是无处不在的，而气也同样是无处不在。

> 以为湛一清虚之气，无物不在，自以为得千圣不尽传之妙，而殊不知向上更有理通气局一节。继善成性之理，则无物不在，而湛一清虚之气，则多有不在者也。理无变而气有变，元气生生不息，往者过，来者续，而已往之气，已无所在。而花潭则以为一气长存，往者不过，来者不续，此花潭所以有认气为理之病也。[2]

徐敬德认为湛一清虚之气是无处不在的。李珥在文中批评了这种将“湛一清虚之气”误解为宇宙本原的观点，认为这种观点虽然自认为领悟了圣贤的奥妙，但实际上忽略了更高层次的“理”。他指出，“理”是成就善性的根本原则，无处不在且恒定不变，而“气”虽然广泛存在，但并非真正无处不在，且具有变化性。李珥强调“理”与“气”的区别，认为“理”是宇宙秩序与法则，而“气”是构成万物的物质基础。他批评徐敬德将“气”误认为宇宙万物的终极原则，认为其观点忽略了“气”的变化性和有限性。李珥提出理通气局说，认为“理”贯穿于“气”的变化之中，是万物生成与变化的根本依据。这体现了在李珥哲学中“理”与“气”为既不分离又不混同的关系。

> 今若曰澹一寂然之气，乃生阴阳，则是阴阳有始也。有始则有终矣。然则阴阳之机，其息也久矣，其可乎？且澹一之气，是阴阳耶？阁下前者目之以阴矣。然则太极非根柢，而阴气乃根柢也。但以阴为阳之母，而不知阳为阴之父也，其可乎？[3]

李珥在此指出如果清虚寂静的气产生了阴阳，那么阴阳就有了开始，有了开始就会有结束。这样阴阳的变化就不是无始无终的。他认为阴阳是宇

---

① 徐敬德：《花潭集》，首尔：民族文化推进会，1988年，第306—307页。
② 李珥：《栗谷全书》，首尔：民族文化推进会，1989年，第216—217页。
③ 李珥：《栗谷全书》，首尔：民族文化推进会，1989年，第186页。

宙中两种基本相对而又互相依存的力量，它们之间的变化不断，循环不已，没有终点，也没有起点。在李珥看来，太极(理)是阴阳之根柢。换言之，李珥否认阴阳以前的阴气(太虚寂然)，把太极看作是阴阳之主宰根柢。[①]阴尽则阳生，阳尽则阴生，形成了一种持续的循环往复。因此，太极并不在阴阳之上，而是与阴阳共存，太极是阴阳循环运动的根本原理。

> 易有太极，是生两仪。周子曰：“无极而太极。”未知阁下以此等说话，皆归之于天地已生之后乎？小阖辟、大阖辟之说，此固然矣。天地未生之前，谓之阴者，此甚当理，虽圣人不可得而易也。但既是阴，则是亦象也，安得谓之冲漠无朕乎？以此知所谓冲漠无朕者，只是单指太极，而实无冲漠无阴阳之时也。阁下且道：“天地只一而已乎？抑过去有无限天地乎？”若曰：“天地只一而已。”则珥复何说？若曰：“天地无穷生灭。”则此天地未生之前，阴含阳者，乃前天地既灭之余也。岂可以此为极本穷源之论乎？[②]

李珥认为，若将“太极”仅视为天地生成之后的产物，则不能充分揭示其本体论意义。他认为，周敦颐在《太极图说》中提出的无极而太极论，已明确太极是宇宙本原。即使“阴”所代表的是天地未分、混沌未判之状态，仍属太极哲学中“象”的范畴，并不是“冲漠无朕”。李珥主张，太极并非游离于阴阳之外的孤立存在的实体，而是贯穿动静、融通阴阳的终极原则。太极的超越性表明，太极并不是在天地生成之后才出现，而是作为宇宙的根本原则，贯穿于万物生成过程的始终，并在其中发挥其作用。

在此基础上，李珥进一步探讨天地的有限性与无限性问题，认为若天地为唯一，则难以解释其循环往复，若天地无穷生灭，则天地未生之前的“阴含阳”状态仅为前天地灭亡的残余，不足以作为宇宙本原的终极解释。他认为天地并非唯一，而是处于无穷的生灭循环之中，在此天地形成之前，已存在

---

① 韩国哲学会编：《韩国哲学史》中卷，龚荣仙译，北京：社会科学文献出版社，1996年，第187页。

② 李珥：《栗谷全书》，首尔：民族文化推进会，1989年，第185—186页。

过无数个天地。他指出，此天地未生之前的含阳之阴气，仅是前一个天地灭亡后的残余之象，既非阳气之本，也非“冲漠无眹”。他还反驳了徐敬德的弟子朴淳（1523—1589年）太极为悬空独立的观点。

> 台谕又曰：“然则太极悬空独立。”此又不然。前天地既灭之后，太虚寂然，只阴而已，则太极在阴，后天地将辟，一阳肇生，则太极在阳。虽欲悬空，其可得乎？张子之论，固为语病，滞于一边，而花潭主张太过，不知阴阳枢纽之妙在乎太极，而乃以一阳未生之前气之阴者，为阴阳之本，无乃乖圣贤之旨乎？[①]

李珥认为在前一个天地毁灭之后，宇宙处于“太虚寂然”，只有阴气存在，此时太极体现在阴中；当新的天地即将开辟时，阳气开始萌生，太极又体现在阳中。李珥认为太极与阴阳是不可分离的，二者共存。因此他批评张载与徐敬德都过于重视气，指出徐敬德更是一味地重视太虚说，没有理解阴阳变化的关键在于太极。

李珥强调阴阳并非由太极在某一个时间点生成，而是本就与太极共存，二者不可分离。阴阳两端循环不已，无始无终，阴尽则阳生，阳尽则阴生，二者相互转化，而太极则贯穿其中。太极并非游离于阴阳之外，而是深深植根于阴阳的循环变化之中，成为万物变化的枢纽、生成的根基。他进一步质疑“澹一虚明之气”究竟是阴还是阳。

> 台教所谓“澹一虚明之气”，是阴耶？阳耶？若是阴，则阴前又是阳；若是阳，则阳前又是阴。安得为气之始乎？若曰：“别有非阴非阳之气，管夫阴阳。”则如此怪语，不曾见乎经传也。且所谓“冲漠无眹”者，指理而言，就理上求气，则冲漠无眹而万象森然，就气上求理，则一阴一阳之谓道。言虽如此，实无理独立而冲漠无阴阳之时也，此处最宜活看而深玩也。[②]

他指出，若将“澹一虚明之气”定义为阴，则阴之前仍有阳，若定义为阳，

---

① 李珥：《栗谷全书》，首尔：民族文化推进会，1989年，第186页。

② 李珥：《栗谷全书》，首尔：民族文化推进会，1989年，第185页。

则阳之前仍有阴。这种循环往复的特性表明，“澹一虚明之气”无法被简单地归结为气的开始或本原。真正的“冲漠无朕”，并非指具体的阴阳变化，而是特指太极的本体状态，是超越现象的本原状态。

从理的角度来看，太极作为宇宙的根本原则，其“冲漠无朕”的特性意味着它虽无形无象，却贯通万物，使万物森然有序，体现出一种超越性。而从气的角度来看，阴阳的变化则是宇宙生成的具体表现，所谓“一阴一阳之谓道”，强调了气的动态生成性。

李珥主张太极是阴阳的根本，而“冲漠无朕”仅在强调太极之理与阴阳之气不可分离的前提下，特指太极之理本身。故在天地生成之先，并不存在一个脱离阴阳而独立存在的阶段。他认为阴阳之气本来固有，无始无终，循环不已，而太极之理为阴阳之气的根柢。[①]李珥认为若气有始终，即气有生灭。这会导致只有理没有气的情况出现，这是不合理的。程子认为：“道者，一阴一阳也，动静无端，阴阳无始。非知道者，孰能识之？动静相因而成变化。”[②]动静与阴阳没有先后之分，动静相因而成变化，这种变化是循环往复的、无始无终的。气之阴阳动静，是自已如此的。这是李珥对程子所说的“动静无端，阴阳无始”的解释。[③]他还指出，太极并不是独立于阴阳之外的实体，而是作为阴阳之根本内在于其中，贯通于阴阳动静变化的全过程。

> 故程子曰：“动静无端，阴阳无始。非知道者，孰能识之？”臣按：动静之机，非有以使之也。理气亦非有先后之可言也，第以气之动静也，须是理为根柢。故曰：“太极动而生阳，静而生阴。”[④]

李珥进一步阐述了动静的变化并非受某种外在因素所造成，而是理与气相互依存、相互贯通的结果。理必须依托于气，阴阳之气并非从无中生

①王超：《栗谷李珥的理气论与对老庄之理解》，《诸子学刊》，2021年第23辑，第281页。

② 程颐、程颢：《二程集》下册，中华书局，1981年，第1029页。

③ 杨祖汉：《从当代儒学观点看韩国儒学的重要论争》，上海：华东师范大学出版社，2008年，第224页。

④ 李珥：《栗谷全书》，首尔：民族文化推进会，1989年，第448页。

出，而是与太极之理共存。李珥在继承和发展程子“动静无端，阴阳无始”这一思想时，进一步聚焦于理与气的关系，提出了“一而二，二而一”的辩证关系。他强调理与气虽各自独立，却又相互依存、不可分割。

> 夫理者，气之主宰也，气者，理之所乘也。非理则气无所根柢；非气则理无所依着。既非二物，又非一物。非一物，故一而二，非二物，故二而一也。非一物者，何谓也？理气虽相离不得，而妙合之中，理自理，气自气，不相挟杂，故非一物也。非二物者，何谓也？虽曰理自理，气自气，而浑沦无间，无先后，无离合，不见其为二物，故非二物也。是故动静无端，阴阳无始。理无始，故气亦无始也。①

理是气的主宰，气是理的载体，二者缺一不可。这种关系既不是简单的同一，也不是完全的对立，而是一种“一而二，二而一”的辩证统一。李珥强调了理与气在宇宙运行中的不可分割性。虽然理与气在本质上不可分离，但在实际存在中，理与气各自独立，互不混杂。李珥认为理与气“浑沦无间”，实无先后之可言。理是气的主宰，气是理的载体，二者缺一不可。虽然理与气在本质上不可分离，但在实际存在中，理与气各自独立，互不混杂。

在太极与阴阳的关系上，他指出，太极并不是阴阳未分之前的独立存在，而是阴阳变化中的根本规律所在。阴阳并不是从太虚湛一之气中生成，也不是以阳为初始，而是宇宙中本有的存在。阴阳是循环不已的，无所谓起点，太极则是阴阳变易的内在原理，是万化万品的枢纽与根本。李珥认为，理与气均无始无终，故宇宙运行也是无始无终的。

在李珥看来，实际上并不存在一个阴阳未生、太极独立存在的时刻。他认为太极与阴阳不可分离。他认为天地是无穷生灭的，不能将天地未生成之时的“阴”视为宇宙的终极本原。太极并不是独立于阴阳之外的存在，太极本身就包含了阴阳。有太极就有阴阳存在，有阴阳也必有太极存在。李珥进一步提出气发理乘说，阐释了太极与阴阳的关系。

---

① 李珥：《栗谷全书》，首尔：民族文化推进会，1989年，第199页。

气发而理乘者,何谓也?阴阳静动,机自尔也,非有使之者也。阳之动,则理乘于动,非理动也,阴之静,则理于乘静,非理静也。故朱子曰:“太极者,本然之妙也。动静者,所乘之机也。”阴静阳动,其机自尔。而其所以阴静阳动者,理也。故周子曰:“太极动而生阳,静而生阴夫。”所谓动而生阳,静而生阴者,原其未然而言也,动静所乘之机者,见其已然而言也。动静无端,阴阳无始,则理气之流行,皆已然而已,安有未然之时乎?[1]

李珥从宇宙生成论角度指出,阴阳动静是气之自发性即“机自尔”,并无外在主宰或者推动。理作为形而上的本体,内在于气化流行之中。他立足于“理气不离”的立场,阐明在动静的变迁之中,是气在发挥着主导作用。理虽不直接显现其作用,却通过“寓于”气的动静之中来体现其效用。

李珥借助周敦颐“太极动而生阳”“静而生阴”之说,指出“动而生阳,静而生阴”是对宇宙本原状态的逻辑推演,是太极的未然,而“动静所乘之机”则是对现实世界的描述即太极的已然。理气的流行,皆是太极的已然状态,即流行之理随着气的变化而产生分殊变化。[2]由此主张理气本无先后,二者始终处于“流行”之中。

三、太极与人

李珥认为“气”是宇宙的本原,即万事万物通过气的运动变化而成。

一气运化,散为万殊。分而言之,则天地万象,各一气也。合而言之,则天地万象,同一气也。钟五行之正气者,为日月星辰;受天地之戾气者,为阴霾雾雹。雷电霹雳,则出于二气之相激;风云雨露,则出于二气之相合。其分虽殊,其理则一也。[3]

“一气”作为宇宙的本原,体现了万物的统一性。“万殊”则指万物的多样性。气,作为宇宙的本原,既是万物生成的根源,也是万物存在的基石。从

① 李珥:《栗谷全书》,首尔:民族文化推进会,1989年,第211页。
② 张敏:《立言垂教:李珥哲学精神》,北京:北京大学出版社,2003年,第68页。
③ 李珥:《栗谷全书》,首尔:民族文化推进会,1989年,第312页。

分化与统一两个层面来看，万物虽各具独特性，但其本质皆源于同一气。这种统一性与多样性并存的特性，构成了宇宙的生成与变化。李珥认为有“五行之正气”和“天地之戾气”两种不同的气。日月星辰是由五行之正气所化，象征着光明、秩序和和谐，而阴霾、雾雹等则是由戾气所生，象征着混乱和不和谐。这表明气的性质不同，所生成的万物也有善恶、美丑之分。雷电霹雳是两种气相互激荡的结果，表现出剧烈的自然现象，而风云雨露则是两种气相互融合的结果，表现出温和的自然现象。

李珥认为，气是天地万物生成与变化的根本，构成宇宙的基本物质基础。气的运动变化是万物生成与运动的内在动力，而理则是气运动变化的内在法则，贯穿于气的运行之中。尽管万物在形态上千差万别，但其内在的运行法则却是一致的，这便是“理一”。

> 合而言之，则天地万物，同一气也。分而言之，则天地万物，各有一气也。同一气，故理之所以一也。各一气，故分之所以殊也。厚薄之气，修短之数，所以不同者，其不在分殊乎？①

李珥认为，从合的角度看，天地万物皆源于同一本原之气，即“理一”，是宇宙万物存在的基础。从分的角度而言，万物各禀受独特之气，此气乃“分殊”之气，是万物千差万别的原因。即虽然万物皆源于同一本原之气，但在生成和发展的过程中，由于禀受的“分殊”之气不同，形成了各自独特的性质、形态和功能。

万物因所禀之气的差异而在属性与形态上千差万别，即“分之所以殊”。从本体论层面看，万物虽同源于理一，但在具体样态上却因所禀之气的厚薄、清浊等差异而呈现出差异性。也就是说，尽管万物在根源上具有统一性，却因各自禀受之“气”的不同而展现出多样的形态与特性。

> 夫理，一而已矣。本无偏正通塞清浊粹驳之异。而所乘之气，升降飞扬，未尝止息，杂糅参差。是生天地万物，而或正或偏，或通

① 李珥：《栗谷全书》，首尔：民族文化推进会，1989年，第559页。

或塞，或清或浊，或粹或驳焉。理虽一而既乘于气，则其分万殊。故在天地而为天地之理，在万物而为万物之理，在吾人而为吾人之理。然则参差不齐者，气之所为也。虽曰气之所为，而必有理为之主宰，则其所以参差不齐者，亦是理当如此。非理不如此而气独如此也。①

李珥认为理只有一个并且是不变的，而人与人、物与物偏正通塞清浊杂粹的差异，均在于所乘之气的差异。“于人之中，有圣人者，独得至通至正至清至粹之气。”②李珥在天地万物之化方面，主张人与人、人与物的差异在于所禀之气的差异。

且未发之中，只是吾心之统体一太极也，不可便唤做理之一本处。《易》有太极之太极也。足下所谓以吾心对事物而言，则吾心为体，事物为用者，甚是。但以吾心对天道而言，则天道为体，吾心为用矣。统体中也有体用，各具中也有体用。以《易》有太极之太极观之，则吾心之一太极，亦是各具中之统体也。③

他认为，虽然“吾心”在面对具体事物时，可以作为“体”而事物为“用”，但在面对天道时，天道才是根本的“体”，心则处于“用”的地位。他进一步指出，从《易经》所言“太极”来看，心本身所蕴含的“一太极”并不是理之一本处，而是“各具”中的“统体”。

李珥从体用的角度分析了心与事物、心与天道的关系。他指出，当以心对事物而言时，心为体，事物为用，但当以心对天道而言时，天道为体，心为用。这种体用关系的转换，揭示了心在不同层次上的角色与功能。

李珥引入“太极”这一范畴，深入探讨了心的统体与各具之间的关系。他提出，心的统体——太极，既是整体的象征，也体现在具体事物的统体之中。天地、吾心、事物统体一太极，以“太极之太极”之体与“统体中之统体”

---

① 李珥：《栗谷全书》，首尔：民族文化推进会，1989年，第199页。
② 李珥：《栗谷全书》，首尔：民族文化推进会，1989年，第199页。
③ 李珥：《栗谷全书》，首尔：民族文化推进会，1989年，第189页。

之用相对应，以多层次的形式展开，使太极之体融会于天地万物之间，使天地、吾心、事物之用又内涵着统体之太极和物物之太极。[①]

> 至善，太极之异名，而明德之本体。得之于天，而有本然一定之则者，至善之体，乃吾心统体之太极也。见于日用之间，而各有本然一定之则者，至善之用，乃事事物物各具之太极也。以此观之，至善之体，非未发之中耶。至善之用，非事物上自有之中耶。[②]

李珥将“至善”视为“太极”的另一种表述，至善是“明德之本体”，“至善”是天赋的，至善的体是“未发之中”，即心性在未发状态下的整体性与纯粹性，而至善的用则体现在“事物上自有之中”，即在具体事物中展现出的本然之则。

李珥指出“至善”不仅存在于人心的本体之中，也体现在日常生活的每一个细节和事物之中。他认为，至善的体现是事物本身所具有的“中”，即恰当、适中的原则。

> 《易》有太极之太极，乃统体中之统体也。《易》有太极之太极，水之本源也。(至善与中之所从出。)吾心之一太极，水之在井者也。(至善之体，即中之体。)事物之太极，水之分乎器者耳。(至善之用，即中之用。)若以至善，只作器中之水，则是举其用遗其体也。以中只作井中之水，则是执其体而昧其用也。皆不成道理矣。若曰至善与中，同实而异指。(足下同实异指之示，至当。但其主意不是。)至善，即吾心与事物上本然之中。[③]

李珥认为，“《易》有太极之太极”是统体中的统体，是万物的本原，也是“至善”与“中”的根源。而“吾心之一太极”则是各具中的统体，是“至善”在人心中的体现。他用“水之本源”比喻“《易》有太极之太极”，用“水之在井者”比喻“吾心之一太极”，用“水之分乎器者”比喻“事物之太极”，生动地说

---

① 张敏：《立言垂教：李珥哲学精神》，北京：北京大学出版社，2003年，第86页。
② 李珥：《栗谷全书》，首尔：民族文化推进会，1989年，第188页。
③ 李珥：《栗谷全书》，首尔：民族文化推进会，1989年，第189页。

明了“至善”与“中”在不同层面的体用关系。

他认为，成浑的观点未能全面把握“至善”与“中”的精髓。李珥对此提出了批评，一是将“至善”仅视为“器中之水”，即只关注其“用”而忽略了“体”，二是将“中”仅视为“井中之水”，即只关注其“体”而忽略了“用”。他认为，这两种观点都未能完整地理解“至善”与“中”的本质。他主张“至善”与“中”乃“同实而异名”，意指二者本质一致，但在命名或指向上有所区别。“至善”是“吾心”与“事物”上本然的“中”，这既体现了“至善”的普遍性，又强调了其在具体事物中的应用。

> 天地人物，虽各有其理，而天地之理即万物之理，万物之理即吾人之理也。此所谓统体一太极也。虽曰一理，而人之性非物之性，犬之性非牛之性。此所谓各一其性者也。推本则理气为天地之父母，而天地又为人物之父母矣。天地，得气之至正至通者，故有定性而无变焉。万物，得气之偏且塞者，故亦有定性而无变焉。是故，天地万物，更无修为之术。惟人也，得气之正且通者，而清浊粹驳，有万不同，非若天地之纯一矣。但心之为物，虚灵洞彻，万理具备，浊者可变而之清，驳者可变而之粹。故修为之功，独在于人。①

李珥指出，理是无形无为的本体，气是有形有为的存在，二者共同构成了天地万物生成的根本原则。李珥延续了周敦颐所言“惟人也，得其秀而最灵。形既生矣，神发知矣。②他认为唯有人禀受的是正且通之气，人具备独特的能力，既可能受到浊气的影响，也可能通过努力达到清明纯粹的状态。李珥特别强调人之心的独特性。他认为，人之心的特点在于虚灵洞彻，具众理而应万事，能够通过修为改变自身的状态，浊者可以转化为清，驳者可以转化为粹。

对于普通人而言，气质的清浊程度各不相同，往往难以达到圣人之境

---

① 李珥：《栗谷全书》，首尔：民族文化推进会，1989年，第199页。
② 周敦颐：《元公周先生濂溪集》，长沙：岳麓书社，2006年，第8页。

界。气质之限,使人在应事接物时,易受私欲偏见之扰,偏离天理。这就需要人们不断地修养和转变自己的气质,以减少对本善之性的遮蔽,使心的本体能够更加清晰地反映事物。李珥认为心的本体是清澈、明亮的,如同一面镜子,朗照无遗。

> 心之本体,湛然虚明,如鉴之空,如衡之平。而感物而动,七情应焉者,此是心之用也。惟其气拘而欲蔽,本体不能立。[①]

当心接触到外物时,会产生情感反应,喜、怒、哀、惧、爱、恶、欲之情由此产生。人的气质禀赋会影响心的本体状态的显发。每个人的气质不同,有的过于刚强,有的过于柔弱,气质上的差异会束缚心的本体,使其无法保持虚明和平衡状态。当欲望占据主导地位时,心的本体会被遮蔽,其应有的虚明和平衡状态亦会丧失,事物的真相不得呈现。

> 常人困于二病,未感物时,非昏则乱,既失未发之中矣;其感物也,非过则不及,岂得其已发之和乎?君子以是为忧,故穷理以明善,笃志以帅气,涵养以存诚,省察以去伪,以治其昏乱。然后未感之时,至虚至静,所谓鉴空衡平之体,虽鬼神有不得窥其际者,及其感也,无不中节,鉴空衡平之用,流行不滞,正大光明,与天地同其舒惨矣。[②]

在未接触外物时,普通人要么陷入昏沉,要么内心混乱,已然失去了"未发之中"的平和状态,而在接触外物时,又常常不是反应过度,就是应对不足,难以达到"已发之和"的境界。这种状态反映出常人在内心修养和外在应对上都存在明显的不足,无法保持一种平衡、适度的处世方式。

君子对此深感忧虑,因此采取了一系列修养方法来克服这些问题。他们通过穷究事物之理来明辨善恶,坚定志向以引导自己的行为,注重涵养以保持内心的真诚,不断反省检查以去除虚伪。这些方法旨在治理内心的昏乱,使人在未接触外物时能够达到至虚至静的境界,拥有如同明镜高悬、衡

---

① 李珥:《栗谷全书》,首尔:民族文化推进会,1989年,第482页。

② 李珥:《栗谷全书》,首尔:民族文化推进会,1989年,第482页。

器持平一般的本体状态，即使是鬼神也无法窥探。经过这样的修养之后，当人接触外物时，其行为无不恰到好处，符合中节的要求。

> 人性本善，而众理具焉。扩充其良心，而有以自慊，则孟子所谓“反身而诚”，即诚之者之诚也。尽己之谓忠，以实之谓信。忠者无妄，信者不欺，则《论语》所谓忠信，与诚其意何异哉？愚未见《论语》之独不言诚也。分而言之，则《庸》《学》《语》《孟》，各有其旨。合而言之，则不过天道人道而已。自然而然者，天道也。有为而然者，人道也。真实无妄者，天道也。欲其真实无妄者，人道也。[①]

李珥认为人性本善，且具备众理。通过扩充良心，人可以达到内心的满足与安宁，这正是孟子所说的“反身而诚”。“诚”是通过人的努力实现的，即“诚之者之诚”。“尽己之谓忠，以实之谓信”，忠是无私无妄，信是言行一致、诚实无欺。《论语》中的“忠信”与《大学》中的“诚意”本质上是一致的，都强调内心真实无妄、言行一致。

李珥认为《论语》虽未直接言“诚”，但所言“忠信”与“诚”是相通的。虽然《中庸》《大学》《论语》《孟子》各有其旨，合而言之，其核心思想可归结为“天道”与“人道”。天道体现为真实无妄，而人道则致力于通过努力达到这一真实无妄的境界。他认为无论是天道还是人道的运行，理气都不能分离。[②]“气发理乘”不仅适用于天地万物的生成与变化，同样适用于描述心的发用。

> 是故天地之化，吾心之发，无非气发而理乘之也。所谓“气发理乘”者，非气先于理也。气有为而理无为，则其言不得不尔也。夫理上，不可加一字，不可加一毫修为之力。理本善也，何可修为乎？[③]

无论是宇宙的变化，还是心的发用，都是由“气”引发的，而“理”则乘载

① 李珥：《栗谷全书》，首尔：民族文化推进会，1989年，第583—584页。
② 张敏：《立言垂教：李珥哲学精神》，北京：北京大学出版社，2003年，第72页。
③ 李珥：《栗谷全书》，首尔：民族文化推进会，1989年，第211页。

于气之上。李珥明确指出气发理乘说并非时间维度的先后，而是逻辑层面的主从关系。理作为至善本体，具有超越经验世界的无为性，其价值显现依赖气之发用。

李珥的气发理乘说是基于其理气不离的哲学立场提出的。他尤为重视理与气的交融，并强调“理气不离”的原则。由于理气功能的不同，所以二者可以互补互助，结合为一，二者结合的结果即“气发理乘”。[①]因此“气发理乘”并不是气比理先，只是因为理无为，气有为，而如此说而已。[②]他还将气发理乘说发展为气发理乘一途说。

> 若非气发理乘一途，而理亦别有作用，则不可谓理无为也。孔子何以曰：“以能弘道，非道弘人乎？”如是看破，则气发理乘一途，明白坦然。[③]

李珥指出，若认为理有独立于气之外的作用，那便是误解了理。他认为不能只以气来说明理的存在，虽然李珥给气的事实性与实在性以充分的地位，但是他也力陈其并非本身独自存在，而是必须受到理的主宰。概言之，李珥认为理气密不可分，理不能脱离气而独自存在，理是气的主宰。

李珥还引用孔子所言“人能弘道，非道弘人”来阐述理气关系，认为理是气的主宰。他的气发理乘一途说坚持“理”是纯粹至善的，而“气”则有清浊之分，并且一再强调“气”的能动性、有为性，而“理”是无活动性的。在李珥的思想体系中，理无形无为，气有形有为，只有气才具有能动性，理则只能搭载于气而动静。他的气发理乘说并不意味着气先理后，也不是否定理的根源性或主宰性，更不是说不重视理，而是强调理气“不离不杂”中“不杂”的层面，追求理气合看与离看的统一。[④]理存在于气中，当气展现为和谐有序的状态时，是理之主宰作用的体现。

---

① 张敏：《李栗谷“理通气局说”辨析》，《韩国学论文集》，2003年第10辑，第20页。
② 邢丽菊：《韩国儒学思想史》，北京：人民出版社，2015年，第186页。
③ 李珥：《栗谷全书》，首尔：民族文化推进会，1989年，第211页。
④ 邢丽菊：《韩国儒学思想史》，北京：人民出版社，2015年，第186页。

第四节 丁若镛的太极论

丁若镛(1762—1836年),字美镛,号茶山、与犹堂,朝鲜王朝实学思想集大成者。他出身于朝鲜两班贵族家庭。丁若镛自幼聪慧,10岁随父学儒,15岁随父迁居汉阳。在京城,他得见李瀷遗稿,深受启发,沉迷于实学,与李瀷(1681—1763年)弟子李森焕(1729—1813年)、权哲身(1736—1801年)等均有交流。

23岁时,他与李檗(1754—1786年)结识,开始接触西方天主教和西学科技书籍。他23岁考取进士,28岁文科及第,获正祖赏识,曾任文艺馆检阅、司宪府持平等职。1789年和1792年,他分别设计了汉江浮桥和水原华城,在修建水原华城的过程中,他运用了滑车、鼓轮等机械,解决工程难题,节省大量国库资金。33岁时,他任京畿暗行御史,因惩处贪官污吏而得罪权臣。

1801年,正祖驾崩后,反对派镇压南人派,引发“辛酉邪狱”。丁若镛的三哥丁若钟被斩首,二哥丁若铨遭流放,他也受牵连被发配至庆尚道长鬐,后又因黄嗣永帛书事件被押至汉阳,再次发配至康津。流放期间,他深入接触民间社会,完成了多部儒家经典研究著作。1818年,56岁的丁若镛获释返乡,结束了18年的流放生活。此后,他不再为官,专心著书18年,1836年去世。1885年,朝鲜高宗追谥他为“文度公”。

丁若镛针对朝鲜社会积弊,提出革新科举取士制度、破除身份地域桎梏、精简行政机构等方案。在科技方面,他主张学习与民生相关的技术,培养科技人才。在国防方面,他呼吁朝廷居安思危,巩固国防。他对医学也很有研究,通过研究文献和实验,成功地将种痘术引入朝鲜。他为改变社会现状,写下关于田制、赋税制度、身份制度、人才制度等方面的“一表二书”(《经世遗表》《牧民心书》《钦钦新书》)等著作,收录于《与犹堂全书》之中。

一、批判“太极即理”

周敦颐《太极图说》中的“太极”是万物生成的根源,是万物生成与发展变化的根本动力。朱熹主张“太极即理”,“太极只是天地万物之理。在天地言,则天地中有太极,在万物言,则万物中各有太极。未有天地之先,毕竟是先有此理”[①]。他认为太极蕴含着万物生成发展变化之理。他认为理是万物产生的本原,并且存在于万物未有之时。在朱熹的哲学体系中,“理”是万物生成变化的本原,亦是万物运行的规律,但朱熹将太极解释为理的观点却不被丁若镛所接受。

> 太极者,天地未分之先,浑敦[混沌]有形之始,阴阳之胚胎,万物之太初也。其名仅见于道家,而周公、孔子之书,偶未之言。非敢曰天地之先,无此太极,但所谓太极者,是有形之始,其谓之无形之理者,所未敢省悟也。[②]

丁若镛将太极理解为天地未开、阴阳未分的原初状态。在这种原初状态中,天地尚未分离,阴阳尚未成形,是无边无界的,蕴含着无限的可能。他明确指出“太极”一词源于道家。他认为“太极”就是阴阳的胚胎和万物的太初,所以在天地未分之时,太极就以阴阳混沌之物的形式存在着。[③]因此他将太极视为有形之始,这与道家哲学中“道生一,一生二,二生三,三生万物”的理念相契合。在他看来,太极是宇宙生成万物的根源,象征着万物之始。因此,丁若镛对朱子的解释持有异议,不认同将“太极”解释为“无形之理”。他还深入考察了“太极”在周敦颐《太极图》中的具体含义。

> 濂溪周先生尝绘之为图,夫无形则无所为图也,理可绘之乎?然此皆论《太极图》之太极也。若夫《易大传》之云“《易》有太极”者,是谓“揲蓍之先,五十策之未分者,是有太极之象、太极之貌”也,故借以名之曰“《易》有太极”。若谓是八卦诸画之先,又有彼浑敦[混沌]不分之物,为之胚胎,则大荒唐矣。《易》者书名,所以为

① 朱熹:《朱子语类》第1册,黎靖德编,北京:中华书局,2020年,第1页。

② 丁若镛:《易学绪言》,《定本与犹堂全书》第17册,首尔:茶山学术文化财团,2012年,第178页。

③李甦平:《韩国儒学史》,北京:人民出版社,2009年,第558页。

筮也。[①]

丁若镛主张《周易》“易有太极”仅指占筮时五十策未分的初始状态，认为《周易》本质是占筮之书而非形上学之说。在《周易》中，在揲蓍之前，五十策未分之时，有太极之象、有太极之貌，因此借用“太极”之名，说“《易》有太极”。丁若镛认为“太极”象征“有形之始”，因此周敦颐才能绘制出《太极图》。

在丁若镛看来，周敦颐在《太极图》中并未主张“太极即理”，而是借助《周易·系辞传》中的“太极”概念来构建自身的哲学体系，其中“太极”象征着万物有形之始。他还指出《太极图》中的“太极”若为“理”，那么将难以用具体的图像来表示。他在此处强调“太极”这一概念虽然出自《周易》《太极图》中虽然也使用了“太极”这一概念，但是所表达的意义是不同的。周敦颐创作《太极图》的目的绝不是向后人传达《周易》之太极，而是借用“太极”这一概念表示“有形之始”。丁若镛认为周敦颐作《太极图》并不是令人们探讨无形之理，并且无形之理是否能够以图式呈现也是令人怀疑的。

> 曰：“太极者，乾坤未列，无象可见，大衍未分，无数可数。其理谓之道，其物谓之神。《庄子》谓‘道在太极之先而不为高’者，非也，太极与道，不可以差殊观也。”[②]

《周易》原为卜筮之书，“太极”则反映了卜筮之时成卦的过程，因此一般将“太极”视为卦象生成的根源。丁若镛认为太极只是在使用《周易》进行揲蓍时的象征。[③]丁若镛认为“太极”是指《周易》进行卜筮之时，从五十根蓍草混合而未分的状态，而其中蕴含的理可以称之为道。《庄子·大宗师》：“大道，在太极之上而不为高，在六极之下而不为深，先天地而不为久，长于上古而

---

① 丁若镛：《易学绪言》，《定本与犹堂全书》第17册，首尔：茶山学术文化财团，2012年，第178—179页。

② 丁若镛：《易学绪言》，《定本与犹堂全书》第17册，首尔：茶山学术文化财团，2012年，第178页。

③ 백민정：《정약용의 철학：주희와 마테오리치를 넘어 새로운 체계로》，서울：이학사，2007年，第119—120页。

不为老。”[①]庄子认为“道”在“太极”之先或之上，由此区分了“道”和“太极”。《庄子》中提到的“太极”与“六极”相对，仅仅是对宇宙天地至高极限和道的性状的描述。丁若镛不认同庄子的观点，他反对庄子将道置于太极之先，认为太极与道应该等而视之。他认为太极可与道相等同，因此太极代表最高范畴。

> 又远取太极一元之圈，先天二五之妙，曰心曰性，使学者恍兮惚兮，莫知其入头下手之处，岂非枉劳苦乎？[②]

丁若镛在其后期的思想中是否定太极、理气这些形而上学的概念。[③]他还反对将太极与人的心性联系在一起，并批判性地指出使用理气论来解读存在问题。在他看来，周敦颐的《太极图》只是象征有形之始的圆圈，而赋予这样一个圆圈以精妙之气、心性之意不仅令人困惑，还使人无从着手研究。在他看来，即便依据朱熹之意将太极解释为理，但因为理本身是静止的，因此仍然无法真实地解释人的心性。不仅如此，在具体的日常生活和心性论中，理也很难发挥作用。

丁若镛认为在天地未分之先，有形之始，万物之初，事物形成之前的“阴阳未分之的状态”就是太极，太极并不是万物之理。他将“太极”限定为自然科学中的循环现象，否定了形而上学的太极论。[④]他认为太极并不是虚无缥缈的，乃是与客观事物紧密相连的阴阳未分之要素。[⑤]

丁若镛通过对周敦颐《太极图说》的考察，指出周敦颐所阐述的“太极”并不是朱熹所说的“太极即理”，而是借用了《周易》中“太极”这一范畴来建构自身的哲学体系。他认为，周敦颐所言“太极”并不是抽象的、形而上学的

---

① 陈鼓应：《庄子今注今译》上册，北京：商务印书馆，2007年，第213页。

② 丁若镛：《文集Ⅱ》，《定本与犹堂全书》第3册，首尔：茶山学术文化财团，2012年，第165页。

③ 谢晓东：《落日余晖——丁茶山的新人心道心论》，《清华国学》，2022年第2辑，第287页。

④ 이난숙：《왕필，소옹의 중국역학과 이이，정약용의 한국역학에 담긴 창의적 우주관》，《율곡학연구》，2020年第41辑，第182页。

⑤ 林忠军：《论汉宋易学太极说与茶山太极体系的建构》，《周易研究》，2017年第5期，第23页。

本体,而是代表有形世界之始。在他看来,周敦颐所言“太极”更接近于宇宙生成论中的初始状态,而非朱熹所说的作为形而上之本体的“理”。由此可见,丁若镛对太极的理解与朱熹不同,他认为“太极”是阴阳未分之物,是形而下的存在,而非无形之理。

丁若镛认为,周敦颐通过“太极”这一概念,试图描述宇宙从无形到有形的生成过程,因此“太极”是万事万物生成的根源,是“阴阳未分之物”。丁若镛进一步指出,朱熹主张的“太极即理”实际上偏离了周敦颐《太极图》的本义,将“太极”从宇宙生成论概念转化为形而上的本体论概念。他主张回归周敦颐的本义,认为“太极”应当被理解为具有实体意义的“阴阳混合体”或“阴阳未分之物”,是宇宙生成的根源,而非抽象的“理”。

二、“阴阳”“五行”论

周敦颐在《太极图说》中说道:“太极动而生阳,动极而静,静而生阴,静极复动,一动一静,互为其根,分阴分阳,两仪立焉。”[①]朱熹在《太极图说解》中阐述道:“盖太极者,本然之妙也。动静者,所乘之机也。太极,形而上之道也。阴阳,形而下之器也。”[②]在此处朱熹将“太极”与“阴阳”联系在了一起。朱熹将“太极”赋予了本体论的意义,视其为形而上之道,而将阴阳视作形而下之器。朱熹在《中庸章句》中写道:“命,犹令也。性,即理也。天以阴阳五行化生万物,气以成形,而理亦赋焉,犹命令也。于是人物之生,因各得其所赋之理,以为健顺五常之德,所谓性也。”[③]朱熹认为,天通过阴阳五行化生万物,阴阳五行可视为生成人与物的材料,而人与物因各自所禀受之理,形成了乾健、坤顺、五常兼备的德行,这便是所谓的性。丁若镛对阴阳之名的由来进行考证,他认为阴阳是针对光的明暗而言的。

① 周敦颐:《元公周先生濂溪集》,长沙:岳麓书社,2006年,第7页。

② 朱熹:《朱子全书》第13册,朱杰人、严佐之、刘永翔主编,上海:上海古籍出版社、合肥:安徽教育出版社,2002年,第72页。

③ 朱熹:《四书章句集注·中庸章句》,北京:中华书局,2011年,第19页。

> 阴阳之名，起于日光之照掩。日所隐曰阴，日所映曰阳，本无体质，只有明暗，原不可以为万物之父母。特以北自北极，南至南极，天下万国，或东或西，其日出入时刻，有万不同，而其所得阴阳之数，万国皆同，毫发不殊。以之为昼夜，以之为寒暑，其所得时刻，亦皆均适。故圣人作《易》，以阴阳对待，为天道为易道而已。阴阳曷尝有体质哉？①

丁若镛在此处指出各个方向、各个国家对阴阳之名的定义并没有不同，阴阳最初源于日光的照射和遮掩。阳代表日光直射之处，阴则指日光被遮挡之地。丁若镛认为阴阳不是有形的实体，而是用来描述光与暗的状态。他还进一步阐释，圣人所著《周易》乃是借助阴阳对立的关系，揭示天道。在丁若镛看来，阴阳是描述光线明暗的词语，表示的是一种对立的关系，而不是生成万物的材料。因此他认为就阴阳这样的属性而言，阴阳既不是朱熹所言的形而下之器，也不是生成人与万物的材料。

> 况先儒言天，原有二种，其一以自地以上谓之天，其一以苍苍大圆谓之天，若论苍苍之天，其质虽皆清明，亦具阴阳二气，故日曰太阳，月曰太阴。太阳者，纯火也，太阴者，纯水也。五星列曜，其性各殊，或冷或煓，或燥或湿，或好风，或好雨，或主五金八石，或主百草百木。飞禽、走兽、昆虫、小豸，各受其气，以生以育。由是观之，上天下天、水火土石、日月星辰，犹在万物之列，况可以铜铁草木，进之为万物之母乎？②

丁若镛在此指出先儒关于"天"的论述有两种，一种是自地以上统称为天，另一种是将苍苍大圆视为天。"苍苍之天"本质虽清明，但同样蕴含着阴阳二气，其中太阳为纯火，太阴为纯水。而五星列曜各具特性，或冷或热、或燥或湿、或主风或主雨。日月星辰、水火土石与飞禽走兽、草木、金石属性不同。丁若镛认为铜铁草木等不能够繁育与之属性不同的物质，因而五行不

① 丁若镛：《中庸讲义补》，《定本与犹堂全书》第6册，首尔：茶山学术文化财团，2012年，第283页。

② 丁若镛：《中庸讲义补》，《定本与犹堂全书》第6册，首尔：茶山学术文化财团，2012年，第283页。

具备化生万物的功能。他还指出若将“健顺五常之德”视为人与物共同具备的属性，那么人与物之间便无主从之分、等级之别。

> 今试书之曰“天以阴阳、水火、铜铁、松柏，化生万物”，其说自觉难通。分言之而远于理者，虽混言之，岂得合理乎？况草木禽兽，天于化生之初，赋以生生之理，以种传种，各全性命而已。人则不然，天下万民，各于胚胎之初，赋此灵明，超越万类，享用万物。今乃云“健顺五常之德，人、物同得”，孰主孰奴，都无等级，岂上天生物之理，本自如此乎？①

丁若镛认为，人与其他生物的本质区别在于人所独有的“灵明”。他认为，草木禽兽在化生之初仅被赋予生生之理，通过物种繁衍延续生命，而人则在胚胎之初就被赋予了超越万物的灵明，使其能够享用万物。因此，丁若镛反对将人与其他生物混为一谈，认为“健顺五常之德”并非人与物同得，而是人独有的。他还指出人与物之间存在本质的等级差异，这是上天生物之理的体现。

丁若镛反对朱熹关于人物禀受一样的健顺五常之德的观点，他认为人与物存在本质差异，这种差异从受命之初就存在。丁若镛认为人在出生之时，禀受的灵明即为灵明之心，因此人具备了超越万物的智慧和道德意识，人能享有万物，因此人在本质上比物更为优越。他的这一观点与周敦颐在《太极图说》中的观点相呼应。

> 惟人也，得其秀而最灵。形既生矣，神发知矣，五性感动而善恶分，万事出矣。圣人定之以中正仁义而主静，立人极焉。②

周敦颐主张人获得了天地间最为精粹的气，因而最灵，人的形体一旦形成，便随之产生知觉，受到外界触动后，产生善恶。在他看来，善、恶是由于人在感知外界时受到影响而产生的。丁若镛延续了周敦颐的思维方式，

---

① 丁若镛：《中庸讲义补》，《定本与犹堂全书》第6册，首尔：茶山学术文化财团，2012年，第283—284页。

② 周敦颐：《元公周先生濂溪集》，长沙：岳麓书社，2006年，第8页。

指出人的灵明之心是人为善的根源，但由于外界环境和欲望的影响，人可能会为不善。

> 天道浩大，物理眇隐，未易推测。况五行不过万物中五物，则同是物也，而以五生万，不亦难乎?《礼运》曰:“人者，五行之秀气”，先儒所宗，皆此一言。今夫血气之伦，刳而视之，不见金木等物，将于何验得此理? ①

丁若镛认为五行仅是构成万物的五种基本物质，但他注意到《礼记·礼运》中阐述了五行与人的关系，指出人具备五行之中最优秀之气。在他看来，如果不能从人体中检验出金木水火土之气而生，就不能说人禀受五行之气而生。这与英国哲学家弗朗西斯·培根(1561—1626年)重视实验的观点相似。弗朗西斯·培根，作为实验科学方法的先驱，主张通过实验和观察来获得知识，强调科学实验是认识世界的关键途径。他的方法论不仅挑战了传统的逻辑推理和权威学说，而且对现代科学的发展产生了深远的影响。

丁若镛认为，由于无法通过实验从人身体上检验出五行之气的存在，因此不仅阴阳不是构成万物的材料，五行也同样不具备这样的属性。丁若镛主张通过实际观察和检验来理解人、物以及自然现象，而不是盲目接受传统学说的解释。这种思想为朝鲜朝后期的实学思想注入了新的活力，促使朝鲜儒学家们更加注重实证和实用，而非空谈玄理。

丁若镛对太极与阴阳、五行的诠释体现了他对传统性理学思想的批判性思考。他反对将“太极”解读为“理”，将阴阳、五行解读为“气”，主张从具体的宇宙生成过程、观察以及实验来理解。这反映了丁若镛实学思想的特点，即注重实用性和实证性，也为朝鲜朝后期的思想界提供了新的视角。丁若镛通过对“太极”“阴阳”“五行”等范畴的诠释，将哲学范畴与实际问题结合起来，为当时的社会改革提供了理论支持。

---

① 丁若镛:《中庸讲义补》,《定本与犹堂全书》第6册，首尔:茶山学术文化财团，2012年，第285页。

第四章 朝鲜中后期儒学家对“无极而太极”的诠释

周敦颐在《太极图说》中首次将“无极”与“太极”结合，提出“无极而太极”的命题，主张“无极”是宇宙万物生成的根源，而“太极”则是从无极中衍生出来的具有动静属性的宇宙本体，由此展开万物化生的过程。在16世纪前期，李彦迪与曹汉辅之间展开的“无极太极”论辩，是韩国儒学史上一次重要的思想论辩。李彦迪在论辩中不仅厘清了“无极”与“太极”的关系，还明确指出“无极而太极”不应理解为从虚无中创生出实有，亦不是佛教的空性说。李彦迪认为这一命题本质上是揭示万物生成衍化的动态过程。李彦迪被后世学者认为是朝鲜性理学体系化发展的重要奠基者。16世纪朝鲜性理学的发展进入高峰，以李滉、奇大升为代表的儒学家对“无极而太极”命题进行诠释，李滉在受到奇大升、李公浩等学者的质疑后，重新审视“无极而太极”这一命题。18世纪朝鲜实学蓬勃发展，丁若镛作为朝鲜实学的集大成，基于实学立场，认为周敦颐《太极图》实为坎、离两卦相合之象，并将“无极”“太极”皆归结为“一团元气”。因此，丁若镛认为“无极而太极”主要是描绘元气化生万事万物的过程。朝鲜中后期儒学家对周敦颐“无极而太极”命题的创造性诠释与发展，不仅深化了该命题的哲学意涵，还融入了朝鲜儒学家的独特思考路径，为东亚儒学思想史作出了重要贡献。

第一节 李彦迪与曹汉辅的“无极而太极”论辩

一、“无极而太极”论辩的发端

“太极”这一概念在先秦文献中出现的次数有限，主要见于《周易·系辞传》和《庄子·大宗师》。在《周易·系辞传》中“太极”与“两仪”“四象”“八卦”

等基本概念密切相关，构成宇宙生成的逻辑起点。而在《庄子》中，“太极”仅是一个空间概念。“无极”最早见于《道德经》：“知其白，守其黑，为天下式，常德不忒，复归于无极。”此处的“无极”是无限、无穷之意。《庄子》中也多次提及“无极”，如“无极之外，复无极也”“入无穷之门，以游无极之野”，“无极”是无穷、无边无际之意。“无极”与“太极”原本并无直接关联，直至周敦颐在《太极图说》中提出了“无极而太极”的命题，二者才在哲学范畴上产生交集。

周敦颐在《太极图说》中提出“无极—太极—阴阳—五行—万物”的生成演化结构，太极通过动静机制分化出阴阳二气，继而由阴阳二气的交感作用衍生五行，最终通过五行的运化生成万物。周敦颐《太极图》中最顶端的空白圆圈象征“无极而太极”，这表明二者不仅仅是生成论关系，还具有本体论之意涵。

周敦颐对于“无极而太极”命题的论述十分有限，形而上与形而下的界限并不清楚。因此如何理解“无极而太极”这一命题引发了学者们的广泛讨论，在朱熹与陆九渊的“无极而太极”论辩中。陆九渊认为将“无极”置于“太极”之前，是“叠床上之床，架屋下之屋”，“无极而太极”犹如道家所言“无中生有”。

朱熹认为“无极”并不是独立于“太极”之外的存在，“故语道体之至极，则谓之太极；与太极之流行，则谓之道。虽有二名，初无两体。周子所以谓之“无极”，正以其无方所、无形状，以为在物之前，而未尝不立于有物之后；以为在阴阳之外，而未尝不行乎阴阳之中；以为贯通全体，无乎不在，则又初无声臭影响之可言也。”[①]朱熹认为“无极”贯穿于物的始终，“太极”与“无极”，二者浑然一体。“老氏之言有无，以有无为二，周子之言有无，以有无为一。”[②]朱子认为，老子将“有”与“无”视为对立的两种存在，强调“有生于无”，

① 朱熹：《朱子全书》第21册，朱杰人、严佐之、刘永翔编，上海：上海古籍出版社、合肥：安徽教育出版社，2002年，第1568页。

② 朱熹：《朱子全书》第21册，朱杰人、严佐之、刘永翔编，上海：上海古籍出版社、合肥：安徽教育出版社，2002年，第1571页。

以“无”为宇宙的本原,而“有”是“无”的显现,而周敦颐则将“有”与“无”统一起来。因此朱熹认为周敦颐所言“无极”与道家并不相同。在朱熹看来“无极”并非没有之意,只是无形无状,但却无处不在。

朱熹与陆九渊、陆就韶关于“无极”与“太极”的辩论,不仅在哲学上具有深远意义,而且成为了朝鲜初期“无极太极”论辩的理论基础。然而,两次论辩存在显著差异。尽管朱熹与陆九渊同尊孔孟儒学,但在思想体系的构建上存在显著分歧,尤其是在对“无极”的诠释方面。朱熹通过“无极而太极”的命题建构形上形下贯通的理气体系。而陆九渊基于“心即理”的立场否定“无极”,形成“理学”与“心学”的对立。相较之下,朝鲜的论辩呈现出朱子学内部的理论调适特征,李彦迪与曹汉辅虽同属朱子学阵营,但在对“无极而太极”这一命题的诠释上却产生分歧。

李彦迪与忘机堂曹汉辅的“无极太极”论辩,是韩国儒学史上一次重要的思想论辩,产生了深远的影响。这场论辩源于孙叔暾(号忘斋)与曹汉辅(号忘机堂)关于“无极而太极”命题的讨论。孙叔暾是李彦迪的舅舅,李彦迪因此有机会看到二人的往来书信。李彦迪在研读曹汉辅与孙叔暾的信件后,撰写了《书忘斋忘机堂无极太极说后》一文对曹汉辅的观点进行批评。曹汉辅在收到李彦迪的信件后,亦迅速写信进行反驳,二人之间激烈的学术论辩由此展开。

这场论辩从1517年持续至1518年,然而由于曹汉辅的书信散佚,仅能通过李彦迪的信件了解曹汉辅的观点。李彦迪与曹汉辅的论辩内容主要反映在李彦迪所写的《书忘斋忘机堂无极太极说后》一文与写给曹汉辅的四封信中,他们二人围绕“无极而太极”命题,对理气关气、工夫论等问题展开讨论。通过阅读信件可知,李彦迪并没有完全说服曹汉辅。

二、李彦迪的无极太极论

李彦迪在《书忘斋忘机堂无极太极说后》一文中指出孙、曹二人“无极而太极”之说中存在的问题:“谨按忘斋无极太极辩,其说盖出于陆象山,而昔者朱子辩之详矣，愚不敢容赘。若忘机堂之答书，则犹本于濂溪之旨，而其论甚高，其见又甚远矣。”[①]他指出孙叔暾的观点与陆九渊一致，因为朱熹的论述已经很详尽了，所以在此不再论述。李彦迪指出曹汉辅的观点虽然以周敦颐的《太极图说》为据，但是对“无极而太极”的理解过于高远，非儒家之旨。

李彦迪指出，曹汉辅对太极本体的理解过于高远，将“无极”凌驾于“太极”之上，视其为更高的本体。这种倾向在李彦迪看来偏离了儒学的精神，尤其是朱熹的观点。周敦颐在《太极图说》中以凝练的语言阐述了无极与太极的关系，因表述简洁，其中深奥的哲学思想需要结合《太极图》来看。在图最顶端的空白圆象征“无极而太极”，这表明该命题的核心在于本体论的建构。因此朱熹诠释“无极而太极”命题时，将“无极”视为对“太极”的形容，并认为“无极”并不是独立于“太极”之外的存在。由此朱熹将太极提升为宇宙本体，取代了周敦颐关于“无极而太极”的模糊不清的表述。李彦迪通过引用朱熹回复陆九渊的内容，进一步阐述了周敦颐的《太极图说》不仅深刻揭示了道的本质，而且为探究宇宙的起源和万物的生成过程奠定了理论基础。李彦迪与朱熹一样认为无极并非独立于太极之上，“无极而太极”是对“道”的描述。“无极”即为无声、无味、无形、无相的存在，而太极则是万物生成的根源，因此“无极而太极”体现了万物生成的过程。

朝鲜前期的儒学家们受到元代儒学的影响，这一时期的儒学家们倾向于易有太极说，李彦迪时期，朝鲜儒学界对“无极而太极”命题的诠释，已回归于朱子所倡导的无形而有理论。[②]在李彦迪看来，“无极”与“太极”并非两个完全独立的概念，在宇宙生成万物的过程中，无极不是处于太极之外或之上，而是太极存在的基础和起点，无极与太极二者相辅相成，无极与太极是不可分割的统一体。

---

①李彦迪：《晦斋集》，首尔：民族文化推进会，1988年，第389页。

②田炳郁：《朱子后学与朝鲜前期儒学的无极太极之论》，《孔子研究》，2022年第3期，第123页。

夫所谓“无极而太极”云者，所以形容此道之未始有物，而实为万物之根柢也。是乃周子灼见道体迥出常情，勇往直前，说出人不敢说底道理，令后来学者晓然见得太极之妙，不属有无，不落方体，真得千圣以来不传之秘。夫岂以为太极之上，复有所谓无极哉？此理虽若至高至妙，而求其实体之所以寓，则又至近而至实。若欲讲明此理而徒骛于窅冥虚远之地，不复求之至近至实之处，则未有不沦于异端之空寂者矣。①

李彦迪引用朱熹回复陆九渊的内容，指出“无极而太极”一语是在描述万事万物生成的过程，亦揭示了万事万物生成的根源。李彦迪指出，周敦颐的《太极图说》不仅揭示了宇宙万物生成之道，而且深入阐释了太极的本质，从而使得后来的学者能够更加清晰地认识到太极的独特性及其在宇宙生成中的重要作用。他进一步阐明，尽管这些论述看似深奥莫测、难以捉摸，但在深入探究之后，却会发现它们与现实生活息息相关。故而，若一味沉溺于虚妄之理，忽视现实则易步入歧途，落入空虚的深渊。

本末上下，贯乎一理，无非实然而不可易者也。周子所以谓之无极者，正以其无方所无形状，以为在无物之前而未尝不立于有物之后，以为在阴阳之外而未尝不行于阴阳之中，以为通贯全体，无乎不在，则又初无声臭影响之可言也。非若老氏之出无入有，释氏之所谓空也。②

李彦迪认为“太极”从本质到末端，从上到下，贯穿于整个宇宙。他指出周敦颐所言“无极”没有固定的形状和方位，它在万物未形成之前就已经存在，它超越了阴阳的对立，但又存在于阴阳之中，它贯通于整个宇宙，无处不在。尽管没有声音、气味，但是它并不像老子所说的“从无到有”，或者释氏所说的“空”那样。他批评了曹汉辅的“寂灭”之说。

大抵忘机堂平生学术之误，病于空虚。而其病根之所在，则愚

①李彦迪：《晦斋集》，首尔：民族文化推进会，1988年，第389页。

②李彦迪：《晦斋集》，首尔：民族文化推进会，1988年，第391页。

> 于书中，求之而得之矣。其曰："太虚之体，本来寂灭。"以"灭"字说太虚体，是断非吾儒之说矣。"上天之载，无声无臭"，谓之寂可矣。[①]

李彦迪批判曹汉辅将"太虚"本体归结为"寂灭"，此论显然与儒家对宇宙本原的阐释背道而驰。在儒家思想中，太虚作为宇宙的原始状态，并不应被描述为"寂灭"，因为"寂灭"是佛教用语。"上天之载，无声无臭"可以理解为"寂"。由此可见，儒家的"寂"强调的是一种持续的生成过程，而不是虚无或灭亡的状态。论辩之后，二人未能达成共识，曹汉辅依然坚持用"寂灭"来描述道体。

> 至如"寂灭"之说，生于前书粗辨矣，未蒙察允。今又举虚灵无极之真，乃曰："虚无即寂灭，寂灭即虚无。"是未免于借儒言而文异端之说。小子之惑，滋甚矣。先儒于此四字，盖尝析之曰："此之虚，虚而有；彼之虚，虚而无。此之寂，寂而感，彼之寂，寂而灭。"然则彼此之虚寂同，而其归绝异，固不容不辨。而至于"无极"之云，只是形容此理之妙，无影响声臭云耳，非如彼之所谓"无"也。故朱子曰："老子之言有无，以有无为二；周子之言有无，以有无为一。正如南北、水火之相反。"讵不信欤？[②]

李彦迪指出，"寂灭"这一概念在前文中已经有所讨论，但未得到充分的认同和澄清。他认为将"虚灵无极"与"寂灭"等同起来是不妥当的。他强调"虚灵""无极"是儒家的思想，而"寂灭"则是异端思想，两者不能混为一谈。他还引用先儒的观点，对"虚"和"寂"进行了区分，认为儒家所言的"虚"并不是空无一物的虚，虚中充满无限生机，不同于佛、道所言的"寂"。他还引用朱熹的观点，指出道家的"有无"是将"有"和"无"对立起来看待，而周敦颐所言"有无"则是将"有"和"无"视为一体。李彦迪反对以"空虚"和"寂"来解释"太极"，从道不离器的角度进行反驳。

---

①李彦迪：《晦斋集》，首尔：民族文化推进会，1988年，第390页。

②李彦迪：《晦斋集》，首尔：民族文化推进会，1988年，第394页。

孟子曰:“形色,天性也。惟圣人然后可以践形。”岂可以此为幻妄?必使人断除外相,独守虚灵之体,而乃可以为道乎?是道不离于形器。有人之形,则有所以为人之理;有物之形,则有所以为物之理;有天地之形,则有所以为天地之理;有日月之形,则有所以为日月之理;有山川之形,则有所以为山川之理。若有其形而不能尽其道,是空具是形而失夫所以得其形之理也。然则弃形器而求其道,安有所谓道者哉?此寂灭之教所以陷于空虚诞谩之境,而无所逃其违天灭理之罪者。①

“道”不能孤立于世,它需借由具体的形器彰显。同样,形器亦非孤立之物,其背后深藏着事物所以然之理。这一观点实际上是以朱熹的理气论为基础的。鉴于理与气之间不可分割的关系,天理亦必然与形器相互依存。故而,世间万物皆蕴含着内在之理,所有存在皆有其客观之根基,绝非偶然或虚无缥缈之物。同时,因为理并不混杂于气之中,人们必须努力去探索与实践。

李彦迪和曹汉辅都将太极视为太虚的本体,但徐敬德(1489—1546年)的观点有所不同。徐敬德认为,太虚是宇宙万物生成和变化的根源,而太极并不是无造作的抽象之理,而是阴阳二气运动变化的根本原因。尽管徐敬德的太虚说已经强调了太极与阴阳二气的密切关系,但他尚未将太极明确解读为太虚的本体。

李彦迪和曹汉辅在一定程度上发展了徐敬德的太虚说。他们进一步探讨了太极与太虚之间的关系,并将太极视为太虚的本体。这种观点在一定程度上深化了对太极的理解,但也引发了关于“太极”与“无极”以及“太极”与“阴阳”关系的进一步讨论。李彦迪主张儒家宇宙论为动态且生生不息,这与《周易》中关于宇宙生成和阴阳变化的论述相一致,强调了天地万物以太极为本原,秩序井然的有机整体,天地人三才之道处于生生不息的永恒发展变化之中。他因而批评曹汉辅将“太虚”本体界定为“寂

①李彦迪:《晦斋集》,首尔:民族文化推进会,1988年,第396—397页。

灭”,这明显与儒家的宇宙观相悖。李彦迪认为,儒家宇宙观重视的是事物的生成、发展与变化,而非其消失或灭绝。曹汉辅将“太虚”的本体描述为“寂灭”,这显然不符合朱熹所言太极之意,依朱熹太极是理,理是不活动的。[①]

李彦迪明确指出,“无极而太极”不应被误解为道家的“无中生有”或佛教的“空”。周敦颐的无极而太极论实际上描述了一种从混沌状态到有序状态的宇宙生成过程,太极代表了宇宙的初始混沌元气,而并非空无或无中生有。他明确指出“无极而太极”不应被解读为一种从完全的虚无中产生有,也不应与佛教的空性理论相混淆。“无极而太极”应理解为揭示宇宙生成和演变的过程,它反映了儒家对宇宙本质的认识,强调的是宇宙的生成与变化过程中的连续性与动态性,这正是周敦颐《太极图说》所要表达的内容。李彦迪既继承了朱熹的观点,又未完全舍弃周敦颐的思想,其调和之举可视作是对性理学的发展。

三、李彦迪无极太极论的特点

在理气论方面,李彦迪秉持“以理为本”的立场,同时高度重视“气”的实存性与活动性。作为朝鲜性理学的代表人物,他对本体论问题的深入探讨构成了其哲学思想的显著特征。李彦迪在阐释理气关系时,明确提出“理虽不离于气,而实亦不杂于气”这一核心命题。这一命题以周敦颐的无极而太极论为基础,结合朱熹的太极即理论,将“理”视为形上的依据,而将“气”视为现象世界的呈现方式。李彦迪特别强调“气”的能动性,认为气的活动是宇宙万物生生不息的根本动力。他通过“鸢飞鱼跃”等自然现象,论证了宇宙中充满生机与活力的本质,从而有力批驳了曹汉辅寂灭说。

李彦迪的无极而太极论虽然强调了“气”的实在性,但亦坚持“理”对

---

① 黄俊杰、林维杰编:《东亚朱子学的同调与异趣》,台北:台湾大学出版中心,2008年,第280页。

“气”的主宰作用。李彦迪认为，理是宇宙的终极根据，而气则是理的现实载体，二者既相互依存又彼此区分。李彦迪的理气论思想体系具有鲜明的继承性与创造性。其理论深度吸收并融合了周敦颐《太极图说》的本体论框架与朱熹理气论的辩证思维。通过这种多元思想资源的创造性转化，李彦迪既展现了对中国性理学传统的深刻把握，又彰显了朝鲜儒者独特的理论创新意识。

在朝鲜性理学的发展脉络中，李彦迪的无极太极论具有承前启后的重要作用。他上承徐敬德的太虚说，对太极与太虚的关系进行了深入探讨，为太极的本体论地位奠定了基础。同时，他的理论又为后世朝鲜性理学家提供了丰富的思想资源，下启李滉的理气互发说，推动了朝鲜性理学在太极的动静关系、太极与阴阳的相互作用以及理气关系等问题上的进一步探讨。

李彦迪的无极而太极论不仅深化了对太极这一范畴的理解，还促进了朝鲜性理学在本体论和工夫论上的发展。他强调太极作为宇宙生成和变化的根本原理，既具有超越性，又内在于万物之中，这种“即体即用”的思维模式为朝鲜性理学的发展提供了重要的理论框架。李彦迪通过与曹汉辅的论辩，进一步明确了太极与无极的关系。

李彦迪第一次将有关经世和心性修养的理论做了系统的整理，并在韩国儒学界确立了理本论哲学体系。[①]李彦迪通过这场论辩所确立的理本论体系，不仅为朝鲜性理学提供了系统的理论框架，更在方法论层面开创了具有朝鲜特色的理学诠释路径。

李彦迪被后世学者认为是朝鲜性理学体系化发展的重要奠基者。他在与曹汉辅的“无极太极”论辩中厘清了相关概念，在继承朱熹理气论的基础上，强化了太极作为“理”的本体地位与意义。他通过对“无极”“太极”等核心概念的诠释，推动了性理学在朝鲜的本土化进程。

---

① 洪军：《论韩国儒学史上的“无极太极”之辩——以李彦迪的“无极太极”论为中心》，《世界哲学》，2017年第6期，第106页。

第二节 李滉的无极而太极论

周敦颐接受了道家及道教的无极概念,以无极作为宇宙的本原和其哲学的最高范畴。[①]他在《太极图说》中提出的宇宙发展图式是:太极—阴阳—五行—万物。宇宙的原初实体为太极元气;太极元气分化为阴阳二气;阴阳二气变化交合形成五行,各有特殊性质的五行进一步化合凝聚,而产生万物。[②]周敦颐的太极能动、能静、能生,这是很明显的,他自己说得明明白白。但他的太极却不是本体论的概念,因而也不是其理论体系中的最高范畴。[③]在周敦颐的哲学体系中,无极是其最高本体,无极作为形而上的本体,其显与隐的状态,需要借助形而下的物质性的太极来体现。无极和太极作为一个整体表现出动静特性,但它们各自的性质则存在显著的区别。无极是宇宙的本原,太极则是由无极派生出来的。

朱熹认为"太极只是天地万物之理。在天地言,则天地中有太极;在万物言,则万物中各有太极。"[④]他以周敦颐的太极思想为基础,从本体论的角度系统阐述了太极作为"宇宙的终极本原"与"万物之理"的哲学内涵。朱熹由此将周敦颐所言太极提升至本体论,确立为其哲学体系的最高范畴。朱熹在解读"无极而太极"时,认为"无极"乃是对"太极"状态的描述。

> "无极而太极",只是无形而有理。周子恐人于太极之外更寻太极,故以无极言之。既谓之无极,则不可以有底道理强搜寻也。[⑤]

朱熹在此指出"无极而太极"即"无形而有理",即太极作为宇宙本原并

---

① 蔡方鹿:《宋明理学论稿》,北京:商务印书馆,2024年,第65页。

② 陈来:《宋明理学》,北京:北京大学出版社,2020年,第58页。

③ 陈代湘:《朱熹对周敦颐宇宙本体论的继承与改造》,《上饶师范学院学报》,2002年第1期,第26页。

④ 朱熹:《朱子语类》第1册,黎靖德编,北京:中华书局,2020年,第1页。

⑤ 朱熹:《朱子语类》第6册,黎靖德编,北京:中华书局,2020年,第2886页。

非具体的物质实体，而是形而上之理。朱熹认为周敦颐使用“无极”这一范畴的目的是防止人们在太极之外另寻一个太极，避免将太极实体化或抽象化。朱熹对“无极而太极”的诠释消解了周敦颐文本中潜在的“有生于无”的道家意味，通过“太极即理”的本体论建构，确立太极作为终极实在的绝对性。

朱熹在阐释周敦颐的“无极而太极”命题时，强调了“无极”和“太极”之间的辩证关系。他指出，周敦颐之所以将“无极”置于“太极”之前，是为了避免将“太极”误解为具体的存在物，而是要凸显“理”作为本体的无形无象、无方所、无造作的特征。朱熹认为，只有在“无极”和“太极”统一时，所表述的本体才具有意义，这个本体即“理”，它高于万物，是万物的根源。他特别强调，“无极”绝非否定“太极”的实在性，而是对理之形上特性的进一步说明。

李滉最初将“极”字直接理解为“理”，认为“无极”是指“无形”，而非“无理”。李滉认为，这里的“无”字省略了宾语，其宾语应为“形”。基于此，“无极”应解释为“无(形)之极”，即“没有形体的极”，而“太极”则是“太(大)之极”，即“至大的极”。在这两个表述中，“极”字均指向“理”的含义。

奇大升在深入理解周敦颐与朱熹哲学体系的基础上，对李滉早期关于“无极而太极”的解释表示怀疑。

> 先生初释“无极而太极”曰：“无之之极，太之之极。”奇明彦曰此可疑。其本注曰：“上天之载，无声无臭，而实造化之枢纽，品汇之根柢。”其小注曰：“理之无极，只是无形象、无方所。”又曰：“苍苍者是上天，理在‘载’字上。盖‘载’字是理，‘声’‘臭’字帖‘极’字，‘实’字帖‘太’字，‘根柢’‘枢纽’帖下一‘极’字。”勉斋又曰：“‘极’字如‘北极’‘皇极’‘尔极’‘民极’之类，然皆以物之有方所形象，适似于极而具极之义，故以极明之，以物喻物。而后世多遽以理言，故不惟理不可无，而于周子‘无极’之语，有所难晓云云。”今以此等语观之，当释曰：“极虽无之而太之之极也。”先生呼德弘曰：“明彦如此云云，其言极是，君亦知之。”盖先生虚己受人，改过不吝如此。

此易箦前一月也。[1]

奇大升先引用朱熹的注解，说道："太极解引'上天之载无声无臭'，此'上天之载'，即太极否？"曰："苍苍者是上天，理在'载'字上。"[2]"上天之载"在此象征着宇宙之理的运行，其"无声无臭"并非指向感官层面的缺失，而是彰显其超越形器、不落方体的本体境界。根据小注，所谓"理的无极"，即指理没有具体形象，也没有具体的方位。奇大升认为"载"在此代表"理"，强调"理"作为宇宙万物的根本依据，是形而上的存在，是万物生成和存在的根据与准则，具有超越性。"声""臭"对应着"极"字的超越性含义，指无形无相的终极实在。"极"在这里代表着一种至高无上、无声无形的境界，是超越具体事物和现象的存在，是宇宙万物的最终根源和归宿，它超越了形而下的具体事物，是形而上之道。"实"字对应着"太"字，指至极的、根本的存在。"根柢""枢纽"这两词则对应着后一个"极"字，是万物的根本和宇宙运行的关键。奇大升还参考了《性理大全书》中黄干关于"无极而太极"的观点。

勉斋黄氏曰："极之得名，以屋之脊栋为一屋之中居高处，尽为众木之总会，四方之尊仰，而举一屋之木莫能加焉。故极之义虽训为至，而实则以有方所、形状而指名也。如北极、皇极、尔极、民极之类，皆取诸此。然皆以物之有方所、形状，适似于极，而具极之义，故以极明之，以物喻物，盖无难晓。惟《大传》以易之至理在易之中，为众理之总会、万化之本原，而举天下之理莫能加焉，其义莫可得名，而有类于极，于是取'极'名之，而系以'太'，则其尊而无对，又非它极之比也。然则'太极'者，特假是物以名是理。虽因其有方所、形状以名，而非有方所、形状之可求。虽与他书所用'极'字取义略同，而以实喻虚，以有喻无，所喻在于言外，其意则异。周子有见于此，恐夫人以它书闲字例求之，则或为免滞于方所、形状而失圣人取喻之意，故为之言曰'无极而太极'。盖其措辞之法，犹

① 李德弘：《艮斋集》，首尔：民族文化推进会，1990年，第88页。

② 胡广等撰：《性理大全书》第1册，程林、彭荣 校点，北京：北京大学出版社，2024年，第17页。

曰：‘无极而至形’，‘无方而大方’，欲人知夫非有是极而谓之太极，亦特托于极以明理耳。”又曰：“‘太极本无极也。’盖谓之极，则有方所、形状矣，故又反而言之，谓无极云耳。本非有极之实，欲人不以方所、形状求，而当以意会于此。其反复推本圣人所以言太极之意，最为明白。后之读者，字义不明，而以‘中’训极，已为失之。然又不知极字但为取喻，而遽以理言，故不惟理不可无，于周子无极之语有所难通，且太极之为至理，其辞已足，而加以无极，则诚似于赘者矣。因见象山论无极书，正应不能察此，而辄似于粗辨，为之窃叹，故著其说如此云。”①

黄干通过建筑学比喻，指出“极”本指屋脊这一具体物象，其他如“北极”“皇极”等用法皆属“以物喻物”。而《易传》中的“太极”，虽借用“极”之名，实则喻指“众理之总会、万化之本原”的至理。这种“以实喻虚”的命名方式，关键在领悟“言外之意”。周敦颐提出“无极而太极”命题的深意，正是担心学者执着于“极”的字面意义（方所、形状），强调“太极”并不是实存之极，而是借“极”字表达其哲学思想。黄干批评后世学者或拘泥于“极”为“中”的训诂，或直接将“极”等同于理，忽视了周敦颐的本意，这两种倾向都难以理解“无极”的深意。他特别指出，陆九渊对“无极”的质疑，正是未能领会这种“假物名理”的哲学表达方式所致。

黄干还指出，周敦颐“无极而太极”的命题既不同于道家“有生于无”的宇宙生成论，也不同于佛教以“空”为本体的虚无观，而是儒家对“道之本体”的描述。

勉斋黄氏曰：“《太极图说》云：‘无极而太极。’妄意谓‘无极而太极’者，非老氏之出无入有与佛之所谓空也，乃斯道之本体，万化之领会，而子思所谓天命之性，而《孟子》所谓生之谓性也。《通书》统论之曰：‘诚者，圣人之本也。大哉乾元，万物资始，诚之源也。

---

① 胡广等撰：《性理大全书》第1册，程林、彭荣 校点，北京：北京大学出版社，2024年，第13—14页。

乾道变化，各正性命，诚斯立焉，纯粹至善者也。'此所以发明无极而太极，原始而要其终也。既又引《易》之《系辞》而明之曰：'一阴一阳之谓道，继之者善也，成之者性也。元亨，诚之通；利贞，诚之复。大哉易也，性命之源乎。'盖冲漠无眹之中，万象森然已具，而无所亏欠。天之所以覆，地之所以载，日月之所以照，鬼神之所以幽，风雷之所以变，江河之所以流，性命之所以正，伦理之所以著，人之所以为圣人，本末上下，贯乎一理，其实然而不可易者欤！"①

黄干认为，"无极"并不是空无，而是指超越形器、无形无象的终极之理，即《中庸》所说的"天命之性"与《孟子》所说的"生之谓性"之性。他还援引《通书》和《周易》，论证"无极而太极"与"诚"的哲学关联。"诚"既是宇宙的本原，又是万物各正性命的根据。他进一步引述《易经·系辞》中"一阴一阳之谓道"的观点，阐释了道的阴阳变化与善的延续、性的成就之间的内在联系，并将此与性命之源相联系，揭示了宇宙万物的生成与运行皆源于同一理。

他指出"无极而太极"的本体虽"冲漠无眹"，却万象森然，"无极"虽无形无象，但已蕴含阴阳变化的全部可能。天地万物的运行、人伦道德的根基，乃至圣人之道的可能，皆源于此理的本然贯通。他着重强调，宇宙与人生、形而上与形而下的一切，均统一于这一"理"之中，且此"理"确凿无疑，既拥有内在的必然性，又包含外在的规范性，不容忽视。

黄干通过对周敦颐《太极图说》中"无极而太极"命题的系统阐释，构建了本体论体系。在概念辨析方面，黄干对"极"字的语义演变进行了细致考察。他发现，"极"字最初用于描述具有具体方位或形象的事物如北极、皇极，因其蕴含"至高准则"的引申义而被周敦颐用于哲学表述。然而，若将周敦颐的"无极"概念应用于形而上的"理"的领域，可能会遇到困难，因为"无极"代表的是无形无象的本体，而"理"作为形而上的概念，其无形无象的本质特征难以通过"无极"这一概念来准确传达，同时也容易引起对周敦颐"无

① 胡广等撰：《性理大全书》第1册，程林、彭荣 校点，北京：北京大学出版社，2024年，第19页。

极”概念的误解。

黄干巧妙地融合地将《通书》“诚”的本体论与《周易》宇宙论的架构相结合，指出“无极而太极”实质上是“诚”之本体的形而上学的体现。太极本体静谧不动，其中已全然蕴含着天地万物存在的根本依据及其演化发展的全部潜力。这一本体论体系通过阴阳二气的运动，在宇宙生成秩序、自然运行规律以及人伦道德规范等不同存在层面，实现了形上本体与经验现象之间的贯通。由此可见，“无极”表现了太极作为本体的超越性，“太极”则彰显其统摄地位。这一观点被奇大升所接受。

奇大升在接受黄干立场的同时，对李滉早期将“无极”解释为“无之之极”，将“太极”解释为“太之之极”表示怀疑，他认为在周敦颐提出的“无极而太极”的命题中，“无极”与“太极”不是并列关系。因此奇大升认为李滉的无极而太极论暗示“理”本身具有某种潜在的“形”的特征，只是尚未显现，这与朱熹“理无形迹”的立场相冲突。奇大升认为李滉将“太极”解释为“至大之极”，这样的解释会导致人们将“理”视为具体的空间实体，进而混淆形而上与形而下之间的界限。

李滉在受到以奇大升为代表的众多学者的质疑后，重新审视了“无极而太极”这一命题的含义，最终他意识到其最初的理解有误。这是由于李滉当时并没有广泛地参考其他学者的学说，而是过于依赖自己的主观理解，他还一度认为其他学者对“无极而太极”的解释是错误的，甚至对吴澄（1249—1333年）的观点也未加仔细研究。

> “无极而太极”，此一段释语，近亦方知愚见之误。盖前来不屑遍考诸儒说，只循已见，以“极”字直作“理”字看。妄谓当其说“无极”时，但谓无是形耳，岂无是理之谓乎？故一向以诸君之释为非。曾得写寄吴草庐说，亦不甚虚心细看。其后累蒙左右及他朋友警发之教，乃始历检诸先儒说。其中如黄勉斋说，最为详尽。而其曰：“后之读者，不知‘极’字但为取譬，而遽以理言。故不惟理不可无，而于周子‘无极’之语，有所难通。”其言似若先知滉有今日之

惑，而提耳教之也。[1]

在多位朋友和学者的启发下，李滉开始广泛查阅先儒的学说，尤其是黄干等先儒之说，发现黄干指出后人对“极”字的理解过于拘泥于“理”，导致对周子“无极”的误解。他认为“极”字在“无极而太极”中只是比喻，而非直接指“理”。黄干认为“极”字如“北极”“皇极”等，是以具体事物比喻抽象概念。这一见解具有重要的意义，这表明对哲学概念的把握需要区分字面意义与深层含义，提醒学者避免将比喻性表述直接等同于本体。

李滉参考了黄干的观点后，意识到在“无极而太极”的命题中“极”字是以物喻物的比喻，而非直接指“理”。他最终修正了自己的观点，“极虽无之而太之之极也”，中的“极”虽然无形无象，但却是“至大”的极。这一解释既保留了“理”的超越性，又避免了将“极”字直接等同于“理”的局限性。李滉的弟子李公浩（1549—1592年）对“无极而太极”这一命题提出了自身的见解。他认为，如果将“无极”解释为“没有形象”的极，那么后面就不必再说“而太极”。

> 无极而太极，窃疑极之义虽训为至，而原其所以得名，则实有取于有形状、有方所而为言。盖居至高而为四方之标准，到此尽了，更去不得故也。至于太极，实为众理之本，万化之原，而其总合归会底意思，有类于极，故亦以极名之。然则太极之得名，虽因其形状、方所，而以有喻无，以实喻虚，初非有形状、方所之可寻也。但他书有以屋梁为屋极者，以北辰为北极者，此皆有形之极。故周子恐人以此极之例求之，则或未免同于一物，滞于形状，而失圣人取譬之本意。故又以无极二字加之。盖其假彼喻此，以明此理之无形状、无方所，而至有者在焉，至实者存焉尔。鄙意看得如此。故极이업소되者（故极方所者），疑似近是。若曰无호极이로되（若曰无极），以一无字，带看无形状、无方所底意思，而以两极字，皆作极至之理看过，则无极二字足矣。不应复有所谓太极者矣。窃闻

① 李滉：《退溪集》，首尔：民族文化推进会，1989年，第467页。

先生常主此释云，然否？①

李公浩指出，其中“极”字虽训为“至”，其命名实源于有形状、有方所之物。盖因其居至高而为四方之标准，成为终极之所在，故得此名。这种有形之“极”在古代文献中屡见不鲜，如以屋梁为屋极、以北辰为北极，皆为之标准与中心之义。但其本义实与具体的空间方位相关，如“屋极”“北极”等，皆指有形之物的最高标准。“太极”作为众理之本、万化之原，虽借用“极”字，却并非指涉具体形质，而是以有形喻无形，以实体喻虚理。他认为周敦颐担心学者拘泥于“极”的字面意义，误将“太极”等同于某种具象存在，故特以“无极”加以限定，强调其超越形器、无形无方而实含至理。

李公浩对“无极”与“太极”的逻辑关系进行了分析。如果仅用“无极”二字来解释，那么“无形状、无方所”的含义已经足够表达，那么再提“太极”是否多余呢？如果把“无极”单纯理解为对“太极”的否定性描述，那么可能会削弱“太极”作为终极本体的实在性。相反，如果将“无极”与“太极”视为一体两面的关系，“无极”则强调其超越性，“太极”则彰显其统摄性，二者相辅相成，共同构成了对宇宙本体的完整理解。李公浩认为周敦颐的“无极而太极”的命题揭示了“太极”作为“至大之极”的超越性与实在性的统一。“无极”强调其无形无象，“太极”则彰显其作为终极本体的实存性，二者共同构成了对形上之理的完整表达。

李公浩进一步指出，周敦颐提出“无极而太极”的命题，其目的在于强调“太极”虽然类似于“极”，但却没有具体的形态。通过“无极”二字，进一步明确了“太极”的抽象本质，避免人们用有形的“极”来理解“太极”，从而陷入对具体形态的执着。在奇大升与李公浩等人的启发下，李滉重新审视了自己对“无极而太极”的解释。他还参考了黄干、饶鲁等学者的观点，认识到“极”字是以物喻物的比喻，而非直接指“理”，促使他最终修正了自己的观点。

无极之释，此亦鄙释有见未尽处。亦因所示明彦说，遍考诸儒

① 李滉：《退溪集》，首尔：民族文化推进会，1989年，第383页。

说。如黄勉斋、饶双峰已说破分明，始知滉不深考而妄说之非。近又得李养中书，论此段十分明快，当从其说为是。[①]

李滉经过严谨的文本分析与哲学思考，逐步完善了自己对“无极而太极”命题的诠释。他认为“无极”并不是对“理”之存在的否定，恰恰相反，这一表述旨在突显“太极即理”超越形器世界的本体特征。基于语法结构与哲学逻辑的双重考量，李滉最初认为“无”字在此语境中实为省略句式，其完整表达应为“无形”，这样“无极”为“无形之极”即没有具体形体的至极之理，而“太极”则为“太大之极”，即至高至大的终极之理。在奇大升的质疑和诸儒学说的启发下，李滉逐渐认识到“极”字是以物喻物的比喻，而非直接指“理”。他最终修正了自己的观点，将“无极”解读为“没有具体形象的极”，“太极”理解为“至大无边的极”，这样的诠释避免了将“极”字直接等同于“理”的局限性。

第三节 丁若镛的无极而太极论

一、理论渊源

周敦颐在《太极图说》中提出“无极而太极”的命题，首次将“太极”与“无极”结合，成为在宋明理学史乃至整个中国哲学史上都极为重要的命题。自朱熹和陆九渊以来，围绕这一命题有许多讨论。理解“无极而太极”的关键，在于如何理解“太极”与“无极”这两个概念以及它们之间的关系。其中朱熹与陆九韶、陆九渊兄弟二人的“无极太极之辩”尤为瞩目。

朱熹与陆九韶、陆九渊二人也用大量篇幅的内容对“无极”置于“太极”之前是否合理进行讨论。朱熹从理本论出发，认为“无极”是对“太极”无形无相特性的描述。而陆氏兄弟则基于心学立场，主张“太极”是终极实在，添加“无极”实属多余，反而可能导向道家虚无之说。

---

① 李滉：《退溪集》，首尔：民族文化推进会，1989年，第213页。

陆九韶认为“无极”不见于《通书》，也与《通书》内容不一致，因此他怀疑《太极图》非周敦颐所作或是其思想未成熟的作品，或者传播的是其他人的文章，后人不加分辨误以为是周敦颐的文章。[①]陆九韶立论的依据是周敦颐在《通书·理性命》以及《通书·动静》中言及宇宙生成万物时，仅以“太极”“阴阳”“五行”等概念进行描述，“无极”这一概念完全没有提及，因此他主张不应该在“太极”之前添加“无极”，如果《太极图说》确为周敦颐所著，应是其早年思想未成熟时的作品。

朱熹在给陆九韶回信中说道：“不言无极，则太极同于一物，而不足为万化根本，不言太极，则无极沦于空寂，而不能为万化根本。”[②]朱熹认为“无极”是“太极”的修饰语，“太极”是没有声音气味的同时也是没有具体的形状和模样的，那么“无极而太极”这一句就可以理解为“无形无象的太极”。因此朱熹认为在太极之前添加“无极”二字才能够突出“太极”与“无极”的不同，也更能够体现出“太极”是万物生成的根源。

在陆九渊与朱熹论辩之初，他继续与朱熹针对“无极”置于“太极”之前是否合理进行讨论。陆九渊认为如果“太极”果真如朱熹所言是万物生成的根本，圣人绝不会以“无极”二字加在太极之前。陆九渊认为“无极”二字出自《老子》，“无极”即“无”，这样将“无极”二字置于“太极”之前，似有仅为空谈理论之嫌，而即便去除“无极”二字，“太极”作为万物生成之根源的属性亦不会因此受损。

> 夫太极者，实有是理，圣人从而发明之耳，非以空言立论，使后人簸弄于颊舌纸笔之间也。其为万化根本，固自素定，其足不足，能不能，岂以人言不言之故耶？[③]

二人论辩的焦点最终转移至对“极”字的训解上。朱熹训“极”字为“至

---

① 陆九渊：《陆九渊集》，北京：中华书局，1980年，第22页。

② 朱熹：《朱子全书》第21册，朱杰人、严佐之、刘永翔编，上海：上海古籍出版社、合肥：安徽教育出版社，2002年，第1560页。

③ 陆九渊：《陆九渊集》，北京：中华书局，1980年，第23页。

极”,“太极”是“究竟至极”之意。然而陆九渊却训“极”字为“中”,他认为这样更符合《通书》所表达的思想内涵。

> 且“极”字亦不可以“形”字释之,盖“极”者“中”也,言“无极”则是犹言无中也,是奚可哉!若惧学者泥于形气而申释之,则宜如《诗》言“上天之载”,而于下赞之曰“无声无臭”可也。岂宜以无极字加于太极之上?[①]

陆九渊指出“极”应理解为“中”,而“无极”意味着“无中”,即没有中心或极限。陆九渊还指出,不应将“无极”诠释为“无形”或“无气”,而应借鉴《诗经》中“无声无臭”的表述来理解,避免将“无极”这一概念强加于“太极”之上。《诗经·大雅》“上天之载,无声无臭”这一句的表达,以“无声无臭”赞美上天化育万物之功,即上天化育万物之时,没有声音,也没有气味。

陆九渊将“极”之意训为“中”,这样避免学者将“无极”理解为形器。朱熹认为如果训“极”字为“中”,那么“无极”则为“无中”,这样文意将会更加不通。朱熹还进一步反驳道:“‘上天之载’是就有中说无,‘无极而太极’是就无中说有。”[②]由此可见,朱熹坚持以“无形而有理”解释“无极而太极”,认为周敦颐所言“无极”蕴含着生物之理。

> 问:“《太极解》引‘上天之载,无声无臭’,此‘上天之载’,即太极否?”曰:“苍苍者是上天,理在‘载’字上。”[③]

朱熹在此处将“无极而太极”这一命题与《诗经》中的“上天之载,无声无臭”之语相关联。他认为“太极”应是上天所承载之物,太极即理。

> 周子所谓“无极而太极”,非谓太极之上别有无极也,但言太极非有物耳。如云“上天之载,无声无臭”。故云“无极之真,二五之精”,既言无极,则不复别举太极也。若如今说,则此处岂不欠一

① 陆九渊:《陆九渊集》,北京:中华书局,1980年,第23—24页。

② 朱熹:《朱子全书》第21册,朱杰人、严佐之、刘永翔编,上海:上海古籍出版社、合肥:安徽教育出版社,2002年,第1574页。

③ 朱熹:《朱子语类》第6册,黎靖德编,北京:中华书局,2020年,第2887页。

“太极”字耶？[①]

朱熹认为“无极而太极”并不是说在“太极”之上还有一个独立的“无极”，而是强调“太极”作为形而上之理存在，“上天之载，无声无臭”与“无极之真，二五之精”都是在描绘太极。

二、无极而太极论

丁若镛在回答正祖（1752—1800年）询问关于“无声无臭”与《中庸》之道的关系时，他的回答如下：

> “无声无臭”之同于“无极”者，臣以为“无声无臭”是形容上天不言不动之功化也。无极、太极，不过以一团元气，从无物中凝成之谓也。以臣溲学，诚无以勘合也。[②]

丁若镛认为“无声无臭”并不能与“无极”这一哲学范畴相等同，他认为“无声无臭”形容的是上天孕育万物的功绩。在他看来，“无极”与“太极”均不过是“一团元气”，故而“无极而太极”仅是描绘了从元气之中生成万事万物的过程。在他看来“无极而太极”这句不仅不能等同于“无声无臭”，而且也不能与《中庸》所言之道相符合，这是丁若镛在回答正祖提问时做出的说明。在康津流放期间，他对这一段内容进行了修改。他详细地介绍了正祖提问的缘由：

> 御问曰：“首章所谓‘喜怒哀乐未发之中’，即无极而太极也，此章所谓‘上天之载，无声无臭’，即太极本无极也。胡氏此言，诚极允当。苟于此见得透彻，说得分晓，则三十三章之微辞奥旨，庶可以随处贯通，幸慎思而明辨之。”[③]

---

① 朱熹：《朱子语类》第6册，黎靖德编，北京：中华书局，2020年，第2886页。

② 丁若镛：《文集Ⅰ》，《定本与犹堂全书》第2册，首尔：茶山学术文化财团，2012年，第76页。

③ 丁若镛：《中庸讲义补》，《定本与犹堂全书》第6册，首尔：茶山学术文化财团，2012年，第393页。

在此可知，正祖的提问源于元代学者胡炳文对《中庸》第三十三章的注解，胡炳文认为“无声无臭之天”是人不显露的德行，即未发之中。

天命之性，尔是无声无臭之天，即吾不显之德。而不显之德，即吾浑然未发之中者也。子思子首章独提此一“中”字，即周子所谓“无极而太极”也。末又约而归之于此，即周子所谓“太极本无极”也。①

胡炳文由此将《中庸》所言“中”与周敦颐的宇宙论紧密相连。他认为子思在《中庸》首章提到的“中”，即周敦颐“无极而太极”“太极本无极”之说。朱熹认为“戒慎”“恐惧”为致中之本，强调在独处时保持谨慎和敬畏的态度，这是达到“中和”境界的根本。

朱子于《中庸或问》，以戒慎恐惧为致中之本，其说至精至确。由是观之，则喜怒哀乐未发，非心知思虑之未发，岂冲漠无眹之象乎？②

丁若镛对朱熹将“喜怒哀乐未发”诠释为“冲漠无眹”表示怀疑，认为这样的解读可能导致人们忽略“未发”阶段潜藏的情感与道德意识。丁若镛主张“未发”只是人的喜怒哀乐之情并未显现，但这并不意味着心在此时没有发生作用，因此他认为“未发”是指情未发，而不是心的思虑未发，在心的思虑未发显的状态，此时的修养工夫是“慎独”。

慎独之能致中和，何也？未发者，喜怒哀乐之未发，非心知思虑之未发。当此之时，小心翼翼，昭事上帝，常若神明照临屋漏，戒慎恐惧，惟恐有过，矫激之行，偏倚之情，惟恐有犯，惟恐有萌，持其心至平，处其心至正，以待外物之至，斯岂非天下之至中乎？③

丁若镛强调，在喜怒哀乐之情未发之时，人应当保持高度的自觉与自

① 胡炳文：《中庸通》卷三，《钦定四库全书》，乾隆四十六年，第37页。

② 丁若镛：《中庸讲义补》，《定本与犹堂全书》第6册，首尔：茶山学术文化财团，2012年，第393—394页。

③ 丁若镛：《中庸讲义补》，《定本与犹堂全书》第6册，首尔：茶山学术文化财团，2012年，第235—236页。

律，时刻注意自身的言行举止，犹如处于神明监督之中。他认为通过“慎独”的修养工夫能达到致中和之境界。“慎独”指的是在无人察觉、无人监督的情况下，对自身言行的自律。它不仅包括对行为的谨慎，更涵盖了对内心状态的自我审视。

“上天之载”，《扬雄传》作“上天之縡”，“縡”者，宰也。既为宰制，则主张万化，至诚无息，亦岂冲漠无眹之象乎？无极之真，臣不知其何物，而大抵是冲漠无眹之意，则岂可以此说《中庸》乎？①

“上天之载”语出《诗经·大雅·大明》，形容天的运行广大无垠、无声无臭、自然而然又主宰万物。《扬雄传》中将“上天之载”写作“上天之縡”。“縡”在这里解释为“宰”，即统治或掌控。既然“縡”指代“宰制”，就意味着它代表了对万象的主张和掌控，这与“载”有相似的含义。故而丁若镛主张，“上天之载”之“载”，实应作“縡”，寓宰制之意，天虽默默无言，却主宰万物，令其生生不息。

在丁若镛看来，天为“主宰之天”，“主宰之天”才是万物的根本。这一方面是发挥了儒家经典中天作为人格神的主宰之性格，另一方面也受到了以利玛窦（1552—1610年）为代表的西方传教士传来的“天主”概念的影响。②因此他认为天是人敬畏的对象，因为天对人有监督作用。

所不睹者，何也？天之体也。所不闻者，何也？天之声也。何以知其然也？经曰：“鬼神之为德，其盛矣乎！视之而弗见，听之而弗闻，体物而不可遗，使天下之人，齐明承祭，洋洋乎如在其上，如在其左右。”不睹不闻者，非天而何？民之生也，不能无欲，循其欲而充之，放辟邪侈，无不为已。然民不敢显然犯之者，以戒慎也，以恐惧也。孰戒慎也？上有官执法也。孰恐惧也？上有君能诛殛之也。③

---

① 丁若镛：《中庸讲义补》，《定本与犹堂全书》第6册，首尔：茶山学术文化财团，2012年，第394页。

② 吴震主编：《东亚朱子学新探索——中日韩朱子学的传承与创新》下册，北京：商务印书馆，2020年，第613页。

③ 丁若镛：《中庸讲义补》，《定本与犹堂全书》第6册，首尔：茶山学术文化财团，2012年，第232页。

丁若镛认为“君子戒慎乎其所不睹，恐惧乎其所不闻”的正是“天之体”与“天之声”。他认为，天之体与天之声是无法被直接被看到和听到的，正如鬼神的德行盛大而无形，虽然看不见、听不到，但却无处不在。他认为天是监督人的长官，令人心生畏惧，人才能做到戒慎、恐惧。

他在此指出“无极之真”是“冲漠无眹”的象。胡炳文将“无声无臭”解读为天不显之德，即未发之中，他认为《中庸》首章提到的“喜怒哀乐之未发，谓之中”就是周敦颐所说的“无极而太极”，而“上天之载，无声无臭”则为“太极，本无极也”之意。在丁若镛看来，周敦颐所言“无极本太极也”一句与《中庸》第三十三章的内容并不相符。他对朱熹与胡炳文对“无极而太极”命题的解读均不认同。在他看来，“无极”与“太极”不过是“一团元气”，故而“无极而太极”仅是描绘从元气之中生成万事万物的过程。

丁若镛认为周敦颐所作《太极图》不过是将坎、离两卦相结合，而坎离的阴阳原理在道教典籍《周易参同契》中已有详尽阐述，因此太极并不具备宇宙终极本原的哲学地位，他认为朱熹将“太极”解释为“理”，是强行构建出空洞无意义的太极之理。

> 盖《太极图》不过合坎、离两卦者，而坎、离之理，详著于《参同契》。不必为万理之本，而后儒之言理者，于空荡荡地，必说苍苍太极理出来，非臣浅见所可蠡测。《中庸》之微辞奥旨，求于《中庸》之内，亦必透彻，何必合太极而言之耶？但患慎思之工未至，故明辨之法莫施矣。[①]

他认为若要把握《中庸》之旨，无需借助《中庸》文本外的“无极而太极”以及“太极本无极”等命题来解释，这反映出他对传统性理学研究方法的反思与批判。他主张从《中庸》文本内部去挖掘和把握其细微、精深的义理，他进一步反思道，之所以很多研究者不能正确理解《中庸》，归根结底还是他们在思考和

① 丁若镛：《中庸讲义补》，《定本与犹堂全书》第6册，首尔：茶山学术文化财团，2012年，第394页。

分析方面下的工夫不够深、不够到位，所以才无法真正理解《中庸》之内涵。

三、批驳“敬”与“无欲”的修养工夫

北宋儒学家为应对佛教和道教思想的挑战，十分重视心性论修养。周敦颐在《太极图说》中说：“圣人以中正仁义为定，而主静，立人极焉。”周敦颐提出了“主静”的修养方法。二程则对周敦颐的“主静”学说进行了修改，将其改为“主敬”，至此“敬”成为心性修养的关键。朱熹继承了二程的主敬思想，将敬作为圣门的核心义理和学者修养的基础。朱熹认为静坐是修养工夫的第一阶段。

> 始学工夫，须是静坐。静坐则本原定，虽不免逐物，及收归来，也有个安顿处。譬如人居家熟了，便是出外，到家便安。如茫茫在外，不曾下工夫，便要收敛向里面，也无个着落处。①

朱熹认为通过静坐，可以收敛内心，让心安定下来，虽然也会受到外界事物的影响而分心，但最终能将心绪安顿下来。就像人在熟悉的家中感到安定一样，通过静坐，可以在纷扰的外界中找到内心的归属和稳定。如果不进行静坐，就像在外漂泊，没有一个安定的地方让心安定。朱熹也意识到一味地静坐并不能解决实际问题。

> 一之问：“存养多用静否？”曰：“不必然。孔子却都就用处教人做工夫。今虽说主静，然亦非弃事物以求静。既为人，自然用事君亲，交朋友，抚妻子，御僮仆。不成捐弃了，只闭门静坐，事物之来，且曰：‘候我存养！’又不可只茫茫随他事物中走。二者须有个思量倒断始得。”②

圣人教人在实际的事情中进行修养，工夫应落实到具体的用处。因此尽管朱熹提倡主静存养，但并非要人放弃应对事务，只是闭门静坐。朱熹在此阐明，修养之道非仅静坐可成，而应依事而行，实事求是。孔子将教学重

① 朱熹：《朱子语类》第1册，黎靖德编，北京：中华书局，2020年，第266页。
② 朱熹：《朱子语类》第1册，黎靖德编，北京：中华书局，2020年，第267—268页。

心置于“用处”，要求弟子在礼乐制度、人伦关系中实践仁义。人必须履行对君主、亲人、朋友、妻子和仆人的责任，而不是仅仅闭门静坐，任事态发展。

朱熹主张真正的修养应在面对事物时有思考和判断。朱熹说：“人能存得敬，则吾心湛然，天理粲然，无一分着力处，亦无一分不着力处。”[①]在己丑中和新说时，朱熹认为心有已发和未发两种状态。未发阶段是指思虑尚未萌生时，心体流行而静寂不动，已发阶段则是思虑已经萌生，心体流行感而通达。性是未发，情是已发，心贯通已发与未发。朱熹发展出“敬”贯通动静的修养工夫论，在未发时强调“主敬涵养”以存养本心，在已发时注重以“省察”，通过持敬工夫实现“静时存养，动时省察”的贯通性修养论。丁若镛质疑朱熹的“敬”的修养工夫，他认为通过“敬”的工夫，心是难以保持其湛然虚明的状态的。

> 真体之湛然虚明，鉴空衡平。虽亦可贵，必其行事笃实，乃保本真。直把此物，求其空明。未有不内发心疾者。古圣人正己正物之学，朴实有据，不若是之幽虚也。[②]

丁若镛认为心之体是湛然虚明的。但是“真体”更需要通过实际行动来保持。古圣人的“正己正物”学说，虽然朴实却更加符合实际，提供了行之有效的修养和实践方法。他指出敬的工夫需要有所向，有明确的目标或对象。如果没有特定的目标或用途，“敬”也就没有实际意义。

> 敬者，有所向之名，若无所向，亦无所用敬。惟本心涵养，莫如敬以直内，故君子有对越主敬之工。然此工夫比之手口动作之功，倍难倍高。岂可曰无所用心乎？若无故静坐，亦何异于坐禅也。[③]

丁若镛强调真正的涵养在于内心。敬的实践比起表面上的行为更加困

---

① 朱熹：《朱子语类》第1册，黎靖德编，北京：中华书局，2020年，第259页。

② 丁若镛：《大学公议》，《定本与犹堂全书》第6册，首尔：茶山学术文化财团，2012年，第119页。

③ 丁若镛：《论语古今注Ⅱ》，《定本与犹堂全书》第9册，首尔：茶山学术文化财团，2012年，第325页。

难，也更加高深，将敬之情感直接投注于内心，意味着敬的实践应该是真诚和深刻的，不是表面的形式。丁若镛在此进一步指出如果没有特定的目标与行动，静坐的工夫与佛教“坐禅”无异。

> 《易》曰：“敬以直内，义以方外。”接物而后，敬之名生焉，应事而后，义之名立焉。不接不应，无以为敬义也。①

丁若镛指出在《易经》中的“敬”指内心的正直和恭敬，是对内在道德规范的遵循，而“义”则指外在的正直和公正，是对外在社会规范的遵守。丁若镛认为只有在实际的事务中应对和行动，才能显示出义的标准和价值。他认为对具体事务和社会关系做出应对之后，敬与义之名才会成立。丁若镛与朱熹对“敬”的理解和实践存在明显差异。朱熹将“敬”视为内外结合的修养工夫，强调静坐和应对事物的统一。而丁若镛则更关注“敬”的实际指向和目标，认为缺乏具体实践和方向的敬的工夫的修养效果是有限的。丁若镛严厉批评了单纯依赖静坐修行的做法，进一步强调了实践在修养过程中的重要性。

> 圣可学乎？濂溪先生曰：“可。”曰：“有要乎？”曰：“有。”“请问焉。”曰：“一为要。一者无欲也。无欲则静虚、动直，静虚则明，明则通，动直则公，公则溥。明通公溥，庶矣乎！”②

周敦颐在《通书》中明确提出“圣可学”的命题，提出了“学可为圣人”的修养工夫论，关键在于“无欲”。人若能做到无欲，则能达到内心虚明宁静的状态。在此状态下，无论动静，皆能持守正直。内心虚静使人智慧生发，通达事理，在应对事物和处理人际关系时，行为正直则能确保公正无私，进而广泛施予他人恩惠。周敦颐认为，当一个人具备了这种明慧通达、公正无私、溥施恩惠的品德时，便接近于圣人的境界了。丁若镛在此批驳了周敦颐的无欲说。

---

① 丁若镛：《大学公议》，《定本与犹堂全书》第6册，首尔：茶山学术文化财团，2012年，第82—83页。

② 周敦颐：《元公周先生濂溪集》，长沙：岳麓书社，2006年，第63页。

> 吾人灵体之内，本有愿欲一端。若无此欲心，即天下万事，都无可做。唯其喻于利者，欲心从利禄上穿去，其喻于义者，欲心从道义上穿去。欲之至极，二者皆能杀身而无悔。所谓贪夫殉财，烈士殉名也。余尝见一种人，其心泊然无欲，不能为善，不能为恶，不能为文词，不能为产业，直一天地间弃物。人可以无欲哉？孟子所指，盖利禄之欲耳。①

丁若镛认为人若没有欲望，就会无事可做，同时他也指出了欲望如同一把双刃剑，有利有弊，一方面，欲望可以推动人们追求利益和道义，另一方面，当欲望超过一定的限度时，也会导致不可挽回的后果。他提到见过一种极端状态的人，完全没有欲望，没有行动能力和道德选择的可能性。他认为欲望是不能去除的，只能减少，因此他认为相较于周敦颐的无欲说，孟子的寡欲说更为恰当，他主张人们应该减少对利益、金钱的欲求。周敦颐的无欲说是指没有过度的欲望，而丁若镛将其解读为没有"欲求"，这是对周敦颐无欲说的误解。丁若镛对欲望的解读大致等于休谟(David Hume)所讲的"欲望"(Desire)，其是一切行为的原动力。②

> 朱子曰："周先生说，一者无欲也。"然这话头卒急难凑泊。案无欲二字，朱子已病之。龟山曰："以圣人为师，犹学射而立的。"案今人欲成圣而不能者，厥有三端。一认天为理，一认仁为生物之理，三认庸为平常。若慎独以事天，强恕以求仁，又能恒久而不息，斯圣人矣。③

朱熹亦对周敦颐的无欲说进行了否定。因为"无欲"并不足以解决所有问题，减少人的私欲才是关键。相比之下，杨时则提供了成圣的具体方法，他说："以圣人为老师，就像学射箭的人只站在射箭的靶子上看似乎很容易，

---

① 丁若镛：《心经密验》，《定本与犹堂全书》第6册，首尔：茶山学术文化财团，2012年，第219—220页。

② 谢晓东：《落日余晖——丁茶山的新人心道心说》，《清华国学》，2023年第2辑，第287页。

③ 丁若镛：《心经密验》，《定本与犹堂全书》第6册，首尔：茶山学术文化财团，2012年，第220页。

但实际上并不够。虽然我们可以从圣人那里学习很多,但要真正达到圣人的境界,还需要不断地努力。”丁若镛认为,现今那些渴望成圣却未能如愿的人,主要源于三点原因:一是将天视为理所当然之理,二是将仁视为生物的根本法则,三是将庸视为平庸无奇。丁若镛主张,人们若能做到“慎独”,以“恕道”践行仁,并持之以恒、精进不已,即可达到圣人之境。丁若镛还将“恕”分为“推恕”与“容恕”。

推恕容恕,虽若相近,其差千里。推恕者,主于自修,所以行己之善也。容恕者,主于治人,所以宽人之恶也。斯岂一样之物乎?乃若此经之言,求诸人、非诸人,即推恕之倒言者。非直推恕也。先圣之所谓恕者,求诸人而后有诸己,非诸人而后无诸己。此经之所谓恕者,有诸己而后求诸人,无诸己而后非诸人。表里本末,不换倒乎?然其所戒,在于推恕,而不在于容恕。今人于此,误读而误推之,则将曰:“同浴者不可讥裸,同盗者不可讥穿。”以我之心,度他人之心,怡然相容,莫相非议。即其弊将物我相安,狃于为恶,而不相匡正。斯岂先圣之本意乎?经所言者,谓将欲化民,必先自修,将欲自修,必先藏恕。恕者,絜矩之道也。絜矩则我有孝弟,乃可以求诸民,絜矩,则我无不孝,乃可以非诸民。理虽相通,言必有序。今直以求诸人、非诸人为恕,则表里本末,即地换倒。故曰:“求诸人,非诸人,推恕之倒言者”也。[①]

丁若镛严格区分了“推恕”与“容恕”,认为二者虽表面相似,实则含义迥异。“推恕”以自修为核心,强调通过自我完善来践行善,而“容恕”则以治人为宗旨,表现为对他人的宽容。他指出,二者在道德实践中的指向截然不同,前者是内向的修身工夫,后者是外向的社会伦理规范,故不可混为一谈。

丁若镛进一步分析指出,经典所言“求诸人、非诸人”实为“推恕”的逆向表述,即先自我完善,再要求他人。然而,若误读此句,仅从字面理解“恕”为

① 丁若镛:《大学公义》,《定本与犹堂全书》第6册,首尔:茶山学术文化财团,2012年,第127页。

无原则的宽容，实则会导致物我相安、习以为常的恶行，而无人相互匡正。他强调，真正的恕道即“絜矩之道”必须以自修为前提，唯有自身具备孝悌之德，方可要求他人遵循，若自身无过，方能批评他人之失。

丁若镛认为，通过“恕”来实现人伦关系，这是从“絜矩之道”的方法论以及“一以贯之”的角度来理解“恕”的。①他将“推恕”视为自我修养的方式，强调只有通过自我完善，才能更好地与他人相处。在他看来，自我修养是在人伦关系中实践“仁”的基础。因此，“推恕”不仅是自我修养的途径，更是在人伦关系中实践“仁”的具体方法。

丁若镛对“恕”的诠释不仅限于人伦关系的调和，更指向道德实践。在他看来，“推恕”所强调的自我修养与“絜矩之道”的方法论，最终需落实于具体的道德行为中，而这正是“敬”的工夫的作用。丁若镛对“敬”的理解，恰恰弥补了传统修养论中可能存在的抽象化的倾向，他反对将“敬”理解为静坐冥思的静态工夫，应赋予其明确的实践方向。在他看来，没有明确实践方向的“敬”的工夫是无效的。

他对周敦颐所言“无欲”的修养论表示怀疑，因为欲望是驱动人生存的动力，没有欲望，人将缺乏行动的目的和方向。丁若镛也意识到过度的欲望可能带来消极后果。因此他提出通过“慎独”和“推恕”的修养工夫，持续加以磨砺，最终达到圣人境界。

---

① 지준호:《다산 정약용의 도덕교육론——도덕교육 내용을 중심으로》,《한국철학논집》,2019年第63辑，第115页。

第五章 朝鲜中后期儒学家对“人极”的诠释

周敦颐在《太极图说》中提出“立人极”的命题，强调人的卓越性与独特性。朝鲜儒学家李滉、奇大升、李珥、丁若镛等在四端七情论中进一步对“人极”这一范畴进行了诠释与发展。他们将人性与情感纳入理气框架进行分析讨论，以此彰显人的道德性与独特地位。李滉认为四端作为道德情感，直接根源于本然之性，乃理之发，其与天命之性同，因此纯善无恶，七情则气质制约，善恶未定，二者异质异名。李滉坚持四端与七情的根源不同，旨在强调天命之性的绝对善，论证人性善，从而突出人的道德性，彰显“人极”的崇高价值。奇大升与李珥将周敦颐所言“五性感动而善恶分”应用于对四端、七情发用机制的探讨，奇大升认为四端与七情皆是“感物而动”，四端只是七情中发而中节的部分，二者同质而异名，强调理气在现实中的不可分离性。李珥认为四端七情与“人心道心”皆是“气发理乘”，因此四端与七情、人心与道心的分歧，在于气的发用。奇大升与李珥认为当“气不用事”时，本然之性不受气质遮蔽，便呈现为四端，李珥进一步提出“本然之气”的概念，主张理乘本然之气则显现为道心，反之则为人心。他们在情的发用机制层面，对周敦颐的“人极”思想进行了发展。丁若镛则通过整合李滉与李珥的四端七情论，以其性嗜好说为基础，建构了四端七情论。他的四端七情论主张四端之心是人所独有的，明确人是道德实践的主体，突出了人的独特性，将周敦颐“立人极”的命题发展到新的高度。朝鲜儒学家们对“人极”的诠释，进一步明确了人在宇宙与社会中的独特地位，突出了人的道德意识，使周敦颐“立人极”的命题在朝鲜实现了新发展。

第一节 李滉的四端七情论

四端与七情在先秦经典文本中,这两个哲学范畴原本分属不同的领域。朱熹在对四端之心进行注释时说道:"恻隐、羞恶、辞让、是非,情也。仁、义、礼、智,性也。心,统性情者也。端,绪也。因其情之发,而性之本然可得见,犹有物在中而绪见于外也。"[①]朱熹将四端归属于情的范畴,并将四端之情视为性的本然发显状态。他在注释七情时说:"喜、怒、哀、乐,情也。其未发,则性也。"[②]这样在朱熹的哲学中,关于"情"的论述有两种,一种是四端之情,一种是七情。但朱熹在《朱子语类》中说道:"四端是理之发,七情是气之发。"[③]朱熹试图在理气二元论架构中调和这一经典诠释的张力。正是这一理论整合,引发了朝鲜性理学史上李滉与奇大升将近八年之久的"四端七情"论辩,双方围绕四端与七情的性质与发用机制及其相互关系等核心问题,通过往复书信进行了深入探讨。

在韩国性理学发展进程中,李滉与奇大升展开的"四七"论辩具有举足轻重的地位,李滉基于孟子"恻隐之心,仁之端也"的性善论立场,在《答奇明彦论四端七情第一书》中提出"四端理之发,七情气之发"的命题。他认为四端作为仁义礼智之端绪,是"理"在情感领域的纯粹显发,具有先天道德性。例如,当人们看到孺子将要掉入井中而涌现出恻隐之心时,这种情感便是"理"的自然显现,是纯粹的道德情感之源。而喜、怒、哀、惧、爱、恶、欲之情,则是"气"受外物牵引而产生的反应。比如,人们因品尝美食而感到愉悦,这种情感反应是在外界事物的刺激下,由"气"所引发的,七情的发生机制与四端有着本质的不同。在李滉看来,因为四端源于天理,因此四端是纯粹至善的,七情是"气"在情感层面的表现,受到外物影响,可能偏离"理"的纯粹性。这种对"理"与"气"的严格区分,以及对四端与七情关系的深入探讨,构成了

① 朱熹:《四书章句集注·孟子集注》,北京:中华书局,2011年,第221页。

② 朱熹:《四书章句集注·孟子集注》,北京:中华书局,2011年,第20页。

③ 朱熹:《朱子语类》第4册,黎靖德编,北京:中华书局,2020年,第1577页。

李滉哲学思想的核心，也成为他与奇大升展开长达八年之久的四端七情论争的核心议题。

> 性情之辩，先儒发明详矣。惟四端七情之云，但俱谓之情，而未见有以理气分说者焉。往年郑生之作图也，有“四端发于理，七情发于气”之说。愚意亦恐其分别太甚，或致争端，故改下“纯善兼气”等语。盖欲相资以讲明，非谓其言之无疵也。今者蒙示辩说，擿抉差谬，开晓谆悉，警益深矣。然犹有所不能无惑者，请试言之而取正焉。夫四端，情也，七情，亦情也，均是情也，何以有四七之异名耶？来喻所谓“所就而言之者不同”是也。盖理之与气，本相须以为体，相待以为用。固未有无理之气，亦未有无气之理。然而所就而言之不同，则亦不容无别。从古圣贤有论及二者，何尝必滚合为一说，而不分别言之耶？[①]

李滉意识到在他协助郑之云修改的《天命新图》中所写的“四端发于理，七情发于气”，存在割裂理气关系的风险，因此以“纯善”“兼气”等修改之。李滉亦承认先儒关于性情的阐述已经很详尽了，确实没有将四端与七情从理气角度进行阐述。朱熹说：“天下未有无理之气，亦未有无气之理”[②]，强调理气为相互依存的关系。李滉基于此，主张“未有无理之气，亦未有无气之理”，李滉在此基础上，以“相须以为体，相待以为用”进一步阐述了理与气的紧密关系。众多先贤圣哲在探讨理与气的问题时，都未曾将二者合并为一种说法，而是会根据具体情况分别进行阐述，因此李滉认为分别言之的方式有助于更清晰、准确地理解两者在不同层面和角度上的差异与特点。

李滉认为四端和七情都属于情的范畴，却有四端、七情之别，这是由于观察角度不同。理与气，相互依存构成事物本体，相互配合发挥作用，没有脱离理的气，也没有脱离气的理。古圣贤在谈及二者时，也未曾将其混为一谈。换言之，李滉承认理与气在具体事物中的不可分离性，但正是因二者

---

① 李滉：《退溪集》：首尔：民族文化推进会，1989年，第413页。

② 朱熹：《朱子语类》第1册，黎靖德编，北京：中华书局，2020年，第2页。

"所就以言之者不同",所以才需要以理气分言之。他认为天命之性与气质之性能够以理气分言之,四端与七情也能够以理气分别言之。

> 子思所谓天命之性,孟子所谓性善之性,此二性字所指而言者,何在乎?将非就理气赋与之中,而指此理原头本然处言之乎?由其所指者,在理不在气,故可谓之纯善无恶耳。若以理气不相离之故,而欲兼气为说,则已不是性之本然矣。夫以子思、孟子洞见道体之全,而立言如此者,非知其一不知其二也,诚以为杂气而言性,则无以见性之本善故也。至于后世程张诸子之出,然后不得已而有气质之性之论,亦非求多而立异也。所指而言者,在乎禀生之后,则又不得纯以本然之性混称之也。故愚尝妄以为情之有四端七情之分,犹性之有本性气禀之异也。然则其于性也,既可以理气分言之,至于情,独不可以理气分言之乎?①

子思所言"天命之性"与孟子所言"性善之性",二者所言"性",并非从经验层面描述人性之实然状态,而是剥离后天形气之杂,直指先天本然之理。子思的《中庸》以"天命之谓性"开宗明义,将"性"溯源于天道,强调其作为天理流行之纯粹,孟子则通过四端之说揭示人性中先天具足之善端,以此证成性善。此二说之共性在于均以"性"为超越气禀的形上本体,即"理"之原初状态,严格区分"性"与"气",认为"性"之本质独立于气质而存在。故其言性之"纯善无恶",实因剥离气禀干扰,仅就理之纯粹性而言。

张载提出"气质之性",并不是颠覆子思、孟子之性善传统,而是基于现实人性之复杂性对先儒理论进行补充。子思、孟子虽洞见性体之本然,然其立论侧重形上之"理",未充分解释现实人性何以有善恶之殊。二程、朱熹引入"气质之性",旨在调和"理"的普遍性与"气"的特殊性。天命之性作为理之全体,虽人人同具,然因气禀清浊厚薄之异,在经验层面呈现为善恶混的状态。

---

① 李滉:《退溪集》,首尔:民族文化推进会,1989年,第408页。

李滉认为若以“性”可分为本然之性与气质之性，则“情”亦可依理气二分法，将情分为四端与七情。四端作为道德情感，直接根源于本然之性，乃理之发，其与天命之性同，因此纯善无恶，七情则属气化流行之感物而动，恰如气质之性之驳杂，受气制约，善恶未定。李滉依据朱熹所言“四端是理之发，七情是气之发”，认为可以将四端与七情分属理气。

> 恻隐、羞恶、辞让、是非，何从而发乎？发于仁、义、礼、智之性焉尔。喜、怒、哀、惧、爱、恶、欲，何从而发乎？外物触其形而动于中，缘境而出焉尔。四端之发，孟子既谓之心，则心固理气之合也。然而所指而言者，则主于理，何也？仁、义、礼、智之性粹然在中，而四者其端绪也。七情之发，朱子谓本有当然之则，则非无理也。然而所指而言者，则在乎气，何也？外物之来，易感而先动者莫如形气，而七者其苗脉也。安有在中为纯理，而才发为杂气？外感则形气，而其发为理之本体耶？四端皆善也。故曰：“无四者之心，非人也。”而曰：“乃若其情，则可以为善矣。”七情善恶未定也。故一有之而不能察，则心不得其正，而必发而中节，然后乃谓之和。由是观之，二者虽曰皆不外乎理气，而因其所从来，各指其所主与所重而言之，则谓之某为理，某为气，何不可之有乎？[①]

李滉在此指出恻隐、羞恶、辞让、是非是发于仁、义、礼、智之性的。四端作为道德情感，其发生学根基在于人性中先天具足的仁义礼智之性，因此孟子才以四端之心界定人之本质，从而论证人性善。朱熹以“心固理气之合”阐释其心性结构，但强调四端之发“主于理”，性纯善之端绪未受形气遮蔽，故四端呈现“皆善”的绝对价值。相较而言，七情则属经验层的气化范畴，七情之发“主于气”。朱熹虽承认七情“本有当然之则”的理之规范，但亦言明其现实发动以形气为质料因，表现为“缘境而出”的过程，故七情是善恶未定的。

---

① 李滉：《退溪集》，首尔：民族文化推进会，1989年，第408页。

在李滉看来，四端以性理为“所主”，因其直接显豁仁义礼智之性体，故虽具心气活动之形式，实为天理本体的自发流行，七情则以形气为“所重”，因其生发必以外境触发形气为必要条件，故虽内含理则之潜在规约，但现实呈现受气机清浊偏正所制。他通过“在中为纯理，发用为杂气”的命题，厘清理与气在情生成中的层级关系，四端作为性体端倪，体现理对气的统摄，七情作为气化苗脉，则凸显气对理的影响。李滉通过理气的严格二分确定理与性之纯善，意在强调人性之善与天理之间牢不可破的关系，提升人格价值。[①]虽然四端与七情都涉及理气，但依据其来源不同，四端与七情有主理、主气之区别。

李滉将天地人物的存在诠释为“理寓于气”，认为理与气是相即不离的关系。人的性情亦是如此，即理在气中，性在气质之中。李滉认为理与气共同构成人之性情，即性理寓于气质而显，虽然理气浑融一体，然而在剖析人性善恶之由时，须分言理气之作用。

> 滉谓就天地人物上看，亦非理在气外，犹可以分别言之。则于性于情，虽曰理在气中，性在气质，岂不可分别言之。盖人之一身，理与气合而生，故二者互有发用。而其发又相须也，互发则各有所主可知，相须则互在其中可知，互在其中，故浑沦言之者固有之，各有所主，故分别言之，而无不可。[②]

从天地万物的角度来看，“理”并非独立于“气”之外，与“气”相须为用。因此“理”与“气”并非彼此分离，而是相互依存、不可分割的，但是各自的作用需要加以区分。李滉主张四端与七情虽然都是情，但是二者的差异不容忽视。四端与七情的根源不同，这可以视为理气关系在情的维度的投射，四端作为“性之情”，以理为本体依据，其善具有先天必然性，七情作为“气之情”，以气为发动条件，其需以理来规范。

① 金香花：《理心和会——李退溪的道德世界》，北京：中国人民大学出版社，2018年，第68页。

② 李滉：《退溪集》，首尔：民族文化推进会，1989年，第418页。

李滉认为二者在心性论上虽为“理气不离”的结构，但因其发生机制与主导因素不同，有所主、所重之别。因此李滉认为须将四端的根源归属“理”，七情的根源归属“气”。他在《答奇明彦论四端七情第二书》中对自己的观点进行了修改，提出了“四则理发而气随之，七则气发而理乘之”的理气互发说。

> 非中无是理，外物偶相感动，感物而动，四端亦然。滉谓此说固然。然此段所引《乐记》朱子之说，皆所谓浑沦言之者，以是攻分别言之者，不患无其说矣。然而所谓分别言者，亦非滉凿空杜撰之论。天地间元有此理，古之人元有此说。今必欲执一而废一，无乃偏乎？盖浑沦而言，则七情兼理气，不待多言而明矣。若以七情对四端，而各以其分言之，七情之于气，犹四端之于理也。其发各有血脉，其名皆有所指，故可随其所主而分属之耳。虽滉亦非谓七情不干于理，外物偶相凑着而感动也。且四端感物而动，固不异于七情，但四则理发而气随之，七则气发而理乘之耳。[①]

周敦颐在《太极图说》中说：“五性感动而善恶分，万事出矣。”[②]仁、义、礼、智、信五常之性，感于外物而动。李滉亦延续其思路，认为四端与七情都是感物而动，但依然坚持四端与七情应当分别视之，认为二者分别言之是有其合理性和必要性。他指出若强行将四端与七情混为一谈而不加区分，可能会导致对二者本质的忽视，从而陷入片面。他认为若将四端与七情对举，分别进行阐述，可以发现七情之于气，类似于四端之于理。它们在发生过程中各有其内在的脉络和逻辑，且各自的名称都有明确的指向。

因此，李滉认为可以根据它们的属性与侧重，将它们分别归属于理或气的范畴。这种分别并不意味着否定七情与理的关联，也不是否认外物对情感的触动和影响。他认为虽然四端与七情在感物而动这一点上并无本质区

---

① 李滉：《退溪集》，首尔：民族文化推进会，1989年，第419页。

② 周敦颐：《元公周先生濂溪集》，长沙：岳麓书社，2006年，第8页。

别,但二者在理气的发用机制上的表现有所不同。具体而言,四端是理发而气随之,而七情则是气发而理乘之。

李滉在《答奇明彦论四端七情第三书》的结尾处,李滉认为以口舌之争的论辩毫无意义,因此建议二人暂停讨论。随即得到奇大升的同意,二人直至1566年为止亦经常有书信往来,但不再谈论四端七情。1566年李滉对奇大升寄来的《四端七情总论》与《后说》表示赞赏,这标志着二人持续将近八年之久的"四端七情"论辩结束。

李滉主张四端与七情是异质的,由此提出理气互发说,在创作《圣学十图》时,对四端与七情的关系又做了进一步的修改,在第六图《心统性情图》中写道:

> 四端之情,理发而气随之,自纯善无恶,必理发未遂而掩于气然后流为不善。七情之情,气发而理乘之,亦无有不善,若气发不中,而灭其理,则放而为恶也。[①]

李滉认为四端之情是理发而气随之,其本质纯善无恶。这里的"理"应为道德伦理的本然之理,四端之情是道德情感的萌芽。然而,当理发未遂,被"气"所掩盖时,就会流为不善。对于七情之情,李滉表示是气发而理乘之,本身并无不善。七情是人自然的情感流露,其产生是气的发动,而理在此过程中发挥作用。若气发而不中节,即情感的表达超出了合理的范围,使得理被湮灭,那么情感就会肆意泛滥从而沦为恶。

在"四端七情"论辩之中李滉与奇大升对各自的观点虽然有所改动,但是二人各自的根本立场均未发生改变。李滉坚持四端与七情是异质的,二者的来源不同,因此主张理气互发说。他的基本观点是四端七情混沦而言时无需以主理、主气来分言,但是若二者对举而言则应以主理、主气来分言。[②]虽然四端与七情都是情,但是二者还是有分别的,四端是理发而气随

---

① 李滉:《退溪集》,首尔:民族文化推进会,1989年,第207页。

② 洪军:《四端七情之辨——朝鲜朝前期朱子学研究》,北京:人民出版社,2018年,第115页。

之，七情则是气发而理乘之，理与气在四端与七情的发用过程中既相互依赖，又各有侧重。

李滉坚持主张在四端与七情理气各有所侧重的原因在于，将四端置于理的领域，从而论证理的纯粹之善，“理”不仅存在于性的层面，也以“情”的形式在现实中显现。[①]由此可见，李滉通过将四端与七情严格分属于理气二元结构，实质上完成了对人性之善的存有论奠基。李滉将四端视为理之直接感发，符合孟子的四端说，孟子认为四端之心是人人都具备的，是人之为人的特征。

他在回答李弘仲时指出：“人心，七情是也，道心，四端是也，非有两个道理也。”[②]至此，四端与七情的差异被进一步锚定于心性结构的内在张力，四端为道心发用，直接呈现天理之至善，七情为人心发用，表现为气禀之自然。四端与七情既在根源处分属道心与人心，又在发用过程中体现情之善恶的差异。李滉在回答李平叔的提问时，又详细阐述了道心人心与四端七情的差别。

> 人心为七情、道心为四端。以《中庸序》朱子说及许东阳说之类观之，二者之为七情、四端，固无不可。滉前日答宏仲云云者，此也。但若各就其名实而细论之，则人心之名已与道心相对而立，乃属自家体段上私有底，盖既曰私有，则已落在一边了，但可听命于道心而为一，不得与道心浑沦为一而称之。至如七情，则虽云发于气，然实是公然平立之名，非落在一边底。故如《乐记》《中庸》《好学论》中皆包四端在其中，浑沦而为说。是以子思谓“喜怒哀乐之未发谓之中，发而皆中节谓之和”则可，若曰“人心之未发谓之中”云云则不可。程子曰“其中动而七情出焉”则可，曰“其中动而人心

① 최영진 외:《한국철학사——16개의 주제로읽는 한국철학》，서울:새문사，2009年，第162页。

② 李滉：《退溪全书》第2册，首尔：成均馆大学大东文化研究院，1971年，第226页。另见宋时烈：《宋子大全》，首尔：民族文化推进会，1993年，第465页。朴长远：《久堂集》，首尔：民族文化推进会，1994年，第399页。

> 出焉"则不可。若夫道心之与四端,虽与人心、七情之说不同,然道心以心言,贯始终而通有无,四端以端言,就发见而指端绪,亦不能无少异,所以答平叔云也。然善观之,则亦不害其为同归矣。[①]

李滉认为大体而言,人心对应七情,道心对应四端。因为依据《中庸序》、朱熹和许东阳的观点,将人心和道心分别对应四端与七情是可行的。然而,若深入剖析其名实关系,人心作为与道心相对的概念,属于个人内在的、带有私心的情感范畴,已经有所偏颇,不能与道心混为一谈,而只能在道心的引导下实现统一。

李滉认为"人心"是不包含"道心"的,七情虽由气而发,但其名称本身是独立存在的,并非如人心那样有所偏颇。按照李滉的理解,七情除与四端相对外,还可用以指一切情感,在这后一种用法中,七情是包含四端在内的,这种关系与人心道心的关系就不相同。[②]因此七情与人心是不能完全等同的。

在李滉看来,尽管道心与四端均是性理之发用,二者仍然存在细微的差异,四端以"端"而言,意味着其如同初露头角的萌芽,是一种初步的、有限的情感显现,仅代表着道德意识的初步觉醒与初始状态,是性理在特定情境下的初步流露。而道心则以"心"来命名,其内涵远超初始表现,它作为深层次的道德理性,具有连贯性,不仅贯穿于人的性情始终,更在人的整个道德认知与实践过程中发挥着主导和引导作用。因此,在李滉的思想体系中,道心与四端虽有联系,但二者并不完全等同,四端是道心在一定阶段的具体体现,道心则是更为根本、更为全面且更具能动性与主宰性。

第二节 奇大升的四端七情论

"四端七情"论辩是朝鲜儒学史上最重要的论争。"四端七情"论辩的发

① 李滉:《陶山全书》第3册,首尔:退溪学研究院,1988年,第139—140页。
② 陈来:《近世东亚儒学研究》,北京:北京大学出版社,2018年,第200页。

生主要根源于先秦经典与朱子学诠释传统之间所存在的张力。在《孟子》《礼记》等经典中，四端与七情分属道德情感与自然情感范畴。在《朱子语类》中，朱熹在回答学生的提问时提出“四端是理之发，七情是气之发”。[①]这为朝鲜儒者留下了广阔的诠释空间。中国儒学传统自宋明以来，学者多聚焦于理气之辨与心性论建构，对情感问题鲜有专门论述。

李滉与奇大升“四端七情”论辩的导火线是郑之云（1509—1561年）绘制的《天命图》。郑之云的《天命图》是以周敦颐的《太极图说》为基础绘制的，他创作此图的初衷是为了教授其弟性理学知识。他希望通过直观的图像形式，将深奥抽象的性理学原理具象化。在郑之云最初绘制的《天命图》中本来没有关于四端七情的表述。[②]（参见图1）李滉偶然间发现这幅图之后与郑之云见面讨论，郑之云受到李滉的指点后才在修改的天命图上增加了关于四端七情的论述。[③]（参见图2）郑之云在《天命新图》中不仅增加了关于四端七情的论述，还与理气相关联，写道：“四端发于理，七情发于气。”李滉之后不断地修改此图，最终李滉将四端与七情的关系定义为“四端理之发，七情气之发”。1558年奇大升在科举应试期间与郑之云见面讨论《天命图》，因此得以初步了解修订的《天命新图》的内容，在与郑之云交流时，奇大升却敏锐指出，《天命新图》将四端完全划归“理”之发用，直接呈现在图中，这是将性情与理气截然二分，这会使学者产生困惑。

① 朱熹：《朱子语类》第4册，黎靖德编，北京：中华书局，2020年，第1577页。

② 郑之云当时他对图中的内容并不是很确定，于是去请教其师金安国（1478—1543年）、金正国（1485—1541年）两兄弟。但最终未能得到确切的答复。后来，金安国、金正国二人相继去世，他因此也一直未能得到二人的指正，于是这幅画一直被保留下来，并流传于世。后来，李滉无意间得到了流传的《天命图》及《天命图解》，发现其中内容存在错误。经过多番打听，他才得知作者正是住在离自己不远处的郑之云。最终两人得以见面，对《天命图》以及《图解》的内容，进行讨论。

③ 방현주：《〈천명도〉의 판본 문제 고찰——사칠논변의 발단이 된〈천명도〉에 대하여》，《한국철학논집》，2014年第40辑，第51—57页。

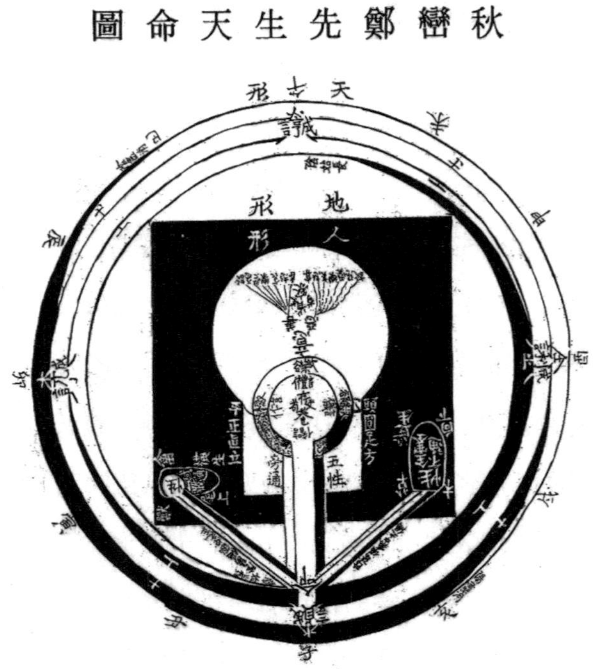

图 1 郑之云的《天命图》,收录于《天命图解》

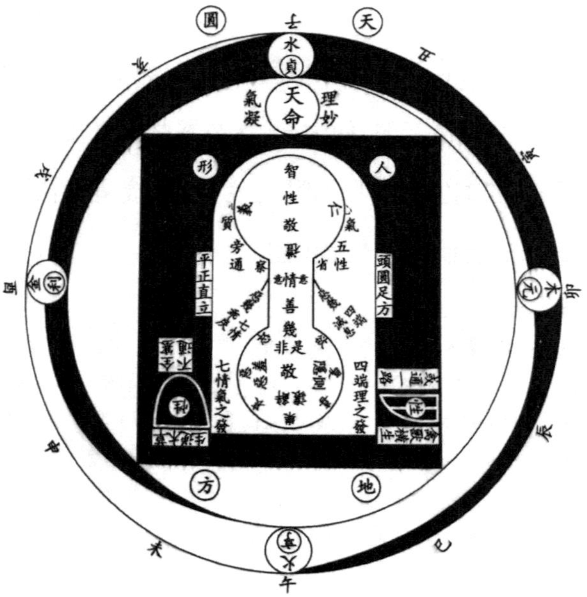

图 2 郑之云的《天命新图》,收录于《天命图说》

奇大升的疑问为李滉所了解后，李滉于1558年主动致函奇大升，在信中将四端与七情的关系改为“四端之发，纯理故无不善，七情之发，兼气故有善恶。”[①]1559年奇大升给李滉回信，二人的“四端七情”论辩自此拉开帷幕。李滉与奇大升则通过书信往复，围绕四端七情的根源、发用机制等展开讨论，将“四端七情”论辩发展成为朝鲜性理学的重要命题。奇大升在回信中阐述不应将四端与七情分属理气，他写道：

> 子思、孟子所就以言之者不同，故有四端七情之别耳。非七情之外复有四端也。今若以为四端发于理而无不善，七情发于气而有善恶，则是理与气，判而为两物也。是七情不出于性，四端不乘于气也。此语意之不能无病，而后学之不能无疑也。若又以四端之发纯理，故无不善，七情之发兼气，故有善恶，虽似稍胜于前说，而愚意亦恐未安。盖性之乍发，气不用事，本然之善，得以直遂者，正孟子所谓四端者也。此固纯是天理所发，然非能出于七情之外也，乃七情中发而中节者之苗脉也。[②]

奇大升指出，孟子所言四端，恻隐之心、羞恶之心、辞让之心、是非之心，是仁、义、礼、智的萌芽，与子思所言七情存在差异，由此导致了对四端与七情区分的不同理解。四端仅是孟子为凸显“本然之善”而从七情整体中剔剥出来的，因此四端并不在七情之外，而是七情的一部分。若将四端归为纯粹天理之发、七情归为气之发，一方面使七情沦为无本之木，另一方面令四端成为悬空之理。

奇大升为消解四端与七情的对立，提出“四端即七情之粹”的命题。他认为，四端是“性之乍发，气不用事”的理想状态下的显发。当气发而中节时，七情中蕴含的本然之善（天命之性）便以四端形式自然呈现，犹如七情的苗脉。因此他批评李滉将四端与七情分别归属于理与气。

李滉认为，四端源自“理”，性质纯善，无恶可言，而七情则源于“气”，善

---

① 李滉：《退溪集》，首尔：民族文化推进会，1989年，第404页。

② 奇大升：《高峰集》，首尔：民族文化推进会，1989年，第321—322页。

恶并存。奇大升指出,李滉将七情完全归于“气”,从而将四端与七情截然分开,导致七情与“性”的割裂,这无疑否定了七情与人性本体之间的内在联系。其次,李滉的主张使四端成为完全不受气的影响的存在,这在经验层面难以成立。

奇大升认为四端并非独立于七情之外,而是七情中发而中节的部分。在他看来,无论是四端还是七情,它们都属于“情”的范畴。因此,从本质上讲,四端与七情是一致的。基于这一立场,奇大升认为四端实际上是包含在七情之中的,二者是包含与被包含的关系。

> 夫理,气之主宰也。气,理之材料也。二者固有分矣,而其在事物也,则皆混沦而不可分开。但理弱气强,理无眹,气有迹,故其流行发见之际,不得无过不及之差。此所以七情之发,或善或恶,而性之本体,或有所不能全也。其善者,乃天命之本然。恶者,乃气禀之过不及也。则四端七情,初非二义也。近来学者不察孟子就善一边剔出指示之意,例以四端七情别而论之,愚窃病焉。[①]

奇大升指出,理是气的主宰,气是理的材料。二者于存有论层面存在差异,但在现实世界中是“混沦而不可分开” 的。他通过理弱气强的命题,阐述了理因具有超越性而无形迹可察,气则因经验性而有形可见,这导致了气化流行过程中必然存在过或不及之差。四端是天命的本然呈现,因此是善的;七情是有善有恶的,因气禀之过或不及。他认为四端与七情的根源相同,性质相同。他批评当时的学者未能理解孟子从善的角度阐释四端的意图,而将四端与七情割裂开来讨论是有问题的。

在情的维度上,奇大升批评李滉将四端与七情截然分开,他主张二者有着共同的根源。依其观点,《孟子》中的四端作为纯善的情感显发,实则是天命之性在理想状态下的完美呈现,而根据《礼记》的观点,七情指的是喜、怒、哀、惧、爱、恶、欲这七种基本情感。这些情感在儒家思想中被视为人天生具备的,而它们的善恶分化则可能源于气禀在具体发用过程中的偏差。

---

①奇大升:《高峰集》,首尔:民族文化推进会,1989年,第322页。

李滉始终强调四端的纯粹性，奇大升指出其未能领会孟子将善剔剥出来论述的意图。在他看来，将四端从七情中抽象剥离的诠释方式，既违背了理气浑融的实存状态，又会导致道德实践中性情关系的割裂。奇大升主张在气禀发用的层面现实展开工夫修养，使学者在七情的具体调适中体认本然之性。这一思路充分彰显了奇大升注重现实伦理实践的学术品格。

奇大升基于“理气不离”的立场，批评李滉将四端与七情分属理气，将二者截然二分，导致“二情二善”的理论困境。

> 四端七情，对举互言而揭之于图。或谓之无不善，或谓之有善恶，则人之见之也，疑若有两情，且虽不疑于两情，而亦疑其情中有二善，一发于理，一发于气者，为未当也。[①]

奇大升指出，李滉在《天命图》中将四端与七情以对比的形式呈现，这种做法可能引发误解。尽管这种方式有助于区分道德情感与自然情感，但它也可能误导读者，使他们认为二者是完全不同的情感，进而误以为人性中存在两种不同的“善”。李滉回信强调自己从未主张过“二情二善”。

> 公意以谓四端七情，皆兼理气，同实异名，不可以分属理气。滉意以谓就异中而见其有同，故二者固多有浑沦言之，就同中而知其有异，则二者所就而言，本自有主理主气之不同，分属何不可之有斯理也？前日之言虽或有疵，而其宗旨则实有所从来。盛辩一皆诋斥，无片言只字之得完。今虽更有论说，以明其所以然之故，恐其无益于取信，而徒得哓哓之过也。[②]

李滉认为，尽管四端与七情在某些方面展现了理气的共通之处，但就二者本质而言，理与气在四端与七情之中各自的作用不同，因此需要加以区分。他还用“天地之性”“气质之性”的区别来区分四端与七情。奇大升对此回应道：

> 来辩以为情有四端七情之分，犹性之有本性气禀之异也。此

① 奇大升：《高峰集》，首尔：民族文化推进会，1989年，第316页。
② 李滉：《退溪集》，首尔：民族文化推进会，1989年，第418页。

言甚当，正与朱子之言互相发明。愚意亦未尝不以为然也。然而朱子有曰："论天地之性，则专指理言；论气质之性，则以理与气杂而言之。"以是观之，所谓四端是理之发，专指理言。所谓七情，是气之发者，以理与气杂而言之者也。①

李滉认为，"情"有"四端"与"七情"之分，在逻辑结构上与朱熹将性分为"天地之性"和"气质之性"相对应。但李滉并未注意到"天地之性"与"气质之性"的区分虽然出自张载，为二程与朱熹所接受，但朱熹却改变了"气质之性"的含义。对于张载、二程而言，"天地之性"是指人之超越的道德生命，"气质之性"则是指由人之自然生命（气质）所构成的"性"，两者是相独立的，其关系是理与气之关系。②朱熹所言"气质之性"即指"天地之性"堕在气质之中。因此"天地之性"是纯理，"气质之性"则是理与气杂，因此"气质之性"与"天地之性"并不是对立的关系。

奇大升亦援引朱熹关于天地之性与气质之性的论断，来进一步分析"情"。他认为四端是"理之发"，即由理直接显发的情，即朱熹所言"天地之性"，是理之纯粹、本然状态的显现；而七情则是理气共同作用显发的情，即朱熹所言"气质之性"。他创造性地主张"情"是本性（理）堕在气质（气）中而为之，所以情兼理气。③

至若论其情，则缘本性堕在气质，然后发而为情，故谓之兼理气有善恶。而其发见之际，自有发于理者，亦有发于气者。虽分而言之，无所不可。而仔细秤停，则亦似不能无碍。况亦四端七情，分属理气，则七情非但专指气而言者。此处曲折，殊觉未安尔。④

奇大升在此重点批判了李滉的气发说，可见他是认同李滉的理发说的，但其对"理发"的理解与李滉存在根本差异。在奇大升的思想体系中，"理

① 奇大升：《高峰全书5》，首尔：民族文化推进会，2007年，第441—442页。

② 李明辉：《四端与七情：关于道德情感的比较哲学探讨》，上海：华东师范大学出版社，2008年，第198—199页。

③ 李甦平：《韩国儒学史》，北京：人民出版社，2009年，第304页。

④ 奇大升：《高峰全书5》，首尔：民族文化推进会，2007年，第443—444页。

发”特指一种理想状态，即天理不受气的遮蔽(气不用事)，全然呈现的情况。基于对“理发”的定义，奇大升驳斥了李滉将“七情”视为“气之发”的观点。他认为情的产生是本性堕落在气质之中，然后发而为情，所以情是兼理气，有善恶的。

奇大升认为“情”并非纯粹源于理或纯粹源于气，而是理与气共同作用的产物。“理气杂糅”的生成机制，决定了现实中呈现的情必然有善有恶。依奇大升之见，四端亦是兼理气的，只是“气不用事”，所以四端与七情一样是理气之合。因此奇大升不认同李滉将“四端”归属于“理发”，将“七情”归属于“气发”的划分方式。他认为，李滉这种将理气截然二分的做法，无法准确反映“情”在现实中显发的情况。奇大升强调，情的显发不可避免地包含着理与气两种因素。

综上所述，尽管奇大升与李滉都认同四端是纯善无恶的，七情是有善有恶的，但他们对“四端”与“七情”的根源、发用机制以及二者关系的解读存在显著分歧。李滉认为四端发于形而上之纯理，而七情发于形而下之气，气随理发；而奇大升则认为四端与七情同质，皆发于理。奇大升主张“四端”与“七情”同质，二者皆根源于性(理)，符合天理节度、展现出纯粹善良的道德情感，便是“四端”；而受到“气”的影响、偏离了天理节度(过或不及)的一般情感，则是“七情”。因此，奇大升认为四端与七情是同实异名的，四端是七情中发而中节的部分，四端包含在七情之中。李滉主张“四端”与“七情”异质，“四端”发于纯粹之理，是道德本性的直接显发，“七情”发于形气，是受外物感动后情感的显发。李滉四端七情论强调四端与七情在根源上是完全不同的，二者是异质的。

相较于奇大升的主张，李滉的四端七情论在朱熹的思想材料中的依据较少，实际上其理论是对朱熹人心道心论的扩展。按照朱熹的思想，道心源于性命之正，人心源于形气之私。道心可理解为根源于“理”而发显的意识活动，其发动以“理”为主导，人心可理解为根源于“气”而发显的意识活动，其发动以“气”为主导。简而言之，道心理之发，人心气之发。因此李滉的四端七情论可以视作是朱熹人心道心论应用于情感分析的一个完全合乎逻辑的发展。①

李滉以“理发”与“气发”作为区分道德情感与一般情感的标准,试图从情感的根源处彻底区分“四端”与“七情”。在李滉看来,四端是纯粹天理(性)的直接发动,因此纯善无恶;而“七情”则是形气受外物触动后的反应,其发动由“气”主导,故有善有恶。奇大升则主张四端与七情皆是情,均是感物而动,因此十分重视气的作用。在二人往来的书信中,最形象的比喻是“天上之月”与“水中之月”。这一比喻首先由奇大升提出,用以说明“四端”与“七情”的关系。

> 若就性上论,则正如天上之月与水中之月,乃以一月随其所在而分别言之尔,非更别有一月也。今于天上之月属之天,水中之月属之水,亦无乃其言之有偏乎?而况所谓四端七情者,乃理堕气质以后事,恰似水中之月光。而其光也,七情则有明有暗,四端特其明者。而七情之有明有暗者,固因水之清浊。而四端之不中节者,则光虽明而未免有波浪之动者也。又曰敢问喜怒哀乐之发而中节,为发于理耶?为发于气耶?而发而中节,无往不善之善,与四端之善,同欤异耶?②

奇大升认为“天上之月”与“水中之月”一样,即无论是高悬于天空中的月亮,还是倒映在水中的月亮都是一样的。奇大升认为四端就是七情中发而中节的部分,那么将四端七情与“水中之月”相对应,四端是水中之月光影明亮的部分,七情是水中之月光影暗沉的部分。

他将四端与七情的关系与朱熹所言天命之性与气质之性相对应,其中天命之性源于太极之理,是绝对的善,而气质之性则有清浊之分,善恶之别。虽然四端如同天命之性,是映在水中的月亮光影明亮的部分,但是随着水的清浊的变化,四端也会无法显现,即出现四端不中节的现象。即因为水的清

① 陈来:《近世东亚儒学研究》,北京:北京大学出版社,2018年,第163页。

② 奇大升:《高峰集》,首尔:民族文化推进会,1989年,第316页。

浊状态，导致倒映在水中的月亮呈现状态有所变化。这就是说不仅七情的显现会不中节，四端的显现也会不中节。奇大升还进一步阐明发而中节的四端之善与七情之善是没有区别的。李滉不赞同“天上之月”与“水中之月”皆同的说法。他的回应如下：

月落万川，处处皆圆之说，尝见先儒有论其不可，今不记得。但就来喻而论之，天上水中，虽同是一月，然天上真形，而水中特光影耳。故天上指月则实得，而水中捞月则无得也。诚使性在气中，如水中月影，捞而无得，则何以能明善诚身而复性之初乎？然此则就性而取比，犹或彷佛，若比于情，则尤有所不然者。盖月之在水，水静则月亦静，水动则月亦动。其于动也，安流清漾，光景映彻者，水月之动，固无碍也。其或水就下而奔流，及为风簸而荡，石激而跃。则月为之破碎闪飐，凌乱灭没，而甚则遂至于无月矣。夫如是，岂可曰：“水中之月，有明有暗，皆月之所为，而非水之所得与乎？”滉故曰：“月之光景，呈露于安流清漾者，虽指月而言其动，而水动在其中矣。若水因风簸石激，而汩月无月者，只当指水而言其动，而其月之有无明暗，系水动之大小如何耳。”①

李滉认为“天上之月”和“水中之月”虽然看似一样，但是只有“天上之月”是真实的，水中的月只是倒影而已。李滉还重点说明水的不同状态，也会导致呈现在水中的月亮不同。他还举例说明水的两种极端情况对月之倒影的影响，他坚信，唯有水面静止之时，“天上之月”方能与“水中之月”完美契合，而水面一旦泛起涟漪，乃至波涛汹涌，则“天上之月”的倒影便无从显现。李滉虽然也将四端与七情比喻为水中之月，但是他认为四端如同映在平静水面上的月亮，七情则是映在波动的水面上的月亮。这样就解释了七情的不善实际出自气，与理无关。因此，李滉不认同奇大升主张四端的发现会不中节的这一情况。

在李滉看来，以理气关系来解读天地人物的存在，可以视为理在气中。

① 李滉：《退溪集》，首尔：民族文化推进会，1989年，第431—432页。

那么性情也是如此，也是理在气中，性在气质之中，因此依然可以分开来说。他主张人乃理气共生之体，故而理与气各自的作用需加以区分。

> 滉谓就天地人物上看，亦非理在气外，犹可以分别言之。则于性于情，虽曰理在气中，性在气质，岂不可分别言之。盖人之一身，理与气合而生，故二者互有发用。而其发又相须也，互发则各有所主可知，相须则互在其中可知，互在其中，故浑沦言之者固有之，各有所主，故分别言之，而无不可。①

李滉始终坚持四端主于理纯善，七情主于气兼善恶。奇大升认为四端与七情都是性之所发，并且他根据性理学人性论“未发为性，已发为情”的原则，进一步指出不仅七情是乘气而发，四端亦是乘气而发。②因此奇大升认为四端与七情是“同实而异名”的，二者的分歧在于“性发为情”时是否中节，发而不中节则为恶。

> 鄙说固曰：“性之乍发，气不用事，本然之善，得以直遂者，正孟子所谓四端者也。”盖所谓四端者，虽曰非无气，而其于发见之际，天理本体，粹然呈露，无少欠阙，恰似不见气了。譬如月映空潭，水既清澈，月益明朗，表里通透，疑若无水，故可谓之发于理也。若或以气参看，则岂孟子之旨哉？③

奇大升认为，孟子所提出的四端之心，是人性在最初萌发时的善的萌芽。在这一阶段，气的作用尚未凸显，从而使天理本体得以毫无阻碍地展现。因此，四端可以视为发于理，而非发于气。他强调，性之乍发指的是人的本性在最初萌发的状态，这种状态下的表现是人性中善的最初、最纯粹的体现，是天理在人性中的直接呈现，没有受到气的干扰。

奇大升进一步解释了四端与气的关系，虽然四端并非完全与气无关，但

---

① 李滉：《退溪集》，首尔：民族文化推进会，1989年，第418页。

② 洪军：《四端七情之辨——朝鲜朝前期朱子学研究》，北京：人民出版社，2018年，第149页。

③ 奇大升：《高峰全书5》，首尔：民族文化推进会，2007年，第468页。

在四端表现出来的那一刻，天理本体纯粹地呈现出来，没有任何欠缺，就好像没有气的存在一样。这表明，在四端显现的瞬间，气的作用被暂时遮蔽，天理则占据上风，使四端展现出纯粹的善。他强调，此状态下的四端，乃人性中善的显现，天理直接映射于人心，气无从干扰。

他进一步阐述道，气虽然在日常生活中会对人的行为和情感产生影响，但在四端初发的瞬间，这种影响被暂时搁置。四端的萌生，是人性中善的自然流露，恰如天理于人心之自然绽放。这种状态下的人性，是最接近天理本体的，是最纯粹、最本真的。因此，四端不仅是人性中善的最初体现，也是天理在人性中的完美呈现。

奇大升以“月映空潭”为喻，追求气顺理而行，气不阻碍理的呈现状态。他主张通过澄明化育气的方式，来让理的本然状态得以更加清晰地呈现。他借助“月映空潭”这一独特譬喻，构建了别具一格的理气互动关系。传统的“水镜映月”譬喻通常遵循单向显现逻辑，而奇大升则另辟蹊径，着重强调潭水（气）与月影（理）之间的依存关系。他认为，潭水的澄澈无波是映现月光的先决条件，而月光的明亮照耀也是形成完整意象不可或缺的一环。四端作为道德情感的外在显现，本质上都是由“气发”达成的。他针对李滉的理气互发说，提出：

情之发也，或理动而气俱，或气感而理乘。①

奇大升认为不论四端还是七情，二者是同质的，因此可以将二者一律统称为情。②他在此强调了理与气在情感发用过程中的紧密联系，揭示了情的发用机制。在“理动气俱”的理想情境中，四端作为性理直接显发的情感，具有先天的道德纯粹性，而“气感理乘”的七情，则因气而产生偏差。正是因为四端与七情是同质的，因此四端必然出现不中节的情况。

夫以四端之情为发于理，而无不善者，本因孟子所指而言之

① 奇大升：《高峰全书5》，首尔：民族文化推进会，2007年，第468页。
② 李甦平：《韩国儒学史》，北京：人民出版社，2009年，第311页。

> 也。若泛就情上细论之，则四端之发，亦有不中节者，固不可皆谓之善也。有如寻常人，或有羞恶其所不当羞恶者，亦有是非其所不当是非者。盖理在气中，乘气以发见，理弱气强，管摄他不得，其流行之际，固宜有如此者，乌可以为情无有不善，又乌可以为四端无不善耶？此正学者精察之地。若不分真妄，而但以为无不善，则其认人欲而作天理者，必有不可胜言者矣。[①]

他指出，孟子虽特举四端彰显性善本质，但在情感显发的现实中，四端是“理在气中，乘气以发见”，四端亦会因“理弱气强”的发用机制产生偏差，如常人“羞恶其所不当羞恶”，实证四端之发必须依托气。他强调，四端作为“理乘气发”的情感形态，本质上仍属七情的范畴，其所谓“善”仅指气化过程中理的主宰性充分显发的理想状态，即“发而中节”。但当理无法管摄气时，即便是四端亦会偏离理之本然。

奇大升关于“四端亦有不中节”的论述是符合朱熹的逻辑的，朱熹也有关于“四端不中节”的论述，但他加了一个限定“有如寻常人”，这却未必完全符合朱子之意。[②]李明辉认为奇大升“四端亦有不中节”之说可以推导出“四端亦有不善”之说，这在《孟子》书中毫无根据，而且直接违背孟子性善说。[③]韩国学者洪性敏认为奇大升反复提及的是普通人的四端问题，这是因为奇大升更关注现实情境中不完美或失败的四端表现，而非仅聚焦于理想的、本原性的四端。[④]

奇大升在1566年作《四端七情后说》与《四端七情总论》二文，对自身四端七情论进行总结。奇大升虽对李滉的观点有所肯定，亦对自己的观点有所修订，但是他并没有放弃理气浑沦说的基本立场。

---

① 奇大升：《高峰全书5》，首尔：民族文化推进会，2007年，第450页。

② 刘莹：《再论“气不用事”——以“返礼学”思潮为视角》，《东亚学》，2023年第4辑，第244页。

③ 李明辉：《四端与七情：关于道德情感的比较哲学探讨》，上海：华东师范大学出版社，2008年，186页。

④ 홍성민：《고봉 기대승의 사칠론에서 중절의 의미》，《동양철학》，2017年第47辑，第91页。

> 四端是理之发，七情是气之发。夫四端发于理而无不善，谓是理之发者，固无疑矣。七情兼理气、有善恶，则其所发虽不专是气，而亦不无气质之杂，故谓是气之发，此正如“气质之性”之说也。盖性虽本善，而堕于气质，则不无偏胜，故谓之气质之性。七情虽兼理气，而理弱气强，管摄他不得，而易流于恶，故谓之气之发也。然其发而中节者，乃发于理而无不善，则与四端初不异也。[①]

奇大升指出，四端是理的直接体现，其发于理而无不善，是纯粹的善的体现。四端的善是先天的、纯粹的，是道德的根源。而七情则是理与气的混合产物，既有善的一面，也有恶的一面。七情的产生虽然也包含理的因素，但由于气的强势，容易被气左右，从而偏离理而流于恶。因此，七情为“气之发”，强调其受气影响。

尽管七情兼理气，但其表现形式往往偏向于气的方面。这是因为现实中气之强盛，使得理难以全然驾驭，致使七情易被气遮蔽。然而，当七情“发而中节”时，其本质上仍然是发于理的，与四端并无二致。这说明，尽管七情于表现形式上由气所左右，然其本质仍可复归于理，关键在于能否经由修养之功，使之契合理。

> 但四端只是理之发，孟子之意，正欲使人扩而充之，则学者于四端之发可不体认以扩充之乎？七情兼有理气之发，而理之所发，或不能以宰乎气。气之所流，亦反有以蔽乎理。则学者于七情之发，可不省察以克治之乎？此又四端、七情之名义各有所以然者。学者苟能由是以求之，则亦可以思过半矣。[②]

奇大升指出，恻隐、羞恶、辞让、是非四端之心是理的直接体现，其发于理而无不善，是纯粹的善的体现。孟子强调要通过扩充四端来实现道德的完善，学者应当深刻体认并不断扩充四端，以达到道德的至善。相比之下，喜、怒、哀、惧、爱、恶、欲七情则是理与气的混合产物，既有善的一面，也有恶的一面。由于气的强势和理的相对弱势，七情容易偏离理而流于恶。因此，

① 奇大升：《高峰全书5》，首尔：民族文化推进会，2007年，第476页。
② 奇大升：《高峰全书5》，首尔：民族文化推进会，2007年，第476页。

学者需要对七情进行省察和克治,以确保其符合道德的要求。

奇大升进一步强调,四端与七情的区分对于学者的道德修养具有重要的实践意义。四端作为理的直接体现,是道德修养的基础,学者应当通过体认和扩充四端来培养自己的道德品质。而七情由于其复杂的理气关系,需要学者时刻保持警惕,通过省察和克治来避免其偏向恶。

在"四端七情"论辩中,奇大升为批判李滉的"理气二分"倾向,提出了"理气浑沦"的核心主张。基于此,他认为四端与七情本质上皆是"理气兼发"。具体而言,奇大升遵循孟子本义,认为四端是"发于理"的道德情感,在理想状态下,气不发生作用,天理得以全然呈现。然而,他意识到在情感的实际显发过程中,四端之情的显发,为"理乘气而发",其纯粹性必然会受到气的干扰;七情为理气兼发,但因"理弱气强",其显发实由气主导,为"气之发"。他还运用"月映空潭"的比喻,进一步阐明理气关系:平静无波的水潭,如同空潭一样能清晰映现明月,象征四端在"气不用事"的理想状态下的全然呈现;而水波涌动时,月光虽在却难以全然呈现,如同七情在显发之时理隐气显的情形。由此可见,奇大升的四端七情论消解了李滉的四端七情论中道德情感与一般情感的二元对立,从而为李珥的气发理乘一途说奠定了基础。

奇大升与李滉长达八年之久的四端七情论争,不仅是二人在思想上的激烈碰撞,也是朝鲜儒学家对性理学理气论进行深度本土化与创造性发展的体现。这场争论始于朝鲜性理学最为兴盛的16世纪中叶,李滉提出"四端理之发,七情气之发"的理气互发说,而奇大升则提出理气兼发说。奇大升与李滉关于"四端七情"的论辩,开了朝鲜性理学关于性、情问题探讨的先河,促进了朝鲜性理学的形成与发展。

第三节 李珥的人心道心论

朱熹对"人心"与"道心"的阐释也经历了一系列的演变过程,在他五十九岁所作的《戊申封事》关于人心道心论的见解可以视为其最终定论,该内容与《中庸章句序》一致。[①]

> 心为虚灵知觉，一而已矣。而以为有人心道心之异者，则以其或生于形气之私，或原于性命之正。而所以为知觉者不同，是以或危殆而不安，或微妙而难见耳。然人莫不有是形，故虽上智不能无人心，亦莫不有是性，故虽下愚不能无道心。二者杂于方寸之间，而不知所以治之，则危者愈危，微者愈微，则天理之公卒无以胜夫人欲之私矣。精则察夫二者之间而不杂也，一则守其本心之正而不离也。从事于斯，无少间断，必使道心常为一身之主，而人心每听命焉。[②]

朱熹在此指出“人心”与“道心”的区别在于根源不同，人心生于形气之私，而道心则根源于性命之正，即或生或原说。朱熹所谓“人只有一个心”，只是说知觉之心，而不是指本体之心。[③]他又进一步指出人心与道心的不同在于知觉对象的不同。人心源于形气之私，因此易受到私欲的驱使，这使得人们可能陷入危险或不安的境地。相比之下，道心则源自天命之性，是微妙而难见的。

朱熹认为无论是智者还是愚者，每个人都具备道心，但若不能精心体察、专心持守，道心便无法显现。朱熹虽并不认同将人心等同于人欲，但是也认为如果人心不加以节制，后果不堪设想，因此他主张要以道心节制、主宰人心。朱熹认为，道心应该是主宰，而人心则应该顺从于道心。他强调道心应是人一身的主宰，这样人心才能依循道心指引而行。朱熹的人心道心论并不意味着人心之外另有道心管束，支配人心，其实道心杂出于人心之间。[④]

---

① 谢晓东：《朱子道心人心思想探微》，陕西师范大学硕士学位论文，2003年，第11页。

② 朱熹：《四书章句集注·中庸章句序》，北京：中华书局，2011年，第16页。

③ 黄玉顺、杨永明、任文利主编：《蒙培元全集》（第三卷），成都：四川人民出版社，2021年，第231页。

④ 黄玉顺、杨永明、任文利主编：《蒙培元全集》（第三卷），成都：四川人民出版社，2021年，第233页。

朝鲜性理学者将人心道心产生分歧的原因归结为或生或原说和知觉说，李滉与韩元震都认同这样的观点。[①]李滉去世两年后，李珥和成浑（1535—1598年）之间再次展开“四端七情”论辩，两人的论争长达六年之久。成浑支持李滉的理气互发说。李珥则支持奇大升的理气兼发说。

李珥用理乘于气的基本命题，去贯通性理学的理气论以及理一分殊论。[②]他认为宇宙间的所有事物皆源于气的发用，气的不断运动变化构成了万物生成与运动的根本动力，与此同时，理作为气运动变化的内在规律，与气相互依存，密不可分，他提出了气发理乘说。

“气发理乘”是李珥的核心命题。他认为气和理的这种关系是普遍的，不限于四端七情，整个天地之化都是如此。[③]理与气并无时间上的先后，只是逻辑上的主从关系。李珥所言“气发”不是都指发自于气，在某些语境下，“气发”指已经显发的情意心。他认为见孩童入井时，恻隐之心的显现，也属“气发理乘”的范畴。恻隐之心的根本是仁，因此恻隐之心的显现正是仁之理的体现。

> 四端，理发而气随之。七情，气发而理乘之。所谓气发而理乘之者，可也。非特七情为然。四端亦是气发而理乘之也。何也？见孺子入井，然后乃发恻隐之心。见之而恻隐者气也，此所谓气发也。恻隐之本则仁也，此所谓理乘之也。非特人心为然，天地之化，无非气化而理乘之也。[④]

他以气发理乘说解读四端七情的发用机制，消解了李滉四端七情论中“理发”与“气发”的对立。他主张现实世界中唯有气可以发，理只是形而上的根据，不具有能动性。因此他批判李滉的理气互发说，自诩“大抵发之者，气也，所以发者，理也。非气则不能发，非理，则无所发。发之以下二十三

① 赵甜甜、崔英辰：《栗谷对人心道心分判的阐释特征研究》，《孔子研究》，2022年第4期，第147页。

② 陈来：《近世东亚儒学研究》，北京：北京大学出版社，2018年，第235页。

③ 陈来：《近世东亚儒学研究》，北京：北京大学出版社，2018年，第242页。

④ 李珥：《栗谷全书》，首尔：民族文化推进会，1989年，第200页。

字，圣人复起，不易斯言。”[①]李珥认为四端与七情均属于“气发理乘”的范畴，四端并非如李滉所主张的“理发而气随之”，而是“气发而理乘之”，理的显现源于气的发动。因此他认为四端与七情同质，二者同属气的发现，只是表现形式不同。

李珥与成浑的“四端七情”论辩还扩展至人心道心问题。在初期，李珥并没有完全接受朱熹的知觉说与或生或原说。

> 且朱子曰：“心之虚灵知觉，一而已矣，或原于性命之正，或生于形气之私。”先下一心字在前，则心是气也，或原或生，而无非心之发，则岂非气发耶？心中所有之理，乃性也，未有心发而性不发之理，则岂非理乘乎？或原者以其理之所重而言也，或生者以其气之所重而言也。非当初有理气二苗脉，立言晓人，不得以如此，而学者之误见与否，亦非朱子所预料也。[②]

李珥认为自性命之正而发的，理居主导，“所重”在理，即属“道心”，由耳目四肢之私而起的，气居主导，“所重”在气，即为“人心”。他认为人心道心均源于性（理），只是道心重理，人心重气。在他看来，朱熹的或生或原说是依对象来言说的，并不是认为人心与道心根源不同。他主张心的发用本质上是气的发用，而理是气发用时所承载的法则。李珥虽提出“心是气”，但已有学者指出其思想无法简单归入“主气派”。[③]他既承认“气”作为心性活动的基础，又强调“理”是气发显的依据，于是提出人心道心相为终始说。

> 人心道心相为终始者，何谓也？今人之心，直出于性命之正，而或不能顺而遂之，间之以私意，则是始以道心，而终以人心也。或出于形气，而不咈乎正理，则固不违于道心矣。或咈乎正理，而知非制伏，不从其欲，则是始以人心，而终以道心也。盖人心道心兼情意而言也，不但指情也，七情则统言人心之动，有此七者。四端，则就

① 李珥：《栗谷全书》，首尔：民族文化推进会，1989年，第200页。
② 李珥：《栗谷全书》，首尔：民族文化推进会，1989年，第212页。
③ 崔英辰：《韩国儒学思想研究》，邢丽菊译，北京：东方出版社，2008年，第210页。

> 七情中择其善一边而言也，固不如人心道心之相对说下矣。且情是发出恁地不及计较，则又不如人心道心之相为终始矣。[①]

李珥认为道心源于“性命之正”，即纯粹的天赋本性与道德法则。然而，当道心受到“私欲”的侵蚀，偏离了对“性命之正”的追求时，它便转化为人心。反之，当人意识到私欲的不当之处，并通过道德修养和自我约束来“制伏”私欲，人心便有机会回归道心。他认为人心与道心之间并非固定不变，而是存在着相互转化的关系，由此提出人心道心相为终始说。他还指出情的产生往往是迅速而不加思考的，因此不能将其与人心道心的关系等同。李珥指出“气发理乘”是一种推本之论，即从根源上探讨理气的关系，强调气的发动正是理的体现，二者并无先后之分。

> 气发理乘一途之说，与或原或生，人信马足、马从人意之说，皆可通贯。吾兄尚于此处未透，故犹于退溪理气互发、内出外感，先有两个意思之说，未能尽舍，而反欲援退溪此说，附于珥说也。别幅议论颇详，犹恐兄未能涣然释然也。盖气发理乘一途之说，推本之论也，或原或生，人信马足、马从人意之说，沿流之论也。[②]

李珥认为气发理乘一途之说与或原或生、人信马足、马从人意之说皆可贯通。他指出成浑未能领悟此道理，仍固守李滉的理气互发说，难以达到对理气关系的透彻领悟。“人乘马”之喻是朱熹思想中本有的主要是用来说明太极解义的“动静者所乘之机”，并未直接用来说明性理、气质这种非动静的问题。[③] 李珥进一步以“人信马足”“马从人意”的比喻来说明人心与道心的关系。他将人比作性，将马比作气，当“马从人意”时，气顺应理而发，体现的是“道心”，当“人信马足”时，气遮蔽了理，体现的是“人心”。[④]他特别强调，“人乘马”的比喻只是一种象征性的表达方式，人们不应局限于其字面含义，

---

① 李珥：《栗谷全书》，首尔：民族文化推进会，1989年，第194页。

② 李珥：《栗谷全书》，首尔：民族文化推进会，1989年，第211页。

③ 陈来：《朱子的哲学世界》，北京：生活·读书·新知三联书店，2024年，第379—380页。

④ 赵甜甜、崔英辰：《栗谷对人心道心分判的阐释特征研究》，《孔子研究》，2022年第4期，第149页。

而应深入理解其背后的深层含义。气发理乘一途说是从本体论层面来说的即推本之论，而“或原或生”及“人乘马之喻”，则是从现象流行层面来说的即沿流之论，二者实为人心道心论在不同层面的表述。他还进一步对人心道心产生分歧的原因进行说明：

> 人心道心，夫孰非原于理乎？非未发之时，亦有人心苗脉，与理相对于方寸中也，源一而流二。朱子岂不知之乎？特立言晓人，各有所主耳。[①]

李珥指出朱熹并非不知人心与道心同源于理，只是在言说时各有侧重。无论道心之纯然显理，抑或人心之杂乎形气，本质上皆以理为根源。未发之时只有一个心，感动之际才分出两条支流，即“源一而流二”，因此理既是道心的根源，也是人心的根源。[②]这显然与朱熹的“或生或原”之说有所不同，朱熹认为二者在根源不同，李珥则主张人心与道心根源一致。人心道心作为心之发，必然也是气发而理乘。他认为人心与道心只是在发用之际产生分歧，因此道心与人心的关系依然可以用“气发理乘”来说明。

> 道心原于性命，而发者气也，则谓之理发不可也。人心、道心俱是气发，而气有顺乎本然之理者，则气亦是本然之气也，故理乘其本然之气而为道心焉；气有变乎本然之理者，则亦变乎本然之气也，故理亦乘其所变之气而为人心，而或过或不及焉。或于才发之初，已有道心宰制而不使之过不及者焉，或于有过有不及之后，道心亦宰制而使趋于中者焉。气顺乎本然之理者，固是气发而气听命于理，故所重在理而以主理言，气变乎本然之理者，固是原于理而已，非气之本然，则不可谓听命于理也，故所重在气而以主气言。气之听命与否，皆气之所为也，理则无为也，不可谓互有发用也。但圣人形气无非听命于理，而人心亦道心，则当别作议论，不可滚

① 李珥：《栗谷全书》，首尔：民族文化推进会，1989年，第204页。

② 赵甜甜、崔英辰：《栗谷对人心道心分判的阐释特征研究》，《孔子研究》，2022年第4期，第149页。

为一说也。[1]

理作为形上本体始终主宰气化流行，但气的属性影响“理”的呈现。理所乘之气是“本然之气”，则为道心，理所乘之气为“所变之气”，则为人心。李珥在此明确指出，道心与人心本质上皆为“气发”，当气顺应其本然之理时，此气便称作“本然之气”，而理则依据本然之气生成道心，反之，当气偏离本然之理时，气亦偏离其本然状态，此时理依循“所变之气”而成为人心。这样人心被认为存在不善的可能性。[2]于是李珥十分重视道心的作用，他认为道心在初始阶段便能主宰心之活动，防止人心的过或不及，即使在出现过或不及之后，道心也能进行主宰，使心回归正道。他还指出圣人的形气全然遵循理之指引，因此在圣人那里，人心与道心无异。

夫人也，禀天地之帅以为性，分天地之塞以为形，故吾心之用，即天地之化也。天地之化，无二本，故吾心之发，无二原矣。人生而静，天地之性也，感于物而动，性之欲也。感动之际，欲居仁，欲由义，欲复礼，欲穷理，欲忠信，欲孝于其亲，欲忠于其君，欲正家，欲敬兄，欲切偲于朋友，则如此之类，谓之道心。感动者，固是形气，而气发也，直出于仁义礼智之正，而形气不为之掩蔽，故主乎理，而目之以道心也。如或饥欲食，寒欲衣，渴欲饮，痒欲搔，目欲色，耳欲声，四肢之欲安佚。则如此类，谓之人心。其原虽本乎天性，而其发也，由乎耳目四肢之私，而非天理之本然，故主乎气而目之以人心也。[3]

李珥基于《礼记·乐记》的感物而动说，指出无论是“人心”还是“道心”，皆源于天赋之性(天地之性)感于外物而动的“已发”。在此感物而动的过程中，形气已然介入并参与其中。感动之际，若其情直出于仁义礼智之正理，不为形气所掩蔽，则为“道心”。反之，若其情由乎耳目四肢之私欲，为形气

---

① 李珥：《栗谷全书》，首尔：民族文化推进会，1989年，第212页。

② 배제성：《율곡학 심론의 전개와 심화：심과 형기와 기질의 관계를 중심으로》，《글로컬 어문학 문화 연구》，2022年第11辑，第134页。

③ 李珥：《栗谷全书》，首尔：民族文化推进会，1989年，第199—200页。

所遮蔽或牵引，则为“人心”。此论实与周敦颐《太极图说》的理路相呼应，周敦颐在《太极图说》中说：“形既生矣，神发知矣，五性感动而善恶分，万事出矣。”[①]周敦颐认为，人形既成，神智随之发用，遂能感通万物。人虽具仁、义、礼、智、信五常之性作为天赋的道德禀赋，然此性体必待与外物相接相感方能发动。在感物而动的过程中，因形气参与的作用方向不同，方有“善恶”之分判，并由此引发各种行为与事件。李珥延续了周敦颐的思维方式，进一步指出，人心与道心之所以在已发层面产生分歧，其直接原因在于形气在感物过程中的作用，并不是在根源上存在差异。即道德本体在感物发动的动态过程中，因形气参与而分化为人心、道心。

> 人心道心之立名，圣人岂得已乎？理之本然者，固是纯善。而乘气发用，善恶斯分。徒见其乘气发用有善有恶，而不知理之本然，则是不识大本也。徒见其理之本然，而不知其乘气发用，或流而为恶，则认贼为子矣。是故圣人有忧焉，乃以情之直遂其性命之本然者，目之以道心，使人存养而充广之，情之掩乎形气而不能直遂其性命之本然者，目之以人心，使人审其过不及而节制之。节制之者，道心之所为也。夫形色，天性也。人心，亦岂不善乎？由其有过、有不及而流于恶耳。若能充广道心，节制人心，使形色各循其则，则动静云为，莫非性命之本然矣。此从古圣贤心法之宗旨。[②]

他认为，从本然之理来看，理本身纯粹至善，但在通过气发用的过程中，善恶由此产生。如果只看到气的发用导致善恶的结果，而忽视本然之理，就无法认识事物的根本。同样，如果只强调本然之理而忽视气的发用过程中可能出现的恶，就会混淆善恶。因此，圣人基于对人性的洞察，将顺应性命本然的情称为道心，将被形气所蔽、无法顺应性命本然的情称为人心。

李珥进一步阐释了人心与道心的关系，认为人心本质上并不是不善的，

① 周敦颐：《元公周先生濂溪集》，长沙：岳麓书社，2006年，第8页。
② 李珥：《栗谷全书》，首尔：民族文化推进会，1989年，第204页。

在发用过程中过度或不及才流于恶。他认为道心的作用是主宰与节制人心。这样李珥的人心道心论逐渐向朱熹靠近。他在去世一年前所作的《人心道心图说》是其人心道心论的最终定论。

> 情之发也,有为道义而发者,如欲孝其亲,欲忠其君,见孺子入井而恻隐,见非义而羞恶,过宗庙而恭敬之类是也。此则谓之道心。有为口体而发者,如饥欲食,寒欲衣,劳欲休,精盛思室之类是也。此则谓之人心。理气浑融,元不相离。心动为情也,发之者,气也,所以发者理也。非气则不能发,非理则无所发。安有理发气发之殊乎?但道心虽不离乎气,而其发也为道义,故属之性命。人心虽亦本乎理,而其发也为口体,故属之形气。方寸之中,初无二心,只于发处,有此二端。[①]

他认为,情的产生有两种不同的动因,一种是出于道义,表现为孝亲、忠君、见危而生恻隐、遇不义而感羞恶等,这种情源于本性,故称为道心。另一种是出于口体的基本需求,如因饥饿而想进食、因寒冷而想穿衣、因劳累而想休息等,这些情感源于生理本能,故称为人心。

李珥强调,情的发动既离不开气的发动,也离不开理的主宰。道心虽不脱离气的支撑,但其指向是道义,因此归属于性命的范畴。人心中虽以理为依据,但其表现形式更多地与形体的生理需求相关,所以归属于形气。在他看来,人不存在两种心,只是在情感发动的具体表现上,呈现为道心与人心。他继续对人心、道心的善恶表现进行说明。

> 道心纯是天理,故有善而无恶。人心也有天理,也有人欲,如当食而食,当衣而衣,圣贤所不免,此则天理也。因食色之念而流而为恶者,此则人欲也。道心只可守之而已,人心易流于人欲,故虽善亦危。治心者于一念之发,知其为道心,则扩而充之,知其为人心,则精而察之,必以道心节制,而人心常听命,则人心亦为道

---

① 李珥:《栗谷全书》,首尔:民族文化推进会,1989年,第284页。

心矣。[1]

李珥认为道心的本质是纯粹的天理，因此是有善而无恶的。相比之下，人心中既有天理，也有人欲，因此是可善可恶的。当人感到饥饿时进食，寒冷时穿衣，即便是圣贤也无法避免这些基本需求，这些行为遵循的是天理。然而，如果因饮食或性欲的念头过度放纵而沦为恶，那就是人欲在作祟。这样道心具备绝对的善的价值，而人心则具备可善、可恶的中立的价值。[2]

在李珥看来，人心容易被私欲引诱，即便原本是善的，也处于危险之中。由此可见，他不再将人心视为人欲，人欲是需要精而察之对象，不是要被消灭的对象。当人心不再等同于人欲的时候，人心道心互为终始说也随之土崩瓦解。[3]

当一个念头产生时，如果认识到这是道心的体现，就应该去扩展和充实它。反之，如果意识到这是人心的作用，就需要仔细审查，并通过道心来加以节制，使人心得以听从道心的指引。李珥强调了守护道心与节制人心的重要性。

> 圣贤之千言万言，只使人检束其气，使复其气之本然而已。气之本然者，浩然之气也。浩然之气充塞天地，则本善之理无少掩蔽，此孟子养气之论，所以有功于圣门也。若非气发理乘一途，而理亦别有作用，则不可谓理无为也。[4]

他认为圣贤的教化本质在于引导人“检束其气”，通过涵养“浩然之气”恢复气之本然状态。当气达到充塞天地的澄明之境时，本善之理自然无蔽显现，此即孟子养气论的精髓。圣贤的教导并非直接作用于理，而是通过修养和约束气，使其恢复到本然状态。气的本然状态是纯净无瑕的，与理的本然状态相同，因此修养气的目的，在于让理的本然之善得以充分展现。通过

---

① 李珥：《栗谷全书》，首尔：民族文化推进会，1989年，第319页。

② 김가람：《율곡의 인심·도심 초년설과 만년설 비교 연구》，《유학연구》，2019年第46辑，第47页。

③ 谢晓东：《人心道心相为始终说是李栗谷的最终定论吗？》，《中国哲学史》，2015年第2期，第119页。

④ 李珥：《栗谷全书》，首尔：民族文化推进会，1989年，第211页。

修养,达到“浩然之气”的状态,理的本然状态就能完全显现。

李珥十分重视“气”在现实中的作用,因为心的最终呈现取决于所依附的“气”的性质。他认为当气呈现为本然的状态时,李珥所提出的“气之本然”与孟子所说的“浩然之气”相对应,二者都指向一种纯粹、充盈且与天地相通的状态。这是道德修养的最高境界。李珥还指出未发时是性,是心的本然状态,已发时是情,是心感物而动的表现,发而计较商量则是意,是心在具体情境中的思虑,心是性、情、意的主宰。

> 大抵未发则性也,已发则情也,发而计较商量则意也。心为性情意之主,故未发已发及其计较,皆可谓之心也。发者气也,所以发者理也。其发直出于正理,而气不用事,则道心也,七情之善一边也,发之之际,气已用事,则人心也。七情之合善恶也,知其气之用事,精察而趋乎正理,则人心听命于道心也,不能精察而惟其所向,则情胜欲炽,而人心愈危,道心愈微矣。精察与否,皆是意之所为,故自修莫先于诚意。①

李珥认为心是性、情、意的主宰,贯穿未发、已发及其计较的全过程。心在具体发用过程中,呈现为“道心”与“人心”,道心指未受气干扰而直接显发义理的本然状态,是纯善的,人心则是指气已介入而产生的经验性的心理活动,是可善可恶的。李珥在表述方式上与胡炳文、权近的思维方式相似,在“性发为情”之外,重提“心发为意”,但是含义相反,“意”是至善的,“情”则是可善可恶的。②他认为“情”可以通过“意”来引导和控制,这也是他重视“诚意”的原因。

李珥指出修养的目的在于使人心听命于道心,关键在于“精察”与“诚意”。精察是指觉察气的作用,趋乎正理,从而控制人心的偏向。无论是精细审察还是粗疏不察,都是“意”所表现出来的行为,“诚意”则是自修的首要

---

① 李珥:《栗谷全书》,首尔:民族文化推进会,1989年,第194—195页。

② 卢兴:《儒家如何定位道德情感?——以朝鲜前期的“四七论辩”为中心》,《孔子研究》,2024年第5期,第143页。

任务。若不能精察，则情胜欲炽，人心愈危，道心愈微。李珥强调“自修莫先于诚意”，通过诚意与精察的功夫，使得道心主宰人心。

第四节 丁若镛的四端七情论

周敦颐的《太极图说》以天地的自然运化为起点，但最终的哲学旨归则深刻聚焦于人的层面，致力于塑造一种顶天立地的理想人格，“立人极”成为其理论体系的终极目标。而丁若镛则在心性论的纵深层面，通过对朝鲜儒学的经典命题四端七情论的诠释，特别是对四端之心与四德的诠释，可以视作是对周敦颐“人极”思想的发展。

一、认同李珥气发理乘说

丁若镛与奇大升、李珥一样并不认同李滉的理气互发说。丁若镛对李滉的四端七情论一直有疑惑不解的地方，在回答正祖提问时，其回答如下：

> 臣于四端属理发，七情属气发之说，有宿疑焉。若不汩没于纷纭之说，超坐而公观之，则或易辨破。盖气是自有之物，理是依附之品，而依附者必依于自有者，故才有气发，便有是理。然则谓之“气发而理乘之”可，谓“理发而气随之”不可。何者？理非自植者，故无先发之道也。未发之前，虽先有理，方其发也，气必先之。东儒所云“发之者气也，所以发者理也”之说，真真确确，谁得以易之乎？臣妄以谓四端七情，一言以蔽之曰“气发而理乘之”，不必分属于理气也。不但四七，即一草一木之荣鬯[畅]，一鸟一兽之飞走，莫非“气发而理乘之也”。①

在此不难看出，丁若镛从理气的属性进行分析，认为理是形而上的存在，而气是形而下的存在，理必须依附于气的作用才能发挥作用，在没有气的条件下，理本身是不能发挥作用的，因此丁若镛并不认同李滉的“理发而

① 丁若镛：《中庸讲义补》，《定本与犹堂全书》第6册，首尔：茶山学术文化财团，2012年，第395—396页。

气随之”的观点。丁若镛对于李滉四端七情的表述，只认同其关于七情“气发而理乘”的部分，不认同关于四端“理发而气随之”的说法。他的观点就与李珥相同，他们二人都主张四端与七情都是“气发而理乘”。不仅如此，丁若镛还认为自然界中的草木生长茂盛以及飞鸟走兽的飞行与跑动都可以用“气发理乘”来解释。丁若镛因为正祖的提问首次关注到李滉与李珥的四端七情论，此时他认同李珥的“气发理乘”之说。

二、转向李滉的理气互发说

丁若镛在《中庸讲义补》中记录了好友李檗（1754—1785年）的观点，李檗认为李滉的四端七情论在理论严密性上更胜一筹。因受“辛酉教难”和“黄嗣永帛书事件”牵连，丁若镛被长期流放，在流放期间他重新审视这一问题，并修改了之前的回答。

> 李德操曰：“若就理字、气字之原义而公论之，则此说固近之。若就性理家所言之例而剖论之，则理只是道心，气只是人心。心之自性灵而发者为理发，心之自形躯而发者为气发。由是言之，退溪之说甚精微，栗谷之说不可从。”[1]

在李檗看来，如果只是针对理气本身的意义来公正地评论李滉和李珥的观点的话，李珥的观点更符合实际情况和自然现象，但是如果按照性理学家的用意以理气论来解读人性和心性的话，那么还是要采用李滉的观点，李滉的解读更加精密贴切。经过深思熟虑，丁若镛采纳了好友李檗的建议，主张四端七情论应当遵循李滉提出的理气互发论。由于此时他正要赶往流配之地，其关于这一问题的思考暂且搁置，直至丁若镛在后来写作《中庸讲义补》[2]时，再次对两位哲学家的观点进行梳理，他指出李珥的气发理乘说并不

---

① 丁若镛：《中庸讲义补》，《定本与犹堂全书》第6册，首尔：茶山学术文化财团，2012年，第396页。

② “谓余错主此论，此乾隆甲辰事也。嘉庆辛酉夏，余在长鬐谪中，作《理发气发辨》，以辨斯义。”（丁若镛：《中庸讲义补》，《定本与犹堂全书》第6册，首尔：茶山学术文化财团，2012年，第396页。）

适用于解读人的性情。

栗谷总执太极以来理气而公论之，谓凡天下之物，未发之前，虽先有理，方其发也，气必先之，虽四端七情，亦唯以公例例之，故曰四七皆气发也。其云理者，是形而上，是物之本则，其云气者，是形而下，是物之形质，非故切切以心性情言之也。[①]

李珥认为在万物生成变化之前，虽然存在着理，但要达到发展、变化的状态，需要气发挥作用，即理虽为事物的本质，但在事物发展中发挥实际作用的是气。丁若镛则进一步明确提出在未发状态下，理是先于气而存在的，在已发状态下，气必然先于理而发生作用。因此他将李珥的气发理乘说认定在已发状态下，已发状态下的四端与七情均是气之作用的发显。丁若镛认为李珥的气发理乘说论述宇宙生成论尚可，但不能够真切地说明人的心性论。

丁若镛虽然依旧将理视为形而上的存在，但其所言之理与李珥所言之理有所不同，他认为理是形而上的存在，而气是形而下的存在，是物的具体形态。李珥虽然强调气，但是一直坚持理气不离，而丁若镛的理气论却将理与气完全分开。因此丁若镛认为李珥的气发理乘说适用于说明宇宙万物的生成发展过程。

丁若镛考证经典中“理”的含义，指出：“理者，本是玉石之脉理，治玉者，察其脉理，故遂复假借，以治为理。”[②]在他看来，理本是玉石的纹理、脉络，由此引申出治理、法理等含义。因此理只是具有事物具体属性和法理属性的事物之理，而不是贯通人性与天道的形而上的依据。因此他反对“性即理”的观点，认为理无法真切地说明人的心性。

性之为字，专主好恶而言。岂可以心而为性乎？鹿之性好山

---

① 丁若镛：《文集Ⅰ》，《定本与犹堂全书》第2册，首尔：茶山学术文化财团，2012年，第358页。

② 丁若镛：《孟子要义》，《定本与犹堂全书》第7册，首尔：茶山学术文化财团，2012年，第202页。

林，雉之性恶驯养。虽不幸而堕于驯养，顾其心终以山林为好。一见山林，油然有感羡之心，此之谓性也。天于赋生之初，予之以此性，使之率而行之，以达其道。若无此性，人虽欲作尘刹之善，毕世不能作矣。天既赋之以此性，故又能时时刻刻提醒牖启，每遇作恶，一边发欲，一边沮[阻]止。明沮止者，即本性所受之天命也。天命之谓性，非是之谓乎？若所谓善恶浑者，天之赋性既如此，则人之行善，如水之就下，火之就上，不足为功能。故天之于人，予之以自主之权，使其欲善则为善，欲恶则为恶，游移不定，其权在己，不似禽兽之有定心。故为善则实为己功，为恶则实为己罪。此心之权也，非所谓性也。①

丁若镛指出，性是针对人、物的好恶而言的，与心性有着密切的联系。他还举例说明，比如鹿喜欢山林而雉不喜欢被驯养，即使雉被驯养，心中仍然向往山林。他认为，天命之性决定了人、物的行为取向，使其自然而然地追随其天赋之性。在丁若镛看来，尽管人与万物之性都源于天，但是人与物之性是不同的。

丁若镛通过举例说明天赋予人、动物的性是不同的，天赋予人自主选择的权利，使其能够自由地选择为善或者作恶，人能够决定自己的行为，并对自身的选择负责，而动物则不具备这样的能力。基于此，丁若镛认为李珥的四端七情论过度重视气的作用，四端与道心主动性无法显现，人的主观能动性也无法体现。这也是他转向李滉的理气互发说的原因。

三、四端七情论的构成

丁若镛的四端七情论在经历上述两个阶段的变化后，他重新审视李滉和李珥的四端七情论。

---

① 丁若镛：《孟子要义》，《定本与犹堂全书》第7册，首尔：茶山学术文化财团，2012年，第93—94页。

> 退溪之言，较密较细，栗谷之言，较阔较简。然其所主意而指谓之者各异，即二子何尝有一非耶？未尝有一非，而强欲非其一以独是，所以纷纷而莫之有定也。求之有要，曰专曰总。①

丁若镛认为李滉的四端七情论因为是针对人的性情而言的，因此更加精密与细致，而李珥的四端七情论是就宇宙万物而言的，具有概括性。丁若镛的四端七情论是在对李滉与李珥的四端七情论进行深入研究与分析的基础上构建的。他的观点更倾向于李滉的理论。丁若镛认为，李滉的四端七情论主要是针对人的心性展开的。在李滉的理论中，“理”指的是本然之性和道心，即天理的大公无私，它体现了宇宙的道德法则和绝对的善，而“气”则指的是气质之性，也就是人心，它包含了人的私欲和情感冲动。

> 盖退溪专就人心上八字打开，其云理者，是本然之性，是道心，是天理之公，其云气者，是气质之性，是人心，是人欲之私，故谓四端七情之发，有公私之分，而四为理发，七为气发也。②

因此在丁若镛看来，李滉一直强调四端与七情不同的原因在于四端与七情在本质上有公与私的差别，四端源于天理之公，与人的道心相对应，而七情源于形气之私，与人的私欲相对应。

> 四端由吾心，七情由吾心，非其心有理气二窦而各出之使去也。君子之静存而动察也，凡有一念之发，即已惕然猛省曰：“是念发于天理之公乎，发于人欲之私乎？是道心乎？是人心乎？”密切究推，是果天理之公，则培之养之，扩而充之，而或出于人欲之私，则遏之折之，克而复之，君子之焦唇敝舌，而慥慥乎理发气发之辩者，正为是也。苟知其所由发而已，则辨之何为哉？退溪一生用力于治心养性之功，故分言其理发气发，而唯恐其不明。学者察此意

---

① 丁若镛：《文集Ⅰ》，《定本与犹堂全书》第2册，首尔：茶山学术文化财团，2012年，第358页。

② 丁若镛：《文集Ⅰ》，《定本与犹堂全书》第2册，首尔：茶山学术文化财团，2012年，第358页。

而深体之,则斯退溪之忠徒也。①

李滉坚持认为四端与七情来源不同,丁若镛却主张四端与七情的根源都是心。这样的解读方式就规避了李滉的四端与七情有两个来源的问题。他在此进一步明确指出四端发于道心,而七情发于人心。他认为李滉四端七情论非常重视在未发之时的工夫,在念头未发之时,要时时刻刻警惕,认真衡量思索,如果是出于天理之公,就好好培养发展这样的念头,如果是出于人的私欲,那就要遏制和克服。李珥的四端七情论亦与道心人心相关联。

故未发已发,及其计较,皆可谓之心也。发者气也,所以发者理也。其发直出于正理,而气不用事,则道心也,七情之善一边也。发之之际,气已用事,则人心也,七情之合善恶也。知其气之用事,精察而趋乎正理,则人心听命于道心也。②

李珥采取了"气不用事"以及"气已用事"的说法,他认为四端与七情都是发于理的,若"气不用事"即不被气所掩则为四端、道心,若"气已用事"即为气所掩则为七情、人心。由于李珥的气发理乘说过度重视气的作用,理以及四端之心的能动性无法体现,因此并未被丁若镛所采纳。丁若镛的四端七情论是建立在其性嗜好说的基础上的,他认为人从一出生就禀受了为善的能力。

天命之性,亦可以嗜好言。盖人之胚胎既成,天则赋之以灵明无形之体,而其为物也,乐善而恶恶,好德而耻污,斯之谓性也,斯之谓性善也。③

丁若镛认为人从天禀受了"乐善而恶恶,好德而耻污"之性,即为善的能

① 丁若镛:《文集Ⅰ》,《定本与犹堂全书》第2册,首尔:茶山学术文化财团,2012年,第359页。

② 李珥:《栗谷全书》,首尔:民族文化推进会,1989年,第195页。

③ 丁若镛:《中庸自箴》,《定本与犹堂全书》第6册,首尔:茶山学术文化财团,2012年,第228—229页。

力与倾向。因为人有形躯之嗜和灵明之嗜,所以人即使有为善的能力,但也会受形躯之嗜的影响做坏事。

大体者,无形之灵明也,小体者,有形之躯壳也。从其大体者,率性者也,从其小体者,循欲者也。道心常欲养大,而人心常欲养小。乐天知命,则培养道心矣,克己复礼,则制伏人心矣。此善恶之判也。①

丁若镛认为大体就是人的灵明之心,小体就是人的躯体,依据灵明之心去行动就是按照天命之性去实践,也就是依据道心去做事。依据小体,则是依据人心和人的私欲去做事情。道心源于天命之性,道心即“道德心”,人心即人欲,道心是人具备的“价值判断的依据”。②由此可见,丁若镛将人心排除于人的本性之外,认为道心才是人的本性。③在他看来,只有好好培养道心,克制人心,人才能做出符合礼义和法度的事情。

丁若镛还对四端与七情的关系进行考察。李珥认为四端是七情中的一部分,并且四端属于七情中善的部分,这一点也不被丁若镛所接受。

且喜怒哀乐既发,有中节有不中节。其中节者归于善,其不中节者归于恶。方其未发也,固不可谓之善矣。【此非中庸本旨。姑顺诸儒之说而言之。】乐善耻恶,既发无不中节者。故手方穿窬,而其心未尝不耻恶,口方诟骂,而其心未尝不乐善。恶得不谓之纯善乎?情动由乎人,故可善可恶。性好受于天,故有善无恶,岂可一例论乎?④

在丁若镛看来,喜怒哀乐之情发而中节的归为善,发而不中节的归为

① 丁若镛:《孟子要义》,《定本与犹堂全书》第7册,首尔:茶山学术文化财团,2012年,第209页。

② 장승희:《다산윤리사상연구》,서울:경인문화사,2005年,第187页。

③ 이철승:《왕부지와 정약용 철학에 나타난 본성론 문제》,《동양철학연구》,2021年第108辑,第114页。

④ 丁若镛:《孟子要义》,《定本与犹堂全书》第7册,首尔:茶山学术文化财团,2012年,第193页。

恶，喜怒哀乐之情未发时，不能称之为善，这样的解读并不符合《中庸》本义。他认为即使在情绪发作时，人依然对善恶具备感知能力。举例来说，即使人在偷盗之后内心依然能感到羞耻，在辱骂别人后心中仍然有对善行的喜欢，丁若镛认为喜怒哀乐之情的中节与否并不影响人之心对善恶的判断。因此他指出情的发显受人支配，因此可能为善，可能为恶，而性乃天赋之性，是纯粹的善。

丁若镛力主情与性的根源不同，因此二者不能混为一谈。这与李滉的四端七情论一直坚持将四端与七情分属理气的意图相似。他们二人的目的在于论证四端的绝对善。李滉认为四端是仁义礼智之性发显的心，与性是一致的，因此可以说是纯善的。丁若镛认为天赋之性是好善耻恶的，因此是善的，结合其人心道心论而言，道心的选择是善的，而人心的选择则是有善有恶的。

学界一般将四端视为道德情感，而将七情视为自然情感。[①]这是将四端之心与四德等而视之。丁若镛的四端七情论不仅与道心人心论关联，还对四端之含义进行诠释。他认同赵岐关于四端的注释，他认为从宋代和元代以后，学者们都以四端为本然之性，又都认为本然之性是万物所具有的。他不认同这样的观点，认为四端之心为人所独有。

> 赵注禽兽之说，必不可删没，而宋、元以来，无此说者，宋、元诸先生，皆以四端为本然之性，而又以本然之性为人物之所同得，故不欲云“禽兽无此心”。此古今学术不同处。[②]

---

① 陈来：《韩国朱子学新论——以李退溪与李栗谷的理发气发说为中心》，《厦门大学学报》（社会科学版），2015年第1期，第2页。陈来指出四七分理气的问题其直接意义是区分自然情感与道德情感的不同来源。卢兴：《“四端”“七情”：东亚儒家情感哲学的内在演进》，《哲学研究》，2018年第6期，第73页。卢兴指出朱子所理解的情既包含了四端这样的道德情感，也包含了七情这样的自然情感。李明辉：《四端与七情：关于道德情感的比较哲学探讨》，上海：华东师范大学出版社，2008年，第195页。李明辉指出韩儒学中有关四端七情的讨论，我们可以说四端属于康德所谓的道德情感，七情则属于他所谓的自然情感。

② 丁若镛：《孟子要义》，《定本与犹堂全书》第7册，首尔：茶山学术文化财团，2012年，第67页。

丁若镛结合赵岐与孙奭的注释，主张“端也者，始也”。[①]他因此主张仁、义、礼、智是人做出具体的行为之后才成立的名称，在人付诸具体的行动或做出具体的行为之前，因为无法提前预知和判断人之后的行为，因此相应的仁、义、礼、智之名也无法成立。他主张只有人做出具体的道德行为之后，与仁、义、礼、智相符合的名称才能成立。

> 仁义礼智之名，成于行事之后。故爱人而后谓之仁，爱人之先，仁之名未立也。善我而后谓之义，善我之先，义之名未立也。宾主拜揖而后，礼之名立焉，事物辨明而后，智之名立焉。岂有仁义礼智四颗，磊磊落落，如桃仁、杏仁，伏于人心之中者乎？[②]

他进一步举例说明，在爱人这个行为发生后才能称之为仁，在做出爱人的行为之前，仁这个名称是不成立的。以此类推，在人做出符合道义或者正义的行为或者事情后，义的名字才能够确立，客人和主人相见之后做出作揖的动作，礼的名字才能够确立，对事物做出分析和判断之后，智之名才能够确立。

丁若镛认为人应按照灵明之心的指引行动，即按照天命之性去实践，或者说是依据道心去做事。相反，若是按照人心和私欲行事，则背离了天命之性的本真。在他看来，唯有通过培养道心，才能抑制人心的冲动，从而使行为符合礼义法度。因此，他非常重视人在日常生活中的道德实践。丁若镛四端七情论的特征在于他强调了选择为善或作恶的能力是人所独有的，由此突出了人在道德实践中的独特地位。[③]

丁若镛的四端七情论经历了三次转变，最初认同李珥的气发理乘说，继而转向肯定李滉的理气互发说，最终认为李滉与李珥的四端七情论各有所

---

① 丁若镛：《孟子要义》，《定本与犹堂全书》第7册，首尔：茶山学术文化财团，2012年，第69页。

② 丁若镛：《孟子要义》，《定本与犹堂全书》第7册，首尔：茶山学术文化财团，2012年，第68页。

③ 이행훈：《다산 정약용의 심성론：인심도심의 재해석과 성기호설》，《동양철학연구》，2015年第84辑，第66页。

偏重。李珥的四端七情论重点在于解释宇宙生成论层面的理气关系,而李滉的四端七情论则更契合人的心性论。丁若镛的四端七情论是建立在其性嗜好说基础上的,他依据孟子的大体、小体说,深入剖析性情关系,强调“性嗜好”是人性之本,即人性是好善恶恶的,但需以道心为指引,使人不被私欲所左右。

目前学界倾向于将四端界定为道德情感,而将七情界定为自然情感。这种界定在相当程度上隐含了将四端之心与四德等而视之的倾向。然而丁若镛的四端七情论,对四端概念本身进行了哲学重释。他认为四端之心指代仁、义、礼、智之端绪,而非指向“心”之本体。他由此批评宋元以来的儒学家们普遍将四端等同于“本然之性”。丁若镛力主四端之心是道德意识与善端的直接发显,乃是人所独有的,是区别于其他万物的本质属性。丁若镛的四端七情论不仅深入分析了四端与七情之间的关系,并明确区分了四端之心与四德。四德是人在做出具体的道德行为后才能成立的德目之名。

周敦颐在《太极图说》中提出“人极”这一范畴,是在天地人并立的宏大视域中来考量人的存在,“人极”作为与天地并列的一极而存在。《太极图说》始终以天地的自然运化为起点,而其思考的最终旨归则聚焦在人的层面。他致力于塑造出一个顶天立地的人格形象,“立人极”是其思想的最终归宿。

丁若镛在四端七情论中重新定义人的价值,认为四端之心是人所独有的,是人区别于物的根本属性,人是道德实践的主体,由此突出了人在宇宙中的独特价值。这不仅是对人之独特价值的重新定义与高扬,更是在心性论与道德实践论层面,为周敦颐的“人极”定位提供了坚实的内在主体性依据,从而极大地丰富了“人极”的内涵,将周敦颐的“人极”范畴发展至新的高度。

第六章　朝鲜儒学家对《太极图说》的诠释与发展

朝鲜儒学家们对周敦颐《太极图说》的接受与诠释，彰显了朝鲜儒学的本土化特征与理论创新性。权近的《天人心性合一之图》是以周敦颐的《太极图说》为基础绘制而成的，其借助图像化形式构建了宇宙论与心性论之间的关联。该图通过“太极—天—性—心—情”这一特定结构，凸显了“心”作为天与人的枢纽的重要作用。在权近的思想体系中，太极是最高本体，而天理下贯为性、结合心统性情的结构，则使宇宙论与心性修养论形成紧密关联。其《天人心性合一之图》不仅直观呈现了“理”的超越性与“气”的差异性，更通过“诚”“敬”的工夫次第，将形而上的天理落实为道德实践，实现了从宇宙论到人性论的统合。金麟厚的《天命图》则强化了周敦颐《太极图说》中所言“惟人也，得其秀而最灵”，在图中以“平正直立”标记人禀受中正之气，且人的本性乃是先天具足的。他主张人性本善，然而人性易因自身气质的局限以及外物的诱惑而产生迷失，只要能够节制欲望，就能够防止“过”与“不及”之情的发显，则可达到“和善”。他还提倡以“敬”作为修养工夫，恢复道心的主宰能力，从而在日常生活中进行道德实践。韩元震对周敦颐《太极图说》的结构进行缜密分析，将其概括为“一原分殊”，还对“太极动静”“太极”“阴阳”等范畴进行诠释。他对周敦颐的人性论进行了创造性的发展，提出一原分殊论，按此理论框架绘制了《一原分殊图》《分殊图》《分殊又分殊图》，由此将性分为三个层次，提出性三层说。

第一节　权近的《天人心性合一之图》

权近（1352—1409年），号阳村，字可远、思叔，高丽王朝末期、朝鲜王朝初期的大臣、哲学家。他出身于显赫的门阀贵族安东权氏，为权溥（1262—

1346年)[1]曾孙,早年师从李穑。1368年通过成均试,18岁文科及第,任春秋馆检阅。1374年任成均馆直讲、艺文馆应教。高丽恭愍王去世后,与郑梦周、郑道传等人冒险主张“排元亲明”政策。历任左司议大夫、成均馆大司成、知申事等职,1388年任同知贡举,选拔李垠等人。

权近生活在14世纪后半期,当时高丽王朝正处于内忧外患的困境之中。中国方面,元朝衰落,明朝兴起,政局动荡,而高丽国内统治阶层因外交政策分歧而分裂为亲明改革派与亲元保守派。1375年,权近与朴尚衷、郑梦周、郑道传等士人交好,他们主张亲明外交,反对迎接元朝使臣,因而遭到以李仁任为首的亲元保守势力打压。权近本应被流放,但因当时年纪尚轻而幸免于难。

权近本与郑道传交好,但自1388年李成桂推行土地改革时开始,二人在政治立场上产生分歧,分道扬镳。郑道传此后成为激进改革势力的先锋,权近则与他的老师李穑一起保持中立。

高丽灭亡、朝鲜建国后,太祖李成桂亲至公州鸡龙山召见权近,命其与郑总(1358—1397年)共同撰写定陵碑文,翌年任中枢院使。同年,明太祖朱元璋以朝鲜表笺措辞不当问罪郑道传,权近主动代其赴明朝辩解,获礼遇归国。

1401年,太宗李芳远即位后,权近受封“佐命功臣”,晋爵吉昌君。后历任赞成使,官至大提学。自检阅至宰相,始终执掌文翰,未任他职。1407年,担任首度实施的文科重试读卷官,选拔卞季良等十人。1409年去世,享年58岁。

著有《五经浅见录》《入学图说》《阳村集》等。

《入学图说》是权近以图解形式阐释性理学基本原理的入门著作,也是朝鲜最早的儒学图说类典籍。《入学图说》由40幅图构成,每幅图都会在图中

---

① 权溥:(1262—1346年),高丽王朝后期大臣、学者。权溥是安珦的门人,安珦是最早把朱子学(程朱理学)从元朝引介到高丽的人。权溥也为传播朱子学而不遗余力,他建议在高丽刊行朱熹的《四书集注》,故有“东方(指高丽)性理之学,自权溥倡”的说法。

或图后配以相应的文字以进行解释说明。全书巧妙地将直观的图像与详尽的解说相结合,深入浅出地阐明了性理学中理与气、心与性、情与意、四端与七情等核心概念的辩证关系,系统呈现了权近的学问体系、经世思想及儒学核心理念,成为研究朝鲜初期性理学发展的重要文献,在学术史上具有承前启后的价值。

《入学图说》最初于1397年由金尔音在晋州首次刊行(晋州本),初版收录了金尔音的跋文。其后,因初版内容有所缺失,权近之子权蹈与门人卞季良等人从权近的遗稿中补全内容,并于1425年重新刊行(晋州本)。此次刊行时,将此前已刊行的《前集》一并付梓,使《入学图说》的体系形成《前集》《后集》的完整结构。1425年版本中附有卞季良的跋文。目前韩国国立中央图书馆藏有五种版本,分别为1397年、1425年、1547年、1647年的日本刊本,以及1929年刊行本。其中1929年版本收录了蔡无逸(1496—1546年)撰写的跋文。此外,根据1647年日本刊印本龟岩黄孝恭(1496—1553年)的跋文记载,可知该版本系1547年的重刊本。

《入学图说》作为开创性著作,确立了"以图解经"的阐释传统。权近创造性地通过图式化解说,将晦涩的性理学理论转化为具象化、层次分明的知识体系,此举不仅大幅降低了初学者的理解难度,更为朝鲜性理学的规范化与系统化发展奠定了坚实基础。权近在《入学图说》中正式采用以图像的方法解释儒家经典,也成为朝鲜朝的道学的特点。[①]

一、《天人心性合一之图》与《太极图》之异同

《入学图说》是权近在流放益州时创作的,当时有很多年轻学者向他请教性理学的知识,为方便学者们理解《中庸》《大学》二书,于是创作了《入学图说》。虽然是为初学者写作的入门书,但实际上是对儒学思想的高度概括与总结。[②]权近在《入学图说》序文中详细说明了自己创作《入学图说》的缘由。

---

① 琴章泰:《韩国儒学思想史》,韩梅译,北京:中国社会科学出版社,2011年,第111页。

② 도광순:《양촌 권근의 사상 연구》,서울:교문사,1989年,第257页。

洪武庚午秋,谪在金马郡,有一二初学辈来读庸学二书者,语之谆复,尚不能通晓。乃本周子之图参章句之说,作图以示又取先贤格言以释其意,学者因有所问,又随而答之,仍记其问答之言,以附其后,名之曰《入学图说》,旁取他经,凡可作图,皆图之往往各附臆见之说。欲就正于先生长者,乡无先进,身拘谪籍,姑待后日而已。观者幸恕其妄言而教之,是所望也。①

当时初学性理学的学者一时之间无法通晓《中庸》《大学》所言之意,尽管权近反复解释,还是不能理解书中之意,于是权近绘制《入学图说》,便于初学者们理解性理学的基本概念。权近的《入学图说》由40幅图构成,每一幅图都会在图中或图后配以相应的文字以进行解释说明。②其中最能体现权近性理学思想的就是《天人心性合一之图》。权近的《天人心性合一之图》是以周敦颐的《太极图说》为蓝本,结合朱熹的《中庸章句》的内容而创作的。

右图谨依周子《太极图》及朱子《中庸章句》之说,就人心性上,以明理气善恶之殊,以示学者,故不及万物化生之象。③

权近的《天人心性合一之图》是以"心"为枢纽,从而贯通天人关系。他通过图式,不仅将抽象的心性论,更使学者得以通过图像化形式直观把握天人合一的深层关联及心性修养的实践指向。权近创作《天人心性合一之图》,旨在借助图像化的手段,打破传统心性论在语言表述上的桎梏。他敏锐地意识到,单纯依靠文字,学者难以完全理解"理""气""性""命""善""恶"之间的关系。他在图中通过多维度的图像表达,将原本玄奥晦涩的"理气""性命"关系转化为简单易懂的认知模型。学者们通过图式得以跳出抽象的思辨框架,观图悟理,领悟天人之间的微妙关系。

周敦颐在《太极图》中构建了一个完整的宇宙论体系,其图式最顶端的

---

① 权近:《入学图说》序,日本庆安元年(1368年)刻本。

②《入学图说》分为前集与后集,前集26幅图,后集14幅图,共计40幅图构成。见《入学图说》,日本庆安元年(1368年)刻本。

③ 王晚霞:《韩国濂溪志》,长沙:岳麓书社,2024年,第508页。

空心圆环具有深刻的哲学意蕴——这个未加任何修饰的纯圆，象征着“无极而太极”。在《太极图说》中，周敦颐明确指出：“无极而太极。”他将道家“有生于无”的宇宙论改造为“无极而太极”的本体论，避免了“无”坠入虚无，无极并非空无，而是含摄万理的潜在存在。

权近的《天人心性合一之图》以《太极图》为蓝本绘制，但在其图中并未出现“无极”这一范畴，因此有学者对此提出疑问，权近对此作出说明：

> 学者问曰：“子为合一图，自谓‘谨依周子之图’，然周图有所谓无极者，而此则无之，何也？”曰：“无极者，指言太极居中之理，非太极之上别有所谓无极也。则此图之中天字一圈是也。”[①]

权近并未忽略“无极”，他认为“无极”是太极之中蕴含之理。在对“无极”与“太极”的关系进行阐释时，并未将“无极”视为一个独立于“太极”之外的实体，也没有将其置于“太极”之上。这显示出权近将“无极”视作“太极”的内在本质或固有属性，而非一个外在的、凌驾于其上的独立实体。在他看来，“无极”与“太极”并不是分离的，而是相互关联、不可分割的统一体。在《天人心性合一之图》中，他并未单独写“无极”二字，只标记“太极”二字，表明“无极”与“太极”实为一体，而非上下或内外的分离关系。

朱熹主张“太极即理”，太极被界定为“只是天地万物之理”[②]。太极既非周敦颐宇宙生成序列中的初始状态，亦非独立于万物之外的抽象实体。太极非是别为一物，即阴阳而在阴阳，即五行而在五行，即万物而在万物，只是一个理而已。因其极至，故名曰太极。[③]朱熹认为太极不是独立于阴阳、五行和万物之外的存在，太极是贯穿于阴阳、五行、万物之中的“理”。

元代学者吴澄（1249—1333年）对太极与理的概念辨析，折射出宋明理学内部关于本体论与宇宙论关系的理论张力。在朱子学与陆学调和的背景下，吴澄对“太极”与“理”的关系进行了界定。

---

① 王晚霞：《韩国濂溪志》，长沙：岳麓书社，2024年，第510页。

② 朱熹：《朱子语类》第1册，黎靖德编，北京：中华书局，2020年，第1页。

③ 朱熹：《朱子语类》第6册，黎靖德编，北京：中华书局，2020年，第2892—2893页。

开物之前，浑沌太始混元之如此者，太极为之也。开物之后，有天地、有人物如此者，太极为之也。闭物之后，人销物尽，天地又合为浑沌者，亦太极为之也。太极常常如此，始终一般，无增无减，无分无合，故以未判已判言太极者，不知道之言也。[①]

吴澄通过“开物之前—开物之后—闭物之后”的三段式宇宙循环结构，揭示了太极作为宇宙终极本体的恒常性与绝对性，否定太极等同于宇宙初始状态。其一，太极具有永恒不变性，不随宇宙开阖的循环过程而变化。其二，太极保持绝对同一性，既先在于万物又内在于万物。吴澄的太极论与朱熹“太极即理”的观点相契合，但更强调太极作为“所以然之理”的本体地位。

权近在《天人心性合一之图》最顶端写“太极”两个大字。根据其图中所展示可知太极就是万事万物产生的所以然之理，这既继承了吴澄将太极视为“所以然之理”的本体论立场。该图从太极始发，分为左西右东两边，呈现出阴与阳、利贞与元亨、水金与火木、形气与神质两两相对之态，进一步体现为恶善相分之性，人通过对天之诚命的不同领受，而呈现出诚、敬、欲三层境界，化生为各自特性。这个演化过程与周敦颐《太极图》的内在逻辑相差无几。[②]权近在图形设计中，于象征天的小圆与描绘人形的小圆之间巧妙融入太极，此举无疑凸显了太极至高无上的地位。

在表示天的圆与表示人的头部的圆之间分布的是阴阳，图中用白色表示阳，用黑色表示阴，阴阳皆气，二气交感遂成五行。这正是周敦颐在《太极图说》中说道：“五行，一阴阳也。阴阳，一太极也。太极，本无极也。五行之生也，各一其性。无极之真，二五之精，妙合而凝。乾道成男，坤道成女。二气交感，化生万物。万物生生，而变化无穷焉。”[③]在周敦颐看来，宇宙万物的生成是从无极到太极，再到阴阳二气，最后化生五行、万物的过程。万物皆源

① 吴澄：《吴澄集》第1册，方旭东、光洁点校，北京：中国社会科学出版社，2021年，第88页。

② 王晚霞：《韩国儒学的图说学与周敦颐〈太极图〉》，《东南学术》，2023年第1期，第227页。

③ 周敦颐：《元公周先生濂溪集》，长沙：岳麓书社，2006年，第7—8页。

于无极，并通过阴阳二气的交感作用而生成。权近在描绘心性论的区域内，借助图形，对天之理如何渗透并影响心、性的内容进行了详尽的阐释。

> 然人物之生其理则同，而气有通塞偏正之异，得其正且通者为人，得其偏且塞者为物。即此图而观，则诚字一圈得最正最通而为圣人，敬字一圈得正且通者而为众人，欲字一圈得偏且塞者而为物，其下禽兽横者，得其尤偏塞而为草木者也。是则万物化生之象，亦具于其中矣。①

权近沿用朱熹"理同气异"的理论框架，解释了人与物的本质区别。他指出，万物虽共享同一"理"，但因"气"的通塞与偏正，导致了人与物的差异。人得"气"之正且通，故能全具天理而成为万物之灵，物则得"气"之偏且塞，故其天理未能充分显发。这既继承了朱子学"理一分殊"的思想，又通过"气"的差异性进一步区分了人与物。这也是对周敦颐《太极图说》"惟人也，得其秀而最灵"命题的发展。

权近在《入学图说》中创造性地将周敦颐《太极图》的宇宙论框架与朱熹《中庸章句》的心性学说相结合，构建了其独特的"太极—天—性—心—情—意—诚—敬"的半身图像。这种图示方式不仅生动展现了形上本体太极之理至性、心，再到欲、诚、敬的纵向逻辑链条，还巧妙地借助人体形态的隐喻，实现了宇宙论与心性论的融合。

> 问："气质有昏浊不同，则天命之性有偏全否？"曰："非有偏全。谓如日月之光，若在露地，则尽见之；若在蔀屋之下，有所蔽塞，有见有不见。昏浊者是气昏浊了，故自蔽塞，如在蔀屋之下。然在人则蔽塞有可通之理；至于禽兽，亦是此性，只被他形体所拘，生得蔽隔之甚，无可通处。至于虎狼之仁，豺獭之祭，蜂蚁之义，却只通这些子，譬如一隙之光。至于猕猴，形状类人，便最灵于他物，只不会说话而已。到得夷狄，便在人与禽兽之间，所以终难改。"②

---

① 王晚霞：《韩国濂溪志》，长沙：岳麓书社，2024年，第508页。
② 朱熹：《朱子语类》第1册，黎靖德编，北京：中华书局，2020年，第71—72页。

朱熹在这段话中以比喻的方式，阐释了气质与天命之性的关系。朱熹将天命之性比作日月之光，象征着理想的人性，纯净、普遍且永恒，而将气质之性比作房屋，象征着现实中的人性，个人所具备的独特条件与生长环境的不同。在开阔无遮蔽的地方，日月之光能够毫无阻碍地照耀，正如当一个人的气质清明、纯净时，天命之性能够完全展现，人的本性与天理相通，无所遮蔽。然而，在昏暗、遮蔽的房屋之下，日月之光被部分或完全遮蔽，正如当一个人的禀受了浑浊之气时，天命之性被遮蔽，难以完全显现。他亦指出，禽兽也有天命之性，但由于形体的局限，其本性被严重遮蔽，难以通达。例如，虎狼之仁、豺獭之祭、蜂蚁之义，只是偶尔显现出些许本性，受气禀所限。

朱熹指出，由于每个人的气质昏浊程度不同，遮蔽的程度也有所差异，因此人对天命之性的体认和展现也会有所不同。这种差异不仅体现在个体之间的道德修养和认知水平上，也反映在人对天理的领悟与实践之中。虽然朱熹认为气质的清浊会对天命之性产生影响，但同时也指出了通过修养和努力，人可以逐渐去除气质的遮蔽，使天命之性得以充分展现。权近继承了朱熹的观点，指出尽管人物所产生的根源相同，但是人与物的气禀不同，因此人物之性不同。

> 夫天地之化，生生不穷。往者息而来者继。人兽草木，千形万状，各正性命者，皆自一太极中流出，故万物各具一理，万理同出一源。一草一木各一太极，而天下无性外之物，故《中庸》言能尽其性，则能尽人之性，能尽物之性，而可以赞天地之化育，呜呼至哉！[①]

天地的化育生生不息，万物虽形态各异，但皆源于太极，万物各具一理，而万理又同出一源，草木等皆含太极之理，天下无性外之物。《中庸》中提到："唯天下至诚为能尽其性"，意味着只有达到至诚的境界，人才能彻底摆脱私欲的遮蔽，使自己的本性得以完全显现。由己及人，使他人复归本性，由人及物，让万物各遂其生。最终，至诚者能参与天地化育万物的大业，达到"与

① 王晚霞：《韩国濂溪志》，长沙：岳麓书社，2024年，第508页。

天地参”的至高境界。

权近的《天人心性合一之图》以“诚”为核心，将《中庸》所言“诚”转化为具体的修养阶梯。他以“圣人”对应“至诚”境界，以“君子修之”诠释“诚之者”的工夫路径，再以“众人害之”警示偏离本性的危机，形成一套贯通天人的实践体系。

权近在其图中突出人在宇宙中的地位，并对圣人、君子、众人、禽兽、草木之性形成的不同原因进行了开示。[①]如《天人心性合一之图》所示，人与其他存在物的本质区别体现在两方面：其一，在气禀构成上，人类禀受“正且通”的清明之气，而草木禽兽则受“偏且塞”的浊滞之气制约。其二，在理的具体实现上，虽然万物同源于太极之理，但因气禀的阻滞程度不同，导致天理在不同存在中的显现存在根本差异，唯有人禀受了完备的天理，即仁义礼智之性。

权近《天人心性合一之图》中的太极观呈现出三点特征：首先，在宇宙论层面，他延续了吴澄太极恒常性的观点，将太极视为超越宇宙开阖循环的永恒本体。其次，在本体论建构上，他通过图像化的“太极—阴阳—五行—万物”结构，既吸收了朱熹“太极即理”的观点，又保留了周敦颐太极动而生阳的宇宙生成论。最后，在心性论领域，权近独具匠心地将太极本体与人性修养相融合，使太极不仅作为万物化生的根源，还成为天理全部内涵在人心中的表现。

权近《天人心性合一之图》中阴阳的方位与周敦颐《太极图》不同。

> 曰：“周图阳仪居左，阴仪居右，阴阳方位，各得其正。今子此图，阳居于右，阴居于左，以右为东，以左为西，何也？曰：周图我为主，而对图则我在北，而图在南，故左为东，而阳仪居之，右为西，而阴仪居之。此则图为主，而我观之，则图在北，而我在南，故东为右，而西为左，但有宾主待对之异而已。阴阳方位，未尝易也。”[②]

① 王晚霞：《韩国儒学的图说学与周敦颐〈太极图〉》，《东南学术》，2023年第1期，第227页。

② 王晚霞：《韩国濂溪志》，长沙：岳麓书社，2024年，第511页。

权近指出，周敦颐之图以“我”为主，面向图时，“我”位于北方，图位于南方，因此左为东、阳仪居之，右为西、阴仪居之。然而，当以图为主，“我”作为观察者时，图位于北方，“我”位于南方，此时东为右、西为左。这种变化并非阴阳方位的本质改变，而是由于观察者与图之间的主客关系不同所导致的视角差异。权近的解释强调了阴阳方位的相对性，说明其本质并未因视角变化而改变，只是因主客关系的不同而不同。

此外，权近的解释还体现了传统哲学中“主客相待”的思想。他以“宾主待对”的关系来说明阴阳方位的相对性，强调了观察者与被观察对象之间的互动性。这种解释不仅符合阴阳学说的核心思想，即阴阳相互依存、相互转化，同时也展示了权近对传统哲学思想的深刻理解。通过这种分析，权近不仅回答了学者的疑问，还进一步阐明了阴阳方位的本质及其在不同视角下的表现方式，为理解阴阳学说提供了新的视角。

权近的《天人心性合一之图》中，金木水火土处于图的显著位置，足以证明他继承了周敦颐的五行学说，认为阴阳生五行，五行生万物。[①]权近《天人合一心性之图》中五行的方位与《太极图》也是不同的。

> 曰：“周图虽列五行于二仪之下，然其言曰五行一阴阳也，则阴阳不在五行之外，观者或不察焉。夫水居子位，而阳生于子，则水者阴之极，而阳已生，即阴中之阳也，故入阴中，而居阳根。火居午位，而阴生于午，则火者阳之盛，而阴已萌，即阳中之阴也，故在阳中，而居阴根。木阳稚，而纯乎阳，故居东；金阴稚，而纯乎阴，故居西。”[②]

阴阳并非独立于五行之外，而是内在于五行之中。具体而言，水为阴之极，但阴极复阳，故水虽属阴却蕴含阳根，火为阳之盛，但阳盛阴萌，故火虽属阳却蕴含阴根。木为阳稚时，纯阳居于东，金为阴稚时，纯阴居于西。权近的这种解释不仅阐明了阴阳与五行的相互依存关系，还强调了阴阳在五行中的动态平衡与转化，体现了传统哲学中阴阳互根、相互转化的思想。

---

① 于春海：《权近〈天人心性合一之图〉研究》，《周易研究》，2010年第5期，第46页。
② 王晚霞：《韩国濂溪志》，长沙：岳麓书社，2024年，第511—512页。

权近通过对《中庸》的"尽性"的阐发，深化了其"天人合一"思想内涵。他认为，唯有人能够尽己之性，进而达到尽人之性、尽物之性，最终与天地并立，赞天地之化育。他还从文字学角度考察，指出"性"字由"心"与"生"字构成，这一结构深刻揭示了性理哲学的双重意涵：一方面，"生"表示人与万物在本体层面的相通，皆禀受同一太极之理，另一方面，"心"则凸显了人性特有的道德自觉能力，使人之性不同于万物之性。

周敦颐的《太极图说》主要论述了宇宙万物的生成变化过程，而对人性善恶分化的论述相对简略。相比之下，权近的《天人心性合一之图》在宇宙论层面的描绘十分简略，着重阐释了人物性差异问题，从而弥补了周敦颐学说在人性论方面的论述不足。权近的图虽然源于周敦颐之图，但亦能清晰地看出他在图像设计上的创新之处。权近以"太极—天—性—心—情—意"图式为核心，通过圆形象征阴阳之气的周流与人的圆融，方形象征心的方正，以及形体轮廓暗示气化流行的生成次第，构建了一个既包含宇宙生成又贯通心性修养的哲学体系。

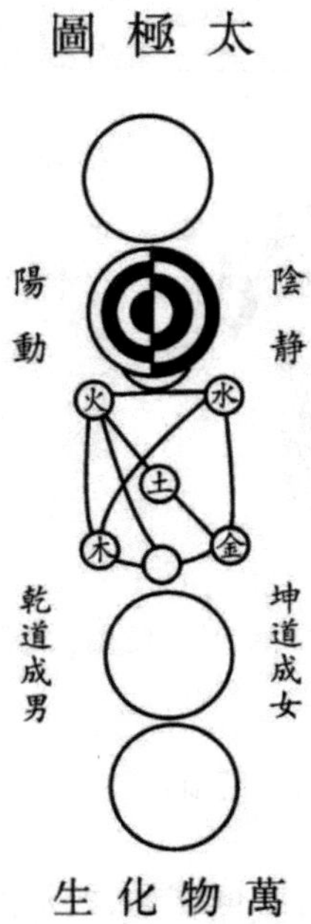

图3 周敦颐《太极图》载《元公周先生濂溪集》

在权近的《天人心性合一之图》中，太极为最高本体，天理下贯而为性。权近通过“心统性情”的结构，在其图式中实现了宇宙论与心性修养论的统一。其图像不仅直观呈现了“理”的超越性与“气”的差异性，更以“诚”“敬”的修养工夫为次第，将形而上的天理落实到道德实践上。权近的《天人心性合一之图》，融合了周敦颐的宇宙论与朱熹、吴澄的理气论，以“太极—天—性—心—情—意—诚—敬”的衍化脉络，构建了贯通形上形下、统摄天道与人道的理论框架。

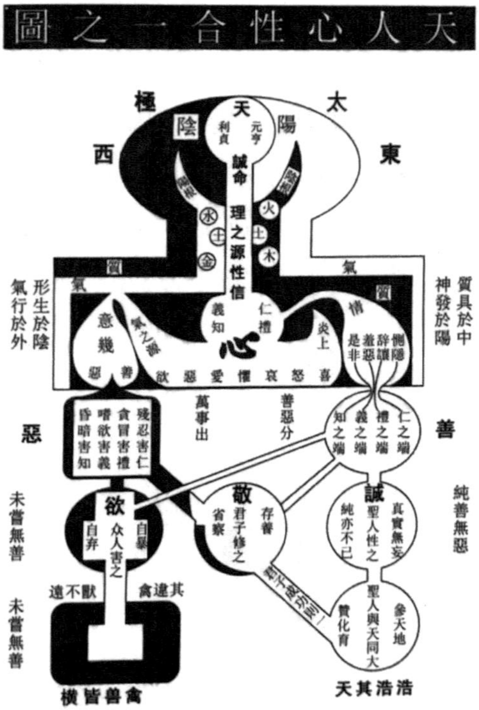

图 4 权近《天人心性合一之图》载《入学图说》

二、《天人心性合一之图》的人性论

从《天人心性合一之图》篇名即可窥见，权近所要表达的思想是“天人合一”。权近将《天人心性合一之图》置于《入学图说》首位。他巧妙地在图中运用一个大圆来象征人的头脑，而用方形则来代表人的心性，整体审视之，该图如同人的半身像。

在《天人心性合一之图》的顶端结构中，权近通过精妙的图式设计展现了天人关系的哲学架构：最上方小圆中心以“天”字标示，在与天字同一圆下方两侧分列“元亨利贞”四字，而“天”字正下方特别标注的“诚”字，则直接呼应《中庸》所言“诚者，天之道也；诚之者，人之道也。”[①]由此权近在图像设计上实现了天道与人道的垂直贯通，“诚”既是天道本然之实理，又是人道工夫之枢纽，与下方心性情意等范畴相连接。在《天人心性合一之图》顶端小圆中心的“天”，既象征着宇宙本体的绝对性，又通过“元亨利贞”四德的圆周分布展现天道的流行发用，而垂直下贯的“诚”字则构成精妙的枢纽，在形上层面，它作为“真实无妄”的天道本体，保证了天理下贯于人性的必然性。

权近认为“天”是宇宙的本原，作为形而上的实体，天与人在本质上是相贯通的。他从心性的角度出发，认为心兼理气，强调了心在天人关系中的核心地位。因此源自天的“性”，即天理的显现。在《天人心性分释之图》中，他将“天”字拆解为“一”与“大”，阐释天的双重意涵：“一”强调天理的绝对性与恒常性，“大”突出天体的包容性与化育之功。

权近在《天人心性合一之图》中，在心字下方的三个圈内分别写有“诚”“敬”“欲”，分别象征圣人、君子与众人的人格境界。“诚”字一圈，得清通纯粹之气，乃圣人境界——全体朗现天理，无纤毫私欲之蔽。“敬”字一圈得正通之气，乃君子的境界——本具天理而须持敬存养，方能体认。“欲”一圈得偏塞的驳杂之气，是众人的境界——气禀拘滞而天理晦暗，当克治勤修。这样图式化的呈现不仅直观地展示了理气关系的层次性，还将人的道德修养论与宇宙论紧密结合，凸显了儒家“天人合一”的思想内核。

权近进一步以“禽兽”与“草木”为例，说明“气”的偏塞程度决定了万物在宇宙中的等级秩序。禽兽得“气”之尤偏塞，居于人与草木之间，草木则得“气”之最偏塞。权近通过“理”与“气”的关系，解释了人与物的区别，人得

① 朱熹：《四书章句集注·中庸章句》，北京：中华书局，2011年，第32页。

"气"之正且通,故能体现"理"的完满,物得"气"之偏且塞,故"理"在其中受到限制。朱熹也认为理气相互交融且浑然一体,万物由气凝聚而成,理是本体,气是理的化生物。由此,权近将宇宙生成论与道德哲学融为一体,既展现了万物化生的过程,又为人的道德实践提供了形而上学的依据。

权近通过"诚""敬""欲"三个维度,形象地展现了理与气在不同层次的表现。"诚"字一圈象征"理"的正且通,是指圣人的状态。"敬"字一圈得正且通之气,是指君子的状态。"欲"字一圈得偏且塞之气,是指众人的状态。而最下方则得极度偏塞之气,是指禽兽与草木的状态。这种图示化的表达不仅直观地展现了理与气在不同层次的表现,也为学者提供了从"众人"到"君子"再到"圣人"的修养进阶路径。

权近认为,在天人哲学体系中,尽管人与万物共享天理,但因各自独特的气质禀赋,人与万物之间存在根本的差异。这一思想通过《天人心性合一之图》得到形象展现:图中"天—理—性—心"的纵向结构揭示,天命之理下贯于人即显现为性,而人通过禀受此性获得生生之理,此理即蕴含于心之本体。

> 曰:"周子图书云'君子修之吉,小人悖之凶'。今子本之,既于敬字言君子修之矣,其于欲字,不曰小人,而曰众人,何也?"曰:"人虽不肖,皆自以为贤智,而不自知其所行之为小人,若曰小人,则观者以自暴自弃为他人之事,而不自省矣。故直书曰众人,然后人人观者,各自省励,而有所感发矣。"①

权近在此解释了为何将"欲"的主体从"小人"改为"众人"。他指出,人性普遍存在自我认知的偏差,即便行为不端者,也常以"贤智"自居,未能意识到自身行为可能符合"小人"的标准。若直接使用"小人"这一标签,容易将道德批判视为他人之事,从而回避自我反省。权近选择以"众人"这一中性词替代"小人",既消解了君子与小人的对立,又将道德责任普遍化,暗示人人皆需直面自身的不足。

---

① 王晚霞:《韩国濂溪志》,长沙:岳麓书社,2024年,第514页。

权近以“众人”替代“小人”，展现了一种基于现实考量的教育观。在传统儒家语境中，“小人”常被贴上品行败坏的标签，但其强烈的贬义色彩容易引发其防御心理，甚至导致其“自暴自弃”。而“众人”一词既涵盖普遍人性（包括潜在的道德缺陷），又隐含“凡人皆可向善”的预设。这能够促使“众人”反躬自省，匡正自身的行为。这样的教育观符合儒家“有教无类”的思想。

周敦颐以“君子”与“小人”的区分强调道德抉择的后果，但其威慑力可能局限于外在约束。权近则通过词语调整，将焦点从“道德评判”转向“自我反省”，提醒“众人”对自身欲望的警惕，以“省励感发”替代“吉凶警示”，更注重激发作为行为主体的人的内在驱动力。

权近创造性地将“天”确立为最高范畴，这一概念在其《天人心性合一之图》和《天人心性分释之图》中均居于核心地位。他赋予天以“万化之源”的属性，从而构建起以“天”为本体的宇宙生成论。其次，在人性论层面，以“众人”替代“小人”，将道德责任普遍化，使人人都能成为道德修养的主体。最后，在道德实践层面，权近尤为重视“诚”的地位，他认为天地化育万物的根本就在于“诚”的流行与运用。在修养工夫上，权近提出以“敬”为实践主体，通过“存养省察”的工夫，最终达成“圣人”之境界。

权近在《天人心性合一之图》中的空间布局，创造性地实现了“天命之谓性”的纵向本体论结构与“率性之谓道”的横向实践论路径的统一。在图像中，“诚”既是天道流行于人道的终点，又是人道回归天道的起点。在这样的结构中，“元亨利贞”的天道运行与“诚”的心性工夫形成了体用关系，一方面，四德为道德实践提供了本体依据，另一方面，“诚”与“敬”的工夫又使天道得以在人性中充分实现。这不仅避免了宇宙论与心性论的分离，最终完成了从“天道”到心性论、工夫论的理学体系建构。权近的这种图式设计既保持了天道的超越性，又强调了其在心性中的内在性，体现了他对“天人合一”命题的诠释。

三、四端七情论

四端一词源自《孟子》,但在《孟子·公孙丑上》与《孟子·告子上》两篇中的表述存在差异。在《孟子·公孙丑上》中,孟子将四端(恻隐、羞恶、辞让、是非)视为仁义礼智的萌芽状态,强调通过扩充实践可达至道德完善。《孟子·告子上》则直接将四端等同于仁义礼智本身,突出其先天固有性。朱子注释道:“前篇言是四者为仁义礼智之端,而此不言端者,彼欲其扩而充之,此直因用以著其本体,故言有不同耳。”[①]朱熹认为此处没有再提及四端之心是仁义礼智之端,意在表明扩充四端之心才能体现仁义礼智之体。

七情一词见于《礼记·礼运》:“何谓人情?喜、怒、哀、惧、爱、恶、欲,七者弗学而能。”实际上为哲学家们广泛关注和讨论的却是《礼记·中庸》提及的喜怒哀乐之情。“天命之谓性,率性之谓道,修道之谓教……喜怒哀乐之未发谓之中,发而皆中节谓之和。中也者,天下之大本也。和也者,天下之达道也。”朱熹注释道:“喜、怒、哀、乐,情也。其未发,则性也。”[②]这样朱熹关于“情”的论述,实际上区分了两种不同的情感范畴,一种是四端之情,即恻隐、羞恶、辞让、是非之情,这些情感直接根源于仁义礼智之性,是纯善无恶的道德情感。另一种是七情,即喜、怒、哀、惧、爱、恶、欲之情,这些情感则与气禀相关,既有善的可能,也有恶的倾向。

他关于四端七情的最终定论是:“四端是理之发,七情是气之发。”[③]朱熹认为四端为性发,体现了天理的本然状态,而七情则受到气的影响,其表现因气禀的清浊厚薄而有所不同,因而有善有恶。这是将四端视为道德情感,七情视为自然情感,将四端与七情二分,虽然凸显了“理”的纯粹性,却将道德情感完全归于理,而将一般情感归于气,这显然忽视了现实情感中理气混杂的情况。若七情纯为气发,那么道德情感的体现需完全依赖外在的规范

① 朱熹:《四书章句集注》,北京:中华书局,2011年,第307页。
② 朱熹:《四书章句集注》,北京:中华书局,2011年,第20页。
③ 朱熹:《朱子语类》第4册,黎靖德编,北京:中华书局,2020年,第1577页。

约束,削弱了人本具的善性对情感的主导作用。

朱熹的四端七情论是理气二元论的架构,虽然在学理上确立了道德情感的超越性根基,但其将“理气二分”的缺陷在实践中日益显露。这种内在张力恰恰为朝鲜性理学的发展提供了重要的理论基础,促使朝鲜儒学家们对四端七情问题进行更为深入的研究。

权近是朝鲜性理学史上最早明确区分四端与七情的学者,他在《天人心性合一之图》中将四端归属于“情”的范畴,并将七情置于“心”的下方,同时将“善恶”归于意。权近这样区分四端与七情,受到了元代学者胡炳文(号云峰,1250—1333年)的影响。

> 性发为情,其初无有不善,即当加夫明之之功,是统体说。心发而为意,便有善不善,不可不加夫诚之之功,是从念头说。①

胡炳文对于四端与七情关系的探讨虽未深入,但却明确地区分了“性发”与“心发”。他将四端视为“性发”,认为其直接根源于性,因而本善无恶,而将七情视为“心发”,认为其受到心与气的影响,因而有善有恶。这一区分旨在厘清性与心、理与气在情感生成中的作用,为理解情的本质及其道德属性提供了理论依据。权近在《天人心性合一之图》中明确指出四端与七情是不同的。

在《天人心性合一之图》中,“心”字上写有“仁、义、礼、智”,上通理之源。“心”字右边的圈内写有“恻隐、羞恶、辞让、是非”即“情”,表示“仁、义、礼、智”之性发而为“恻隐、羞恶、辞让、是非”四端之情。

> 曰:“恻隐辞让,羞恶是非,即仁义礼智之端,非有二也。今子既以四者列于情下,又书其端于外,别作一圈,何也?”曰:“四者之性,浑然在中,而其用之行,随感而动,以为恻隐辞逊、善恶是非之心,则是心,即为四者之端,诚非二也。然发于中者谓之心,现于外者谓之端,故孟子于此凡两言之,或言端,或不言端,而朱子于言端

① 胡炳文:《大学通》卷一,《钦定四库全书》,乾隆四十六年(1781年),第7页。

以为犹物在中，其端绪见于外，则其义愈明，而不容无辨矣。”[①]

权近指出“恻隐、辞让、羞恶、是非”即“仁义礼智之端”，四端并不是独立于性之外的存在，而是仁义礼智之性在情感层面的具体表现。权近以仁之端、礼之端、义之端、智之端来表述四端之端绪，避免以心来直接表现四端之情。[②]他进一步解释，虽然四端根源于性，但其表现却分为“发于中”和“现于外”两个层面。“发于中者谓之心”，即四端作为内在的道德情感，是性在心中的直接显现，“现于外者谓之端”，即四端在外的表现是性通过心与外物感应而显现的端绪。

孟子在论述四端时，有时提到“端”，有时则省略，这表明四端既是根植于内在的道德本性，也是外在的情感表现。孟子通过这种论述方式，揭示了四端作为人性本善的表现，既有内在的道德基础，也是外显的情感。朱熹则在此基础上进一步深化了对四端的理解，他将“端”比喻为“物在中，其端绪见于外”，即四端通过外在的情感和行为显现出来。朱熹的这一比喻强调了四端作为内在道德本性与外在情感表现之间的紧密联系，表明四端不仅是人性中固有的道德潜能，也是道德潜能在外在行为中的表现。

权近通过结合孟子和朱熹的观点，进一步阐明了四端的特征：四端是人性中固有的道德根源，是内在的性理，四端又通过外在的情感和行为表现出来。概而言之，权近将四端列于“情”之下，表明他承认四端是情的一种表现形式，但他认为四端之情与七情不同。于是他在另一圈标注四端，旨在强调四端在表现于外时，不可避免地会与“气”发生关联。

如权近的《天人心性合一之图》所示，心不仅有“理之源”，还有“气之源”。心字左边另一圈内写“意”“几”“善”“恶”，而在心字的底部写“喜”“怒”“哀”“惧”“爱”“恶”“欲”七情，在七情的同一圈的左上方写“气之源”，与“意”所在区域相连接，这意味着权近认为当心体发用为“意”的瞬间，七情即随之

① 王晚霞：《韩国濂溪志》，长沙：岳麓书社，2024年，第513页。

② 구춘수：《권근의 심성론 고찰》，（민족과 사상 연구회：《사단칠정론》，서울：서광사，1992年，第24页。）

萌动并自然呈现善恶之别，这与周敦颐所言“几善恶”相一致。

> 七者之用，在人本有当然之则，如其发而中节，则《中庸》所谓达道之和，岂非性之发者哉？然其所发或有不中节者，不可直谓之性发，而得与四端并列于情中也。故列于心下，以见其发之有中节不中节者，使学者致察焉。①

权近对于七情的看法与朱熹不同，在朱熹的心统性情的体系中，“情”不仅包括四端之情还包括七情。权近认为四端之情与七情是不同的。他首先指出，七情作为人的情感的表现，其发用本应遵循“当然之则”，即合乎天理的规范。如果七情能够“发而中节”，那么这种情感可以被视为“性之发”，因为其体现了天理的本然状态。然而，权近进一步强调，七情在实际发用中并非都是“中节”的情况，有时会偏离天理，表现为“不中节”。因此，不能简单地将七情完全等同于“性发”，也不能将其与四端并列于“情”中。在他看来，四端直接根源于性，是纯善无恶的，而七情源于“心”的发用，因此受到气的影响，是有善有恶的。基于此，权近主张将七情列于“心”下，以表明七情源于心的发用，受到气的影响，因此有“中节”与“不中节”的情况。

可见，权近的四端七情论整合了孟子与朱熹的观点，权近以朱熹的四端七情论为基本框架，同时融摄了孟子的性善论思想，将“情”二分，一为四端之情（恻隐、羞恶、辞让、是非），即由仁义礼智之性所发的先天道德情感，作为天理的直接显发，对应孟子所言“乃若其情则可以为善”的纯善本质，二为七情（喜、怒、哀、惧、爱、恶、欲），属于气禀交感所生的后天经验性心理活动，因受气的影响而有善有恶。权近的这一区分，既坚持了朱熹“四端理之发，七情气之发”的理气分属原则，又通过“情”的二分架构，使孟子的性善论与朱熹的理气论得以在情感哲学层面实现有机统一。这为后来李滉与奇大升的“四端七情”论辩奠定了重要的思想基础。

> 天地以生物为心者也，而人物之生，又各得夫天地之心以为心

---

① 王晚霞：《韩国濂溪志》，长沙：岳麓书社，2024年，第513页。

者也。故语心之德，虽其总摄贯通，无所不备，然一言以蔽之，则曰仁而已矣。请试详之。盖天地之心，其德有四，曰元、亨、利、贞，而元无不统。其运行焉，则为春、夏、秋、冬之序，而春生之气无所不通。故人之为心，其德亦有四，曰仁、义、礼、智，而仁无不包。其发用焉，则为爱恭宜别之情，而恻隐之心无所不贯。①

朱熹认为人作为天地的产物，禀受了“天地之心”，其德性为“仁义礼智”，其中“仁”统摄其他三德。“人者，仁也。仁则天地所以生物之理，而人得以生，而为心者也，故人为万物之灵，仁为众善之长。”②权近认为人之所以异于万物而独得天地之灵秀，正因其心能全体此“生物之理”而谓之仁，仁乃天命之性的呈现。权近认为“性”是心所具之理，吸收并发展了朱熹的仁学思想。他认为性并非虚空，而是充盈于心之气中的实理。权近批评了告子、韩愈的人性论以及佛教的观点，认为他们忽视了性中之理。

性者，天所命，而人所受，其生之理具于吾心者也。故其为字，从心从生，人与万物，其理则同，而气质之禀有不同者焉。告子曰：“生之谓性。”韩子曰：“与生俱生。”释氏曰：“作用是性，皆以气言，而遗其理者也。”《中庸》曰：“天命之谓性。”《孟子》曰：“尽其心者，知其性也。知其性则知天矣。”③

权近以“性即理”为依据，将“性”明确定义为“其生之理具于吾心者也”。他认为告子生之谓性说、韩愈与生俱生说与释氏作用是性说三种观点共同的缺陷在于局限于气质层面或外在表现，而未能把握性的本体论根基——内在的天理。权近特别强调，唯有透过“性即理”的命题，才能真正理解人性的本质。

在《天人心性合一之图》中，权近对胡炳文关于“性发”与“心发”的区分进行了发展，他将四端明确界定为“性发”层面的道德情感，强调其作为纯粹

① 朱熹：《朱子全书》第23册，朱杰人、严佐之、刘永翔编，上海：上海古籍出版社、安徽：安徽教育出版社，2002年，第3279页。

② 王晚霞：《韩国濂溪志》，长沙：岳麓书社，2024年，第508页。

③ 王晚霞：《韩国濂溪志》，长沙：岳麓书社，2024年，第510页。

天理之直接显现的本体论地位,同时将七情系统性地纳入“心发”的范畴。权近在心性论上提出了“心一体二用”的理论架构,以“性”为心之体,以情与意为心之用。他将四端与七情分别归属于理气不同领域,四端作为性发之情,源自理之源,是道心的发用,具有纯善无恶的特性,七情作为心发之意,源自气之源,是人心的发用,呈现出有善有恶的特征。

作为朝鲜儒学史上首位系统区分四端与七情的学者,权近在《天人心性合一之图》中将四端归入“情”的范畴却置于“性”的统摄之下,而将七情列于“心”的下方并与“意”的善恶相联结,这种图式设计实质上吸收了元代学者胡炳文的心性论。权近既坚守了朱熹的天理纯粹性,又凭借道心的统摄作用,为情感世界中的理气交融开辟了新的道路,从而使七情摆脱了被动受制于气的消极性。

权近对四端与七情的区分消解了朱子学中“情”既属气又与性相关联的理论困境。具体而言,当“四德之情”得以“扩而充之”时,即为“道心”之发用,若“七情之意”无所节制,则沦为“人心”之陷溺。这种区分不仅体现在本体论层面,也延伸至善恶判断领域,四端因其与理的直接关联而保持至善性,七情则因气的作用而具有善恶二重性。

权近的四端七情论不仅厘清了四端与七情的关系,还为道德修养提供了具体的实践方向。权近明确区分了四端与七情在理气领域的归属,指出源于理的四端是纯善无恶的,而源于气的七情则是有善有恶的。权近进一步从人心与道心的角度探讨四端与七情的善恶,认为四端是道心的发用,纯善无恶,而七情则是人心的发用,善恶并存。权近通过将四端与道心、七情与人心相对应,构建了一个贯通形上形下、统合理气的心性论体系。

权近在《天人心性合一之图》中关于四端与七情的论述实质上突破了朱熹将四端与七情分属理气的框架,他通过活用朱熹“心统性情”的结构将理气关系动态化,使四端所代表的道德情感成为性、理在情感世界的显发,而七情等自然情感则转化为心气活动的调控场域。一方面,“性”作为天理在人心的体现,确保了道德本体的先天依据,另一方面,“心”作为统合性与情的关键枢纽,实现了形上之理向形下实践的转化。这种既保持天理的纯粹性又承认气的复杂性的观点,启发了李滉的四端七情论,从而提出“四端理发而气随之,七情气发而理乘之”的理气互发说。

第二节 金麟厚的《天命图》

金麟厚(1510—1560年),字厚之,学者尊称他为河西先生。他的故乡在韩国全罗南道[1]长城郡。东国十八贤之一,拥戴孔子与朱子为道学宗主。据说他读《大学》超过1000次,他跟门生们强调说,离开“大学”就不能谈论“道”,这与盖房子打地基的道理是一样的。他在31岁参加科举考试最终考中成均馆进士,进入仕途,34岁,担任世子李峼(1515—1545年)的老师,据说当时世子因欣赏金麟厚的渊博学识与德行,亲自绘制了一幅《墨竹图》赠予他。[2]

他曾与奇大升、郑之云、李滉均有往来,他们的学术观点有一致之处。在仁宗驾崩后发生了“乙巳士祸”。[3]“乙巳士祸”后,金麟厚辞官归隐,创立训蒙斋。孔子认为在有道的国家,君子应该投身政事,为国家的繁荣和发展贡献力量。而在国家失道的情况下,君子可以退隐,保持自己的品德,不参与腐化的政治。他强调了道德对于国家的重要性,并教导人们在不同政治情境下如何保持自己的道德原则。金麟厚正是秉持这一理念,在国家失道时,选择辞官归隐,钻研学问,建立训蒙斋,培养了大批学生,训蒙斋因此被称为韩国湖南儒学的摇篮。

训蒙斋在壬辰倭乱时被烧毁,后屡次搬迁、修复,之后因为战争被完全焚毁。韩国现在的训蒙斋是在原址上重新修建的。1590年湖南地区的学者

---

① 韩国通常将光州广域市、全罗南道、全北特别自治道,统称为“湖南地区”。

② 金麟厚的后人将《墨竹图》捐赠,目前被收藏在韩国国立光州博物馆。

③ 乙巳士祸是1545年发生的一场政治事件,涉及仁宗李峼(1515—1545年)的王位继承问题。仁宗体弱无子,尹任派主张在近支王室中选择贤人来继位,而尹元衡派支持仁宗之弟庆源大君(后为朝鲜明宗)继位。最终明宗继位,尹元衡一派获胜,铲除了尹任一派的势力,大量士林派官员遭到迫害。

们为了纪念金麟厚建立了笔岩书院。[1]1672年,书院因地理环境变迁迁至现全罗北道井邑市所在区域。

著有《河西全集》。

一、《天命图》

16世纪朝鲜性理学进入蓬勃发展时期,因此有学者指出乙巳士祸后没有再出现极大阻碍士人研究学问的事件,因此程朱理学在这一时期也取得了令人瞩目的发展。[2]这一时期的朝鲜儒学家在对传入朝鲜的性理学进行认真研读,朝鲜儒学家们普遍认为性理学概念理解起来较难,于是他们纷纷效仿周敦颐的《太极图说》,通过图像再配以文字加以说明,因此朝鲜性理学家们绘制了大量的图像,其中最具代表性的就是《天命图》。郑之云以周敦颐之图为依据绘制了《天命图》,得到朝鲜学者的广泛关注。

> 河西金先生亦尝手考郑先生之图,有所自得,于其间故别为一图。又欲作书以解,而天不假年,书未及就,惜哉!其图则并刊于后,以备学者之览矣。[3]

由此可见,金麟厚的《天命图》是在看过郑之云的《天命图》之后绘制的。他在认真观察并研究郑之云的《天命图》之后有所启示,因此决定重新绘制一张图。他也曾希望自己能够写出一部著作对自己的思想体系进行阐释,但最终没能完成这本书。金麟厚的《天命图》依然延续着当时人们天圆地方的认知,他的《天命图》与郑之云以及李滉的图都有一个共同特点就是都用图形来表示性理学的基本概念。

---

① 笔岩书院在壬辰倭乱时,是全罗道义兵部队的战略据点,丁酉再乱时建筑被焚烧,于1624年在黄龙面甑山洞重建。1659年,当地的儒生们提交了期盼赐额的奏折,于是孝宗亲自书写匾额赐予书院,笔岩书院由此成为赐额书院。笔岩书院的名字源于金麟厚的家乡附近有笔状的岩石。

② 尹丝淳:《韩国儒学史韩国儒学的特殊性》,邢丽菊、唐艳译,北京:人民出版社,2017年,第149页。

③ 金麟厚:《河西全集》,长城郡:笔岩书院,1993年,第5页。

他在《天命图》的人圈之中标注了人是“五性旁通”的，在天与人之心的连接处，用“命”字标识。在表示心的一圈中的中心位置写上“具仁义理智之理，浑然而难分”。金麟厚在《天命图》中以图勾勒出人与物的不同，他指出草木、禽兽与人的生长形态是不同的，草木是从地里长出来的，因此视为“逆生”，而禽兽则视为是“横生”的，唯独人的生长态势是“平正直立”的。这正如周敦颐在《太极图说》中所言“二气交感，化生万物。万物生生，而变化无穷焉。惟人也，得其秀而最灵。形既生矣，神发知矣。”①

周敦颐指出，阴阳二气的相互作用是万物生成与变化的根源，使得自然界呈现出生生不息、变化无穷的景象。在这一过程中，人类所禀受的气最为灵秀，这使得人成为宇宙中具有灵性和智慧的独特存在。金麟厚继承并发展了这一观点，同样认为人类之所以卓越，是因为人所禀受的是宇宙间最灵秀的气。这种气赋予了人独特的认知能力与道德感悟力，使人能够在万物中独居灵长地位，成为宇宙间最具智慧的存在。

金麟厚在《天命图》中还进一步指出人与物除了生长形态不同外，根本差异还在于性，人之性是“五性旁通”，而禽兽草木之性则是“全塞不通”。他在表示人的心圈之内写一“中”字，表示心的修养关键在于对自身的欲望进行调整，只有维持在“中”的状态才能呈现为和善。在金麟厚看来，因为人具有仁义礼智之理，因此只要人能够克制欲望就能够实践仁义之道，从而与天道相符。

> 身心情性与人伦，致曲明诚事事真。天地古今同一理，看书应物两循循。②

金麟厚的这首诗强调了身心修养与人伦道德的紧密联系，以及在日常生活中践行道德规范的重要性。诗中提到的“身心情性与人伦”表明他重视人在道德实践中的自我修养。“致曲”和“诚明”是《中庸》所强调的“诚”的修

---

① 周敦颐：《元公周先生濂溪集》，长沙：岳麓书社，2006年，第8页。

② 金麟厚：《河西全集》，首尔：民族文化推进会，1989年，第125页。

养工夫。

其次致曲，曲能有诚，诚则形，形则著，著则明，明则动，动则变，变则化，唯天下至诚为能化。①

“致曲”指通过对具体事物、细微环节的专注与探究来达到道德境界的提升，注重细节与实践，要求人们在日常生活中不断积累善行。“诚明”则是指通过真诚的内心追求和光明磊落的处世态度来达到道德的完善，强调内外兼修，摒弃虚伪和欺诈，使内心与外在行为相一致。金麟厚十分重视《中庸》所言“致曲”“诚明”之工夫。他主张通过学习而推究一切细微事物的道理，那么由此也能达到诚，内心诚实了就会表现出来，日益显著就会更加光明，更加光明而后能使人心感动，就会使人发生转变，就可以化育万物。金麟厚认为在日常生活中，应注重细节，通过不断地在具体事务中践行道德规范，以达到真实无伪的道德境界。

“天地古今同一理”表达了金麟厚对普遍道德原则的认同，认为无论时代如何变迁，这些原则都是恒定不变的。“看书应物两循循”则反映了他对学习的重视，主张通过不断学习来提升个人的道德修养。由此可见，金麟厚认为理想人格的造就在于对自身修养的坚守，而修养的基础在于孜孜不倦地学习。如孔子所言：“吾尝终日不食，终夜不寝，以思，无益，不如学也。”②学习不能借助外力，需要个人的刻苦努力。学习不仅仅是对知识的积累，更是思维的训练和品德的修养。通过学习，人们能够获取知识、提升智慧、培养品德，从而从容地面对生活。

《送子膺》

之子返故乡，值此春景暄。汉水初释冰，岭路归云奔。
高堂拟彩舞，指日供盘飧。行意浩难留，赠处宁无言。

① 朱熹：《四书章句集注·中庸章句》，北京：中华书局，2011年，第34页。
② 朱熹：《四书章句集注·论语集注》，北京：中华书局，2011年，第156页。

> 顾兹天降衷，万理同一源。人物性岂间，通塞由明昏。
> 塞者不可开，偏处天犹存。通而或有蔽，只为物累浑。
> 自非上智资，纷纷迷圈豚。反之是有要，学问在所敦。
> 栽培树本根，勿事枝叶繁。人伦日用间，孝亲与悌昆。
> 致知而力行，入德斯其门。无先慕高远，且将卑近论。
> 行看积累久，终可探天根。为功忌中画，德性须日尊。
> 以此谢相知，伫立凭乾坤。

金麟厚提出“万理同一源”的命题，指出天地万物皆禀赋同一性理，即“天根”。他认为，人物性的差异仅源于气禀的差异。尽管人因气禀偏塞难以完全显现性理，但理的普遍性并不因此受损。金麟厚强调人伦日用之中的孝悌之道，认为这是道德修养的基础。通过致知力行，人们可以逐步进入德行之门。

金麟厚认为人不要好高骛远，而应从卑近的事情做起，积累久了，便能探明天理。诗中还提到学业和道德修养需要持之以恒，不可半途而废。金麟厚认为德性需要通过不断地学习和实践来提升。他以培育树木为喻，强调学问应注重根本，不应只关注表面的枝叶繁盛。

> 物受天地之偏气，所以禽兽横生，草木头生向下，尾反在上。物之间有知者，不过只通得一路，如乌之知孝，獭之知祭，犬但能守御，牛但能耕而已。人则无不知，无不能。人所以与物异者，所争者此耳。①

朱熹认为，物即禽兽、草木等受天地之偏气而生，因而其生成形态各异，如禽兽横生、草木头生向下尾反在上，这体现了物在生成过程中的局限性。他还进一步指出，尽管物也有认知能力，但十分有限，如乌鸦反哺、水獭知祭、犬仅能守御、牛仅能耕作，这些行为是物基于本能的表现。朱熹强调，人之所以与物不同，关键就在于人具备完整的心性与道德认知能力。基于此，金麟厚结合朱熹对人、物特征的判定，从形态上对人与物进行区分。金麟厚

---

① 朱熹：《朱子语类》第1册，黎靖德编，北京：中华书局，2020年，第81页。

在《天命图》中以“平正直立”“头圆足方”描述人，以“横生”“向下”“尾上”“不通”“全塞”标记草木与禽兽，他还在位于图最上方的“命”字两侧以两条斜线展示草木与禽兽的不同，通向草木的斜线上写道“阴阳偏气中之偏”，通向禽兽的斜线上写“阴阳偏气中之正”。在图中，唯有人与“命”字直通，意指人得正且通之气。

周敦颐在《太极图说》道：“惟人也，得其秀而最灵。形既生矣，神发知矣，五性感动而善恶分，万事出矣。”[①]他认为人获得了天地间最为精粹的气，因而最为灵秀，人的形体一旦形成，便随之产生知觉，受到外界触动后，产生善恶，世间万事万物也因此而生。周敦颐并不认为最初由气凝聚而成的人在本性上有恶的成分，而恶的出现与人的知觉能力有关。他在《通书》中写道：“性者，刚柔善恶，中而已矣。”[②]他认为，刚、柔、善、恶是人性的几种主要表现形式，相互结合，最终形成了刚善、刚恶、柔善、柔恶等。周敦颐认为人性的这些表现并非固定不变，可以通过修养和教化来调节和平衡。他强调，人应当追求“中”的状态，即刚柔相济、善恶相调和的境界。

他认为，通过保持敬畏和专注，人可以恢复心对身心的主宰能力，从而达到“中”。他强调，克制欲望是实现和善的关键，这与周敦颐所提倡的通过减少私欲来修养的观点不谋而合。他们二人都认为，人的本性并非天生具有恶的成分，而是受到外界环境和人的感知的影响。因此，通过不断地修养和自我反省，人可以逐渐摆脱外界干扰，回归本真的善性。

金麟厚继承并发展了周敦颐的人性论，认为人之所以区别于其他生物，不仅在于形态和生长方式，更在于人禀受中正灵秀之气，人具备了更高的智慧和道德水平。他在《天命图》最为中心的小圆内写道“具仁义礼智之理而浑然难分”，正对图中最上方的“命”字，可谓其对《中庸》“天命之谓性”的理解，同时也表现出他对人的卓越性的肯定，与周敦颐所言“惟人也，得其秀而

① 周敦颐：《元公周先生濂溪集》，长沙：岳麓书社，2006年，第8页。
② 周敦颐：《元公周先生濂溪集》，长沙：岳麓书社，2006年，第58页。

最灵”一致。

金麟厚认为，人获得了天地间最优秀、最精粹之气。人因禀受精粹之气而具备更高智慧与道德潜能，通过学习修养克制欲望，可达《中庸》所言“中”的境界。金麟厚在其图中“欲”字的两侧以斜线标记“不及”与“过”，中间一条线标记“和善”，郑之云在李滉的指点下在其《天命图》中明确区分四端与七情。显然金麟厚不认同郑之云的观点，他与奇大升都认为四端与七情都是情，四端是七情的一部分，只要能够节制欲望，就能够防止“过”与“不及”之情的发显，从而达到“和善”。

金麟厚的《天命图》受周敦颐和朱熹的影响，他从形态与气禀两个维度区分人与物，人因禀受天地间最精粹的气而具备更高智慧与道德水平。在《天命图》中，他以“平正直立”来描述“人”的特征，而以“横生”“向下”等来形容“物”的特性，由此凸显人得正通之气的独特性，人通过敬畏、专注与克制欲望可达“中”的境界。在四端七情论上，他与奇大升观点一致，认为四端与七情同质，主张节制欲望以防止“情”之偏，从而实现“和善”。

二、理气论

金麟厚在《复性赋》的开篇写道：“惟万汇之禀生兮，受天命之正性。具健顺与方寸兮，是二五之所并。”[①]由此可以看出其对人性与万物本性的深刻认知。他认为，世间万物皆禀受天命而生。人作为万物之灵，不仅具备刚健中正之性，还具方寸之心，能思能感。周敦颐说：“阴阳五行的精华相互融合并凝聚成形”。金麟厚曾在郑之云的《天命图说》末尾所载文上写道：

> 维天之命于穆不已，生生之理未尝间断。所乘之机曰阴与阳，一动一静互为其根，万物并育相为流通。但梏于形气之私，不能知之。惟天下聪明睿智，至诚无息，能尽其性者，乃能有以察其几焉。是图之作，岂寻常窥测者所可拟为。余有志于学而未就者也，披览是图，不能无戚戚焉。郑君静而，朝夕还京，千里相思，无以为言，

① 金麟厚：《河西全集》，首尔：民族文化推进会，1989年，第21—22页。

姑以是题其图后而赠之。嘉靖己酉秋八月河西金厚之书。①

金麟厚对周敦颐的宇宙观表示认同：天命广袤无边，生生之理从未中断。万物生长之机在于阴阳交互，动静相生，相互滋养。然而被形气所束缚，难以洞察其中奥秘。只有天下聪明睿智，至诚不息，能够完全发挥其天性者，才能真正理解其中的深意。他认为宇宙的运行是永恒的，因此生命生生不息的原理从未停歇，宇宙的运行得益于阴阳动静的相互作用。

金麟厚认为只有聪明睿智、至诚无息，能够充分认识自己的那些人，才能理解宇宙万物运行的原理与规律，从而效仿宇宙运行的原理，进行修养。这显示出金麟厚对周敦颐《太极图》的高度认可与赞扬，他认为周敦颐的《太极图》非寻常人所能揣度。

太极无穷妙，流行宇宙间。伥伥谁与问，日夕待君还。②

金麟厚亦认为太极是宇宙生成万物根源，他自己在诗中感慨道太极无穷无尽，其作用遍布整个宇宙。在这宇宙的辽阔之中，太极象征着阴阳的交融，是万物生成与变化的根源。

李恒曾写信给奇大升，论述"太极与阴阳为一物"的观点，金麟厚看到信后，回了一封简短的信函，内容如下：

一斋致书高峰，极论太极阴阳一物之意，送于先生，要传于高峰。先生见其书，仍与一斋小柬，其略曰："遗奇君之柬，不敢议为。盖理气混合，盈天地之间者，无不自其中出，而无不各具，不可谓太极之离乎阴阳也。然道器之分，不能无界限，则太极阴阳，恐不可谓一物也。朱子曰：'太极之乘阴阳，如人之乘马。'则决不可以人为马也。"③

金麟厚认为理和气共同充盈于天地之间，万物才由此生成，因此万物都具备理和气。从宇宙生成论的角度而言，理气作为构成世界的核心范畴呈

① 金麟厚：《河西全集》，长城郡：笔岩书院，1993年，第5页。
② 金麟厚：《河西全集》，首尔：民族文化推进会，1989年，第97页。
③ 金麟厚：《河西全集》，首尔：民族文化推进会，1989年，第316页。

现出混合共生的特质。由此可见,金麟厚主张理气浑沦说,认为天地万物的生成演化皆源自理气的相互作用,万物皆兼具理气。

尽管金麟厚主张理和气相互依存,但也指出道(理)和器(气)之间存在明确的界限。他坚持道器的形而上与形而下的分别。尽管他承认理气在现实世界的交融性,但亦指出道器具有不可逾越的形上界限。朱熹说:"太极只在阴阳之中,非能离阴阳也。然至论太极,自是太极,阴阳自是阴阳。"[①]金麟厚认为"太极"虽然内在于阴阳变化之中,却始终保持其作为"所以然之理"的形上特征。

金麟厚认为"太极"与阴阳、器有本质的区别。在他看来,太极与阴阳不能视为一物。金麟厚引用朱熹"人乘马"之喻,进一步强调了太极和阴阳的区别。他认为正如人不能等同于马一样,太极也不能等同于阴阳。由此可见,金麟厚认为"太极"作为宇宙的终极本体,具有超越性。

《别应和》

天行健不息,载物坤德厚。实埋于其间,生生亘悠久。
继善而成性,造化爰枢纽。谓无宁为无,谓有复何有。
体物靡所遗,洋洋在左右。当其赋命初,物我均禀受。
矧伊人最灵,何尝间贤否。厥性固纯善,真心非矫揉。
只缘气质拘,重为外物诱。声色乱耳目,臭味锢鼻口。
放逸不自持,东西任狂走。明德日以昏,宝鉴迷尘垢。
去去蔽遂固,不能复回首。如将一念觉,即此开户牖。
厉志摄精神,造次莫放手。日新又日新,有知辄自守。
操之则尧舜,舍之则桀纣。彝伦贵先明,言行忌掣肘。
圣贤对方策,何叹无师友。进进向上去,终看卓然后。[②]

"天行健"象征乾道刚健创生的不息,"坤德厚"体现地道载物育化的包容性,二者共同构成生生不息的宇宙秩序。金麟厚引用《周易》"天行健"与

① 朱熹:《朱子语类》第1册,黎靖德编,北京:中华书局,2020年,第108页。
② 金麟厚:《河西全集》,首尔:民族文化推进会,1989年,第33页。

“坤德厚”，阐述天道健行不息、地道厚载万物的宇宙图景。他将太极之理确立为贯通形上形下的枢纽，否定虚无主义，在“体物靡遗”的理气一元论中，主张道德法则与自然规律的同一性。

金麟厚坚持孟子的性善论，认同周敦颐对人的定义，他亦认为人作为万物之中最灵的存在，其本性先天具足。他主张人性本善，却易因气质限制与外物诱惑而迷失，诸如声色犬马的感官刺激，会扰乱心神，致使自我失控，明德渐晦，犹如宝镜蒙尘。他将尧、舜与桀、纣对比，主张道德修养的关键在于个人的选择。同时，他认为应将“孝悌人伦”置于优先地位，在日常生活中进行道德实践。

金麟厚强调道德修养需立足现实，逐步积累，以达至高境界。他所主张的工夫路径体现了“即卑近而极高明”的特点。他主张通过渐进累积的修养，逐步达到圣贤境界。他认为若要达到圣贤境界要经历“去蔽”到“复性”的过程。他的心性修养路径，既承袭了性理学“下学上达”的传统，又凸显了朝鲜性理学注重实践的特征。

《见寒山诗有感》

其一

寒山于释道，有不专屑屑。胡为死生际，此未看透彻。
天堂与地狱，指名皆假设。气尽理亦尽，何有轮回说。

其二

欲识生死理，且将水火比。火灭岂复火，水枯那更水。
不见死还生，谁知生有死。尽性以至命，归全斯为美。①

金麟厚在第一首诗中批判了佛道的生死观。他认为佛教执着于轮回幻相、道教沉迷长生，皆因未参透死生的本质，生死乃气化流行的自然过程。在他看来，既无天堂地狱，亦无业力轮回。生死并非需要超克的对象，而是

① 金麟厚：《河西全集》，首尔：民族文化推进会，1989年，第38页。

理气聚散的过程。他认为人们应更加专注于现世的生活和道德修养。金麟厚在第二首诗中以水火为喻，阐述了对生死之理的理解。他认为火灭后难以复燃，水枯后难以复流，生死是自然且不可逆的过程。由此可见，金麟厚并不认同佛教的生死观，认为生命的终结是自然规律，没有轮回、复生的可能。

孟子曰："尽其心者，知其性也。知其性，则知天矣。存其心，养其性，所以事天也。夭寿不贰，修身以俟之，所以立命也。"[①]孟子主张通过尽心知性而达到知天的境界，进而通过存心养性来事奉天理。他主张无论寿命长短，都应专注于修身养性，以达到安身立命的目的。金麟厚延续孟子"尽性以至命"的观点，强调人在有限的生命中应充分发挥自己的本性，以实现生命的价值与意义。

三、四端七情论

李滉与奇大升从1558年起展开了长达八年之久的四端七情论争可以说是朝鲜哲学史上最为重要的一场论争。在四端与七情的关系上，奇大升认为四端并非独立于七情之外，而是七情中发而中节的部分。在他看来，"情"只有一种，四端与七情都属于情，因此两者本质上是一致的。因此，他认为四端是包含在七情之中的。李滉始终坚持四端主于理纯善，七情主于气兼善恶。奇大升认为四端与七情都是性之所发，并且他根据性理学人性论"未发为性，已发为情"的原则，进一步指出不仅七情是乘气而发，四端亦是乘气而发。[②]因此奇大升认为四端与七情是"同实而异名"的，二者的区别在于"性发为情"时是否中节，发而不中节则为恶。金麟厚虽然没有直接参与奇大升与李滉的四端七情论争，但奇大升的思想受到了金麟厚的影响。

时高峰退处于乡。每诣先生，讨论义理，而深疑退溪四端七情

① 朱熹：《四书章句集注·孟子集注》，北京：中华书局，2011年，第327页。

② 洪军：《四端七情之辨——朝鲜朝前期朱子学研究》，北京：人民出版社，2018年，第149页。

理气互发之说。来质于先生，先生为之剖析论辨，极其通透精密。高峰所得于先生者如此。故及先生殁后，高峰与退溪讲论四七互发之非，多述先生之意以卞之，殆数万言。世所传退高四七往复书是也。[①]

由此可见，奇大升与金麟厚的交往是十分密切的，奇大升在与李滉论辩之时，尤其是对李滉的理气互发说感到疑惑时，他会时常向金麟厚请教，显然他们二人都不认同李滉的观点。因此可以知道奇大升关于四端七情的论述，实际上是秉承金麟厚先生的思想，奇大升感激金麟厚先生认真仔细地分析与讲解，最终将他们讨论的结果呈现在其与李滉的往来书信之中。由奇大升的四端七情论可以了解金麟厚的观点。

奇大升指出子思和孟子对于人性的阐述有所不同。因此才有了四端和七情的分别。他认为四端亦包含在七情之中。但是如果按照李滉所言四端发自于理，那就没有不善的，而七情发于气，那就有善有恶，这就将四端与七情划分为二物，如同理与气一样。这样的话七情并不出自性，而四端也不会受到气的影响。这种说法在语义上是有问题的。[②]

奇大升认为李滉说四端的显发是纯理，所以没有不善，七情的显发兼有气，所以有善有恶，这样的说法比第一种说法略好，但是依然有不恰当之处。奇大升认为性刚显发时，气是不发生作用的，这正是孟子所说的四端，正是天理所发，因此四端之情依然在七情之中，只是属于七情发而中节的部分。奇大升还进一步指出七情发而中节者即“天命之性”与“本然之体”，这与孟子所说的四端是一致的，只是名称不同而已。他认为四端与七情是“同实而异名”的，四端与七情的区别在于“性发为情”时是否中节，发而不中节则为恶。七情发而不中节的原因在于气禀与欲望。从这一点来看，这与金麟厚在《天命图》中对人与物差异的表述无异。

① 金麟厚：《河西全集》，首尔：民族文化推进会，1989年，第316页。
② 奇大升：《高峰集》，首尔：民族文化推进会，1989年，第315页。

性岂间圣愚，禀气有清浊。须从善端明，推之至大觉。[①]

从金麟厚所作的这首诗中可以看出他认为人所禀受的气有清浊之分，因此有智、愚的差异，但是人具有善端，人相较于草木、禽兽，人禀受的是阴阳二气中完整的、中正之气，人因此禀受了完备的仁义礼智之理。这意味着人不仅仅是宇宙中的一部分，更是具备理性、道德与智慧的存在。金麟厚认为，人因为禀受了完备的仁义礼智之理，因此能够意识到自身的独特性和使命。他强调，只要人们能够认识到这一点，并在日常生活中积极实践，就能发挥自己的最大潜力。他的观点显然延续了孟子的性善论，认为人性本善，可以通过教育和实践来培养和扩充四端，金麟厚认为人生最大的乐事莫过于“为善”。

人间何事好，为善是最乐。皇天赋恒性，混然初无恶。
如何役外累，草木同零落。涵养不由人，方寸自恢廓。
精神贵收敛，视听亦不错。直到卓尔时，奇功输博约。[②]

他认为道德行为的实践能够给人带来内在满足与快乐。他主张人性本善，是天赋的恒性，原本无恶，但人们常常被外在的私欲和物累所役使，由此产生恶。他主张通过内在的涵养来恢复和保持人的本善之性，这种涵养不是外在强加的，而是源于人的自觉。“博约”出自《论语》“君子博学于文，约之以礼，亦可以弗畔矣夫。”[③]这句话强调了君子应当广泛地学习文化知识，再通过礼来约束自己的行为，从而避免偏离正道。“博学于文”体现了广泛学习的重要性，而“约之以礼”则强调了礼在规范和约束行为方面的作用。《中庸》所言“博闻强识”则进一步强调了广泛学习的重要性。《中庸》认为通过广泛地学习，可以积累丰富的知识，从而更好地理解和践行道德原则。

金麟厚主张，唯有将“博学于文”与“约之以礼”二者结合，方能达成道德境界的完满。“博学于文”与“约之以礼”是实现道德修养的基础路径，二者相辅相

① 金麟厚：《河西全集》，首尔：民族文化推进会，1989年，第97页。
② 金麟厚：《河西全集》，首尔：民族文化推进会，1989年，第36页。
③ 朱熹：《四书章句集注·论语集注》，北京：中华书局，2011年，第88页。

成。“博学于文”能够使人积累丰富的知识，为道德修养提供坚实的理论基础，而“约之以礼”能够节制欲望，规范人的行为。通过学习与实践、内在觉悟与外在规范互相强化，人才能逐步克服私欲，行为完全契合天理。

四、人心道心论

“人心”与“道心”出自《尚书》。《尚书》，亦称《书经》，其内容大多是和政治有关的一些言论和史事。然而，《尚书》在历史上有两个版本，即《今文尚书》和《古文尚书》。在秦朝时，为了统一思想，许多诗书被焚毁，私藏书籍被禁止，直到汉惠帝时期才恢复对《尚书》的传播。《今文尚书》经由伏生传承，但只有28篇残本留存。而在汉景帝时期，鲁恭王拆毁孔子旧宅时，发现了一份《古文尚书》，是用先秦六国时字体书写的，被称为《古文尚书》，一共是33篇。现在通行的《十三经注疏》本《尚书》，就是《今文尚书》和《古文尚书》的合编本，共58篇，其中《古文尚书》二十五篇，为东晋梅赜所献。

清朝的学者阎若璩（1636—1704年）的《古文尚书疏证》与及惠栋（1697—1758年）的《古文尚书考》认定《古文尚书》是伪作。“人心”与“道心”出自伪《古文尚书·大禹谟》：“人心惟危，道心惟微，惟精惟一，允执厥中”，这一句相传是尧将帝位传给舜、舜把帝位传给禹的时候，谆谆嘱咐代代相传的心法。这16个字的意思主要是说人心是危险难安的，道心却是微妙难明的，唯有精心体察，专心持守，才能使心处于不偏不倚的状态。

朱熹人心道心论的核心命题在于确立“道心”对“人心”的主导地位。他在本体论层面严格区分道心与人心，将“道心”界定为“原于性命之正”的超越性本体，而将“人心”理解为“生于形气之私”的经验性存在。朱熹认为，唯有通过“精一”的修养工夫，使“道心”成为“一身之主”，才能确保“人心”始终处于从属地位，听命于道心。

三圣相传授，惟言执厥中。危微精一上，进进益加功。[①]

---

① 金麟厚：《河西全集》，首尔：民族文化推进会，1989年，第94页。

"危"揭示人心易陷于私欲之危殆,"微"则表明道心常隐于气禀之幽微之中,"精一"指明工夫论的核心在于察识之明与持守之诚。他还将工夫修养视为不断积累的过程,正如《大学》"苟日新,日日新",强调道德修养需持之以恒,如积跬步以至千里,通过日复一日的努力,工夫修养也会愈加精进。

> 不息天行健,无疆地势坤。存心在克复,敬直恕仍敦。[①]

"天行健"与"地势坤"出自《周易》乾坤两卦象辞。周敦颐说:"君子乾乾,不息于诚,然必惩忿窒欲,迁善改过而后至。"[②]周敦颐以"诚"为终极目标与内在动力,他认为人应效仿天道,当自强不息,精进于诚之道,要时刻警惕,克制愤怒与私欲,勇于改过,方能达到至诚之境。金麟厚亦延续周敦颐的思想,认为人应效仿天道,自强不息,持敬慎之心,以正直的德行来规范自身,使内心保持一种庄重、专注的状态,去除私欲,保存道心。

> 罗整庵名钦顺,其所著《困知记》曰:"道心,性也,人心,情也。至精之体,不可见,故曰微,至变之用,不可测,故曰危。"卢苏斋守慎,力主其说,以为道心寂然不动,人心感而遂通云云。先生深非之曰:"圣人所谓人心道心,盖皆指动处而言云云。"先生殁后,退溪、高峰皆宗先生之说,力攻卢说,而先生全论逸而不传。[③]

罗钦顺(1465—1547年)在其著作《困知记》中提出"道心"为性,"人心"为情。他认为"道心"是极其精微的本体,不可见,因此称之为"微",而"人心"变化莫测,称之为"危"。卢守慎(1515—1590年),在为国王经筵讲学时,对人心道心的阐释与朱熹的观点一致。但在流放珍岛期间,他读到罗钦顺的《困知记》,自此改变原有学说,提出"道心未发,人心已发"的观点。卢守慎随即招致李滉、奇大升等学者的批评。

因文献散佚难以窥见金麟厚人心道心论的全貌。金麟厚对此亦持批评

① 金麟厚:《河西全集》,首尔:民族文化推进会,1989年,第98页。
② 周敦颐:《元公周先生濂溪集》,长沙:岳麓书社,2006年,第67页。
③ 金麟厚:《河西全集》,首尔:民族文化推进会,1989年,第316页。

态度，认为圣人所言的“人心”“道心”，实际上都是从发用处立论的。这与李滉从体用论的角度批评罗钦顺与卢守慎的立场一致。通过剖析李滉的主张与批评逻辑，可推断出金麟厚在这一命题上的主张。

> 若罗氏《困知记》，则又谓“道心，性也，人心，情也。至静之体不可见，故曰微，至变之用不可测，故曰危。”此其为说颇近似，非湛氏之比。然其为害则为尤甚。夫限道心于未发之前，则是道心无与于叙秩命讨，而性为有体无用矣。判人心于已发之后，则是人心不资于本原性命，而情为有恶无善矣。如是则向所谓不可见之微、不可测之危，二者之间，隔断横决。欲精以察之，则愈精而愈隔断。欲一以守之，则愈一而愈横决。其视朱子说体用、精粗、工夫功效，该贯无遗者，为如何哉！学者当知性，不必养心。此说尤不可晓。孟子论“仁，人心，义，人路”，而必以“求放心”终之。苟如所云，知仁知义足矣，又何必要求放心耶？①

李滉在此指出若将道心限定于未发之性的层面，强调其“微”的不可见性，而将人心划归已发之情的层面，突出其“危”的不可测性。在李滉看来，如果道心只能成为静态的性理或者道德法则(天理)，此乃弱化理的主宰作用，道心也无实践机能或动力可言。②这种本体论层面的割裂直接导致性理与情感、静体与动用的二分结构，形成“性有体无用，情有恶无善”的理论困境，从根本上动摇了朱子学理气浑融、体用一源的哲学根基。这种割裂使“道心”与“人心”之间隔断横决，难以通过“精察”与“专一”工夫来弥合，与朱熹的人心道心论相悖。

李滉进一步指出依据罗钦顺的人心道心论会导致人们只重视“性”而忽视养心。孟子强调仁人心、义人路，但最终仍需以求放心结尾。若按罗氏观点，仅知仁义即可，无需“求放心”，这与孟子之说相矛盾。李滉在此揭示了

---

① 李滉：《退溪集》，首尔：民族文化推进会，1989年，第444—445页。

② 林月惠：《异曲同调——朱子学与朝鲜性理学》，台北：台湾大学出版中心，2010年，第273页。

重性轻心的理论偏颇可能导致的道德实践困境。在金麟厚的思想体系中，心性论占有重要的地位。他所创作的诗歌以自然景物为题材的抒情较少，而以修身养性的哲理诗为主。金麟厚在《复用磨韵》一诗中的表述可以视作他对"人心道心"[①]问题的回应：

宝鉴埋尘孰我磨，医师未遇奈沈痾[疴]。
治平圣法存经传，未发须通已发和。[②]

金麟厚在此诗中以"宝鉴埋尘"为喻，将心之主体比作明镜（宝鉴），即明德，此处的心可以视作人的道心，道心本自光明，本具善性，但在现实世界中，私欲如尘垢般附着其上，致使本心之明被遮蔽。

朱熹关于中和学说的两次变化可以说是他心性论发展的重要里程碑。丙戌之悟，即中和旧说时，他主张"心为已发，性为未发"，在修养论层面他强调"先察识后涵养"，即在情已发时通过省察、体认本性。[③]朱熹很快意识到其中和旧说在修养工夫上缺乏系统的涵养过程。他通过与张栻的书信往来，受到启发，特别是朱熹与张栻在长沙见面后，他们讨论了未发之义、太极之义、乾坤动静等命题，其中令他感受最深的是湖湘学者的察识端倪说。这使得他对"未发""已发"问题有了新的见解，于是在己丑之悟，即中和新说中，提出"心有已发未发，心贯乎未发已发"，在修养论层面主张"涵养须用敬，进学则在致知"。[④]在此李侗的"未发"涵养工夫得到了肯定，但是朱熹用"敬"代替了"静"。[⑤]在中和新说中，朱熹十分注重在未发时的主敬涵养与已发时的省察并重，以"敬"贯通动静，形成"敬"贯始终的修养工

---

① 서경요:《하서 김인후의〈천명도〉구조와 성리학 연구》,《동양철학연구》,2002年第28辑，第13页。

② 金麟厚：《河西全集》，首尔：民族文化推进会，1989年，第122页。

③ 陈来：《朱子哲学研究》（增订版），北京：北京大学出版社，2023年，第206—208页。

④ 陈来：《朱子哲学研究》（增订版），北京：北京大学出版社，2023年，第215—221页。

⑤ 束景南：《朱子大传"性"的救赎之路》（增订版），上海：复旦大学出版社，2016年，第233页。

夫路径。

在东亚儒学的发展进程中，朱熹的中和说不仅在宋明理学中占据重要地位，对朝鲜儒学的发展亦产生了深远影响。金麟厚在诗中说道："未发须通已发和"中，深入阐述了"未发"与"已发"的相互贯通关系。他提出，在"未发"阶段，即情感未被激发之时，需体认并保持心性本体的清明与澄澈，这是道德修养的基础，而在"已发"阶段，即情感已经激发并表现出来时，则需通过恰当的调节与引导，实现情感的中和。这显然是对朱熹中和新说的继承和发展。

他格外重视人心性的修养，仍以"修齐治平"为最终目标。他认为，儒家经典中所蕴含的伦理纲常和社会规范，是治国理政的重要依据。金麟厚以"磨镜"之工夫喻心性修养，通过持续进行自我反省和修养，去除这些私欲的尘垢，心才能恢复其本来的清净与明亮，即回归道心。在金麟厚的哲学体系中，"敬"是最为核心的修养工夫。他既承袭了朱子学"涵养须用敬，进学在致知"的修养工夫。通过修养工夫的积累，使得道心始终为一身的主宰。

> 心本一身之主宰，非人以为之主宰，然后主宰之也。惟其气杂而诱于物，则心驰于外，而身便无主。能敬以直之，则心便主宰如前矣。今曰以心为一身主宰，然后以敬为一心主宰。[①]

金麟厚指出心是主宰，这是指道心的作用。但是如果心被外界诱惑所干扰，身体就失去了主宰。只有通过保持敬畏和专注，心才能恢复其作为主宰的能力，掌控身体和思维。金麟厚继承并发展了周敦颐与朱熹的思想，在道德修养中，他强调了"敬"的重要性，认为道心是人身心的主宰，通过保持敬畏和专注，道心能够恢复其主宰能力，从而实现道德的完善。他还提出了"尽性以至命"的观点，主张人在有限的生命中应充分发挥自己的本性，以实现生命的价值和意义。他将个人修养与国家社会的治理相结合，与儒家内圣外王的理念相契合。

---

① 金麟厚：《河西全集》，首尔：民族文化推进会，1989年，第230页。

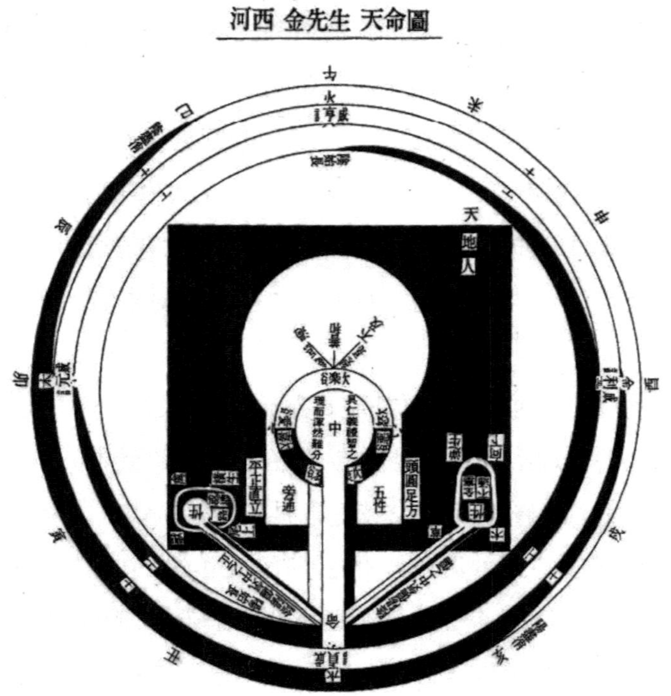

图5 权近《天人心性合一之图》载《入学图说》

第三节 韩元震的《一原分殊图》

韩元震(1682—1751年),字德昭,号南塘,本贯清州,是朝鲜后期的一位杰出的性理学家。他是权尚夏(1641—1721年)[①]的门人,江门八学士之一。[②]他

① 权尚夏:(1641—1721年)号遂庵,本贯为安东,是朝鲜后期的学者、教育家,也是孝宗、显宗、肃宗时期的性理学家。他是宋时烈(1607—1689年)和宋浚吉(1606—1672年)的门生。他作为畿湖学派的继承者和领导者,他支持李珥的"气发理乘一途说"。

② 权尚夏居住在忠清道清风黄江旁的寒水斋。因此,他的门生被称为"江门弟子",其中特别著名的八位弟子被称为"江门八学士"。资料所记录的名单略有不同,但大致包括南塘韩元震、李柬、尹凤九、蔡之洪、韩弘祚、玄尚璧、尹焜等人。有些书籍中会加入成晚征、李颐根、崔征厚,而排除尹凤九、韩弘祚和尹焜。

最终完成了宋时烈(1607—1689年)[①]曾计划编纂但未能完成的遗稿《朱子言论同异考》。

著有《南塘集》《经义记闻录》《朱子言论同异考》。

韩元震依据李珥的理通气局说对《太极图》进行了更为系统的考察与诠释。根据首尔大学奎章阁收藏的《经义记闻录》所示,《太极图》位于《经义记闻录》第三卷,韩元震对《太极图》的诠释,由图》《图解》以及《图说》三部分构成。他依据周敦颐《太极图》《太极图说》,将《太极图》分为五部分,将《太极图说》分为十小节。

一、无极而太极论

周敦颐在《太极图说》中提出"无极而太极"的命题。自朱熹和陆九渊以来,围绕"无极而太极"的争论和讨论从未停止。理解这一命题的关键在于如何理解"无极"和"太极"这两个范畴之间的关系。韩元震在解读这一命题时,首先对"极"字的含义进行了分析,试图通过厘清"极"字的意义来阐明"无极"与"太极"的内在联系。

> 无极而太极,上极字有形之极,下极字无形之极,谓无如皇极、北极、屋极之形,而有极至之理云尔。无极而太极,此两语无轻重无宾主,而字只是连接过上下语脉耳。释之者或以而字作者字意看,如此则上句重下句轻,以上句为主,而下句为宾矣。或以而字作然字意看,如此则上句轻下句重,以下句为主,而上句为宾矣。两释皆有所偏,非正义也。[②]

---

① 宋时烈:(1607—1689年)朝鲜王朝中期的重要政治家与哲学家,坚决排斥满洲文化,积极倡导尊周义理。他是金长生、金集的门人,成为西人党的一员,早年曾担任凤林大君李淏的老师。李淏继位后,宋时烈一度入仕,不久辞职,后又被起用,参与北伐大计。显宗末年,西人在礼讼中败北,南人上台,宋时烈被流放。庚申换局后回朝,任领中枢府事。后西人分裂为以他为首的老论和以尹拯为首的少论。己巳换局后,宋时烈因反对肃宗急于将张禧嫔之子定为"元子"而被流放并赐死。甲戌换局后平反,赠谥"文正",被配享文庙和孝宗庙庭。宋时烈的学术思想和政治立场对朝鲜王朝后半期产生了深远影响,他被尊为"宋子",是朝鲜半岛儒者中唯一被称为"子"的人,其遗著被整理为《宋子大全》。

② 韩元震:《经义记闻录》卷3,首尔:首尔大学奎章阁韩国学研究院藏,1722年刻本,第5页。

"无极"的"极"字指"有形之极","太极"中的"极"字指"无形之极"。韩元震强调,"无极"是没有形状,而"太极"包含极至之理。他对"无极而太极"的理解与朱熹的观点有相通之处,但也存在一定的差异。朱熹认为"无极"是"太极"的修饰语,强调"太极"本身是没有声音、气味、形状的,因此"无极而太极"可以理解为"无形无象的太极"。在朱熹看来,周敦颐将"无极"放在"太极"之前,更能彰显"太极"是万物生成的根源。韩元震认为"无极"是"太极"的无形状态,而"太极"则是至极之理。他认为宇宙本体论中"无形"与"有形""理"与"气"之间的关系是辩证统一的,既肯定了理的超越性,又承认了气的现实性。

韩元震进一步分析了"而"字在"无极而太极"中的作用。他指出,有人将"而"字理解为"者"字,使"无极"成为重点,"太极"成为次要,导致上重下轻,也有人将"而"字理解为"然"字,使"太极"成为重点,"无极"成为次要,导致下重上轻。他认为这两种解读都存在偏颇,未能准确把握"无极"与"太极"之间的关系。

> 而字不须转借他字之意,只作接连上下意看,而无所左右于彼此,则上下两语恰相对值,无轻重宾主之偏矣。朱子曰"无极而太极",犹曰"莫之为而为,莫之致而至",又如曰"无为而为",观此言,尤可见前二释之为非矣。①

韩元震强调,"而"字在连接"无极"与"太极"时,不应被赋予其他含义,而应保持其作为连接词的本义,确保二者在意义上对应,无轻重宾主之分。他引用朱熹的观点,认为"无极而太极"就像是没有刻意去做却自然而成,没有刻意去追求却自然而至。从朱熹的这句话可以看出,将"而"字理解为"者"或"然"都是错误的,因为这两种理解都会破坏"无极"与"太极"之间的平衡关系。

韩元震进一步指出,"无极"与"太极"并非对立或割裂的关系,而是宇宙本体的两个方面,即"无极"是无形之理,是宇宙的本原和根本法则,而"太

---

① 韩元震:《经义记闻录》卷3,首尔:首尔大学奎章阁韩国学研究院藏,1722年刻本,第5页。

极”是有形之始,是理在气中的具体显现。凭借“而”字的巧妙联结,两者在意义上达成了一种平衡状态,既无轻重偏颇,亦无宾主尊卑之分。

上天之载即理也,无声无臭解无极之义,枢纽根柢解太极之义。造化以阴阳五行而言,品汇以男女万物而言,造化之机阖闢无穷,而理为其主宰,故曰枢纽品汇之生一定不易,而理为其性情,故曰根柢。[①]

阴阳五行作为造化之具象载体,通过交感运动生成万物。韩元震进一步从宇宙生成和万物繁衍的角度,阐明了“理”作为宇宙根本法则的重要性。无论是宇宙的生成还是万物的繁衍,都以“理”为依据。

无极而太极,是说一理。太极动而生阳,静而生阴,是一分为二矣。阳变阴合生五行,是二分为五矣。[②]

韩元震指出,周敦颐所言“无极而太极”是对宇宙本原“一理”的描述。这里的“一理”意指宇宙的根本法则或终极原理。基于“太极”的概念,宇宙凭借“动”与“静”的相互作用,分化为阴阳二气。动为阳,静为阴,这是宇宙从“一理”到“二气”的分化过程。韩元震认为这是“一分为二”的过程。阴阳二气经由相互作用,进一步演化出五行进而生成万物。

二、太极动静论

周敦颐在《太极图说》中说:“太极动而生阳,动极而静;静而生阴,静极复动。一动一静,互为其根。”[③]朱熹在《太极图说解》中阐述道:“太极之有动静,是天命之流行也。”[④]“太极动静”问题不仅受到中国学者的关注,朝鲜儒

① 韩元震:《经义记闻录》卷3,姜奎焕编,首尔:首尔大学奎章阁韩国学研究院藏,1722年刻本,第5页。

② 韩元震:《经义记闻录》卷3,姜奎焕编,首尔:首尔大学奎章阁韩国学研究院藏,1722年刻本,第6页。

③ 周敦颐:《元公周先生濂溪集》,长沙:岳麓书社,2006年,第7页。

④ 朱熹:《朱子全书》第13册,朱杰人、严佐之、刘永翔编,上海:上海古籍出版社、合肥:安徽教育出版社,2002年,第72页。

学家李滉、奇大升、李珥等对此亦展开广泛讨论。韩元震认为,太极与阴阳的关系需要用"生"字来连接,因为"生"字能够明确地表示太极是阴阳的根源。若缺少"生"字,太极与阴阳或将被混淆为同一概念。

> 尤庵先生曰:"少时读《太极图说》,太极动而生阳,静而生阴,每疑太极之动静已是阴阳,何待生之然乃为阴阳耶?及见朱子《图解》,去两生字,直曰'动而阳,静而阴',然后语意卓然,无可疑矣。"先生此论可谓深矣。然就《图说》去生字,则太极阴阳又似乎一物,而无上下道器之辨矣。濂翁盖亦不得已,而下此一字也,《图解》虽去生字,上加所以字,下足本体字,则道器上下之辨,亦未尝无也。①

朱熹在《图解》中解释周敦颐的《太极图》时说:"此所谓无极而太极也,所以动而阳、静而阴之本体也。"②宋时烈(1607—1689年)认为朱熹将周敦颐《太极图说》所言"动而生阳,静而生阴"之语中的"生"字去掉,直接说"动而阳,静而阴",使语意更加明确。韩元震则指出,如果去掉"生"字,可能会导致太极和阴阳的界限模糊,难以明确道器的形上、形下之分。他认为"生"字区分了太极和阴阳、上和下、道和器,即"生"起到了区分理和气的作用。他指出朱熹所言"此无极而太极也,所以动而阳,静而阴之本体也",在此用"所以"来替代"生"字,明确了太极是阴阳的根据。③他认为周敦颐使用"生"字是出于无奈,而朱熹不使用"生"字,通过加上"所以"和"本体"二字,仍然保留了形而上与形而下的区别。在韩元震看来,太极作为宇宙的根本原理,与阴阳作为其具体表现形式之间,存在着不可逾越的界限。他还对周敦颐和朱熹的立论依据进行考察,认为周敦颐是从"源头"处来阐释的,朱熹是从"流行"处来阐释的。

---

① 韩元震:《经义记闻录》卷3,姜奎焕编,首尔:首尔大学奎章阁韩国学研究院藏,(1722)刻本,第1—2页。

② 朱熹:《朱子全书》第13册,朱杰人、严佐之、刘永翔编,上海:上海古籍出版社、合肥:安徽教育出版社,2002年,第70页。

③ 최영진、조첨첨:《〈태극도설〉에 대한 남당의 이기론의 해석체계——〈경의기문록〉〈태극도〉를 중심으로》,《철학》,2021年第146辑,第9页。

《图说》曰:“太极动而生阳,静而生阴者。”从源头言也。大本之义已明,而人或执此误认理先气后。故注说曰:“不见始合,不见终离。”是从流行言也,所以分解濂翁之说也。[①]

太极作为宇宙的本体,通过“动”与“静”两种状态,分别产生阳与阴。这里的“动”与“静”并非物理意义上的运动或静止,而是指太极内在的两种对立统一的状态。阳与阴的生成标志着宇宙从本体到现象的展开过程。他强调,这是从“大本之义”即宇宙的根本原理的角度来理解太极与阴阳的关系。

韩元震认为周敦颐所说的“太极动而生阳”意在说明太极作为宇宙本体的意义,但朱子觉得人们容易误解这句话,认为“理”(太极)在时间上先于“气”(阴阳)而存在,从而陷入“理先气后”的误解,为了避免这种误解,朱熹注释说:“不见始合,不见终离。”韩元震认为朱熹是从“流行”即宇宙生成与运行的过程而言的,强调理与气在宇宙生成的过程中始终相互依存,既没有绝对的理气完全合一的状态,也没有绝对的理气完全分离的状态。

故《图说》曰:“太极动静”者,从理言也。主宰之义已明,而人或执此误认理有作用,故注说曰:“动静者,所乘之机也”,是从气言也,所以分解濂翁之说也。[②]

韩元震认为周敦颐与朱熹是从不同的层面描述太极动静的。周敦颐是从理的层面来阐述的,强调了太极(理)在宇宙中的主导地位。他认为周敦颐在《太极图说》中提出“太极动而生阳,静而生阴”,旨在说明“动”与“静”并非仅仅描述物质世界的运动状态,而是象征着太极(理)作为宇宙本体的主宰性与根源性,通过动静变化,太极化生出阴阳二气,进而衍生出万物。

他认为朱熹对“太极动静”的诠释是从理的角度而言,明确了太极作为宇宙本体的主宰性,是宇宙万物运动变化的终极依据,但这一表述易被误解

① 韩元震:《经义记闻录》卷3,姜奎焕编,首尔:首尔大学奎章阁韩国学研究院藏,1722年刻本,第10页。

② 韩元震:《经义记闻录》卷3,姜奎焕编,首尔:首尔大学奎章阁韩国学研究院藏,1722年刻本,第10页。

为理自身有动静。为了避免这种误解,他进一步指出动静实际上是“所乘之机”,即从气的层面来解释动静。他认为,朱熹对“太极动静”的诠释将周敦颐的宇宙生成论转化为体用论,既维护了理的超越性,又赋予气以具体运动的载体功能。韩元震对周敦颐和朱熹的观点进行了统合。

> 理气有从理而言者,有从气而言者,有从源头而言者,有从流行而言者。从理言者,明主宰之在理也。从气言者,明作用之在气也。从源头言者,明此理之为大本也。从流行言者,明理气之无离合也。①

韩元震认为,周敦颐在《太极图说》中所言“太极动而生阳,静而生阴者”,可以从理、气、源头、流行四个角度来阐释。从理的角度看,理是宇宙万物的主宰者,是万物生成的依据与本原,而从气的角度看,气则是理发挥效用的媒介,理的作用唯有通过气方能得以彰显。从源头的角度而言,理是宇宙的根本和起点,是一切存在的根源,从流行的角度而言,理与气是相互依存、不可分离的,气的运动变化始终遵循理的规范,而理也必须通过气的流行才能展现出来。

朱熹从“气”的流行层面进一步阐释了周敦颐“太极有动静”的命题。太极作为“理”,本身无形无相,其动静属性需要通过“气”来具体实现。换言之,太极的动静是“理”在“气”中的显现,气的运行变化使得太极的动静得以在现象世界中展开。朱熹的这一解释既保留了太极作为本体的根本性,又强调了气在宇宙生成中的作用。

韩元震通过对周敦颐和朱熹思想的比较分析,揭示了“理”与“气”在宇宙生成中的不同作用,周敦颐从“理”的角度强调太极的主宰性,而朱熹则从“气”的角度阐明了太极动静的过程。

> 理乘气,譬如人乘马。行止在马,而非人主宰,则马亦无以行止也。故以人之主宰,而谓人行则亦可也。濂翁之意盖如此。直

---

① 韩元震:《经义记闻录》卷3,姜奎焕编,首尔:首尔大学奎章阁韩国学研究院藏,1722年刻本,第9—10页。

指马之行止，而谓马行止亦可也。朱子之意盖如此。[1]

韩元震以“人乘马行”的比喻，对比分析了周敦颐与朱熹的太极动静观。他认为在周敦颐的思想中，太极的动静变化是通过气的运行来体现的，但气的运行并非独立自主，而是由理（太极）所主导。这就如同人骑在马上，马的走或停看似由马自行决定，但实际上是由人来控制的。如果没有人的主宰，马就无法有序前行。因此，从理（太极）的主导作用来看，可以说是理在推动气的运行。周敦颐强调太极作为宇宙本原的至高地位，认为动静的变化虽然体现在气的层面，但其根源在于理的支配。

韩元震认为朱熹的太极动静说注重从气的层面来解释太极的动静变化。虽然理是气的内在规律，但气的运行本身也有其表现形式。这就如同直接观察马的行走或停止，可以认为马自己在行动，而不必时刻强调人的主导作用。朱熹更侧重于从现象层面描述气的运行，认为气的动静是宇宙运行的表现，而理则作为内在规律贯穿其中。

韩元震认为周敦颐的太极动静说更重视理的主宰性，认为太极（理）通过动静变化主宰宇宙的生成与运行。他强调理是宇宙的根本原理，动与静是理的内在属性，并不只是气的运动状态。这种观点突出了理的超越性与普遍性，为理解宇宙本体提供了理论基础。朱熹则从气的流行层面来进一步阐释了理气关系，认为太极的动静属性需要通过气来实现。他强调气是理的外在显现，气的运行变化使得太极的动静得以在现象世界中展开。

韩元震通过对周敦颐和朱熹观点的整合，既肯定了理的主宰性，又强调了气的作用，为理解理气关系提供了更全面的理论框架。他通过对周敦颐和朱熹思想的分析，阐明了太极动静观的核心内涵及其在宇宙生成中的意义。

韩元震的太极动静论不仅厘清了“理”与“气”的关系，还为理解太极与阴阳五行的联系建构了更加全面的理论框架。他通过对“源头”与“流行”“理”与“气”的双重视角，既肯定了太极作为宇宙本体的优先性，又强调了理

---

① 韩元震：《经义记闻录》卷3，姜奎焕编，首尔：首尔大学奎章阁韩国学研究院藏，1722年刻本，第10页。

气在宇宙运行中的重要作用。

> 一动一静而有动静者,太极之用也。无动无静而涵动静者,太极之体也。此之体用,固不可分属动静,然以冲漠无眹对一动一静,则冲漠无眹,道之本体,无为者也,一动一静,道之大用,流行者也。①

韩元震对太极体用与动静的关系进行了剖析。韩元震从体用论的角度来解读太极动静,认为"一动一静"是太极的"用",而"无动无静"则是太极的"体"。太极的体是其用的基础,而其用则是体的具体展现。他指出,"一动一静"是太极之用的表现,而"无动无静"则是太极之体的状态。不可将太极的体用等同于动静。

三、太极与阴阳五行

韩元震将周敦颐《太极图说》的整体结构概括为"一原分殊"或者"一本分殊"。

> 第一圈太极之本体,万物之一原也。第二圈以下太极之乘机变化,以生阴阳五行男女万物,分殊之所由生也。太极乘机变化,而本体无往不在,分殊还他一原也。观此图者,当先知一原分殊之辨,而又当就分殊中就见其为一原也。②

第一圈是太极的本体,即一原,第二圈以下视为太极乘机变化,生成阴阳、五行、男女、万物的过程。韩元震认为万事万物的生成的根源是太极,而万事万物生成的过程就是"太极乘机"变化的过程。朱熹在《太极图说》中注解道:

> 各一其性,则浑然太极之全体,无不各具于一物之中,而性无所不在,又可见矣。③

---

① 韩元震:《经义记闻录》卷3,姜奎焕编,首尔:首尔大学奎章阁韩国学研究院藏,1722年刻本,第9页。

② 韩元震:《经义记闻录》卷3,姜奎焕编,首尔:首尔大学奎章阁韩国学研究院藏,1722年刻本,第1页。

③ 朱熹:《朱子全书》第13册,朱杰人、严佐之、刘永翔编,上海:上海古籍出版社、合肥:安徽教育出版社,2002年,第73页。

韩元震认为万事万物皆源于太极本体,即“一原”,在此基础上,太极本体通过“分殊”生成了万事万物。尽管万物呈现出多样性,但它们的根源是一致的,即都蕴含着太极。他指出,太极被视为宇宙的初始状态,是万物生成的本原。五行则是阴阳在自然界的具体体现,它们相互作用,构成了物质世界的多样性。太极通过阴阳五行的作用,赋予万物以独特的性质和形态。这体现了宇宙的统一性与多样性,既强调了万物根源的一致性,又解释了万物之间的差异性。

> 不离故随处可以合看,合看则理为气所囿,而阴阳五行万物各一其性矣。不杂故限随处可以分看,分看则理不囿于气,而阴阳五行万物同一太极也。各一其性,一本之所以万殊也。同一太极,万殊之所以一本也。①

韩元震从理与气的关系出发,探讨了太极与阴阳五行之间的联系。若从“理气合一”的视角来看,太极之理在万物生成的过程中受到阴阳五行之气的制约,因而呈现出不同的形态,具有特殊性。然而,若从“理气分离”的角度分析,太极之理则不受阴阳五行之气的限制,即假设排除气的影响,阴阳五行及万物依然具备太极之理的普遍性。

基于此,他认为周敦颐在《太极图说》中所说的“五行之生,各一其性”表明,尽管阴阳五行万物皆源于太极,但在气的具体作用下,它们最终形成了各自独特的性。韩元震将太极视为“一本”,即统一的根本原理,而阴阳五行万物则为“万殊”,即多样化的表现。

按照韩元震的解释,第一圈的太极代表纯粹的理,而第二圈的太极则受到气的制约,两者在表现形式上有所不同。然而,若从理与气相分离的视角审视,尽管理在具体展现时受制于气,但其本质属性依然恒定不变。因此,第二圈以下各气之中的太极与第一圈的太极在本质上是一致的。

韩元震从理与气的关系出发,进一步探讨了太极与阴阳五行之间的关

---

① 韩元震:《经义记闻录》卷3,姜奎焕编,首尔:首尔大学奎章阁韩国学研究院藏,1722年刻本,第2页。

系。他认为，从“理气合一”的视角来看，太极之理在万物生成过程中受到阴阳五行之气的制约，呈现出不同的形态和特殊性；而从“理气分离”的角度分析，太极之理则不受阴阳五行之气的限制，即排除气的影响，阴阳五行及万物依然具备太极之理的普遍性。

韩元震认为，在周敦颐的《太极图说》中，五行的生成体现了各自独特的性，正如周敦颐所言：“五行之生，各一其性。”[①]这表明尽管万物皆源于太极，但在气的具体作用下，形成了各自独特的性。韩元震将太极视为“一本”，即统一的根本原理，而阴阳五行万物则为“万殊”，即多样化的具体表现。按照韩元震的解释，第一圈的太极代表纯粹的理，第二圈的太极则受到气的制约，两者在表现形式上有所不同。然而，从理与气分离的角度来看，尽管理在具体显现中受到气的限制，但其本质属性并未改变。因此，第二圈及以下各层次的气中所蕴含的太极，与第一圈中的太极，在本质上是相同的。这样的思维方式体现在其《一原图》中。《一原图》，乃指气中不掺杂形气，单指理，太极代表纯粹的理。

图6 韩元震的《一原图》收录于《经义记闻录》

① 周敦颐：《元公周先生濂溪集》，长沙：岳麓书社，2006年，第7页。

四、人物性同异论辩

(一)论辩经过

人物性同论的代表人物李柬(1677—1737年),字公举,号巍岩,居住在湖西地区,但他的支持者主要集中在京畿地区,学界仍将其归为洛学派。由此可见,地域因素并非划分学派的唯一依据,学术主张的异同才是决定学派归属的关键因素。“湖”指的是忠清道和湖西地区,“洛”指的是京畿地区。因此在忠清地区和京畿地区的学者之间展开的论辩被后世学者称为“湖洛”论辩。

朱熹认为,万物存在的普遍原理是“理”,即“太极”,他主张“性即理”,意味着人的本性是由“理”所决定的。这种观点在本体论层面确立了万物存在的普遍原理,即一切存在皆以“理”为其性。但在具体的人性论与物性论层面却引发了一个哲学难题——人物性同异问题。首先是人与物在本体论意义上的统一性如何与现象界的差异性协调。其次是人性与物性在价值论层面的本质区别如何在本体论层面得到合理解释。

朱熹为了确保“理”这一形而上的存在能在形而下层面得以显现,就需要借助气的作用。[①]因此朱熹也试图通过理气同异论来区分人性与物性,然而,他未能成功构建一个严谨的理论框架,这导致其在阐释理气关系时出现了内在的矛盾。其理论困境的深层症结在于作为本体的“理”如何在保持绝对同一性的同时,通过“气”的媒介实现差异性显现——这既涉及本体论层面“理一”与“分殊”的辩证关系,又关涉生成论层面“气禀差异”对具体人性的塑造差异。更为关键的是,朱熹未能建立贯通形上形下的解释架构,使得“理”的超越性与“气”的经验性始终处于割裂状态。这种理论上的分歧在朝鲜性理学的论争中被具象化,成为韩元震与李柬的论争焦点。

① 张品端:《韩国儒学史上的“湖洛论争”——以巍岩与南塘为中心》,《孔子研究》,2018年第1期,第230页。

李柬与韩元震都是权尚夏的门人，但论辩开始时二人并未见面交流过，他们经由友人传递信件，以此交流观点。[①]李柬和韩元震第一次会面是在崔征厚和韩弘祚安排的寒山寺讨论会上(1709年)。通过这次讨论，二人更加明确了彼此的观点，也更加确定二人的观点无法折中。自此以后直到1713年为止，两人之间信件往来不断，长达五年之久。李柬分别在1712、1713年写信给老师权尚夏询问其意见，权尚夏认同韩元震的观点。在权尚夏去世后，韩元震整理其书信集时发现了李柬和权尚夏之间的讨论文章，于是他代替老师写了《李公举上师门书辨》一文。韩元震在文中对李柬的观点逐一反驳，至此二人的论辩结束。

(二)朱熹的理气同异论

朱熹在《中庸章句》对“天命之谓性”的注释中，持“理同气异”的观点。

> 命，犹令也。性，即理也。天以阴阳五行化生万物，气以成形，而理亦赋焉，犹命令也。于是人物之生，因各得其所赋之理，以为健顺五常之德，所谓性也。[②]

人与物都禀受了上天所赋予的“理”，即健顺五常之德，从而形成了性。朱熹在注释“生之谓性”时，其观点又发生变化。

> 人物之生，莫不有是性，亦莫不有是气。然以气言之，则知觉运动，人与物若不异也；以理言之，则仁义礼智之禀，岂物之所得而全哉？此人之性所以无不善，而为万物之灵也。[③]

人与万物在出生之时，无不具有各自的“性”，也无不具有各自的“气”。

---

① 韩元震发表过《示同志说》一文，这篇文章在同门之间展开了广泛的讨论。1707年秋，韩元震开始与韩弘祚(1681—1712年)讨论，撰写了《本然之性气质之性》一文。1708年，崔征厚对该文提出意见，韩元震写信反驳，并首次提出“性三层说”。韩弘祚看到韩元震的回信后，对其观点进行反驳。韩元震于1709年再次写信回应。随后，韩弘祚带着相关信件拜见李柬，李柬由此开始写信反驳韩元震的观点。

② 朱熹:《四书章句集注·中庸章句》，北京:中华书局，2011年，第19页。

③ 朱熹:《四书章句集注·孟子集注》，北京:中华书局，2011年，第305页。

从“气”的角度来看，知觉和运动的能力，人与万物似乎并没有太大的区别，但从“理”的角度来看，人禀受完备的仁义礼智。这正是人的本性之所以无不善，而人之所以成为万物之灵的原因。这显然是“气同理异”。朱熹认为，从知觉运动来看，犬、牛与人以及其他存在并无本质区别，但从上天所赋予的“理”，即本性来看，犬、牛与人之间则存在显著差异。人禀赋了完整的仁义礼智之德，因此成为万物之灵长，而物则无法具备这些。因此，人与物之性不能等而视之。

然而，朱熹在《孟子集注》中并非始终贯彻“气同理异”的观点。他在注释“人之所以异于禽兽者”时提到：“人物之生，同得天地之理以为性，同得天地之气以为形；其不同者，独人于其间得形气之正而能有以全其性，为少异耳。”[①]人与万物在出生时，都从天地禀受了“理”为性，也都从天地获得了“气”作为形体。人与物的不同之处在于气，唯独人能够获得正且通之气，物得到的是偏塞之气，这是人与万物之间的差异。朱熹在此又采用了“理同气异”的观点。

> 犬、牛、人之形气既具，而有知觉能运动者生也。有生虽同，然形气既异，则其生而有得乎天之理亦异。盖在人则得其全而无有不善，在物则有所蔽而不得其全，是乃所谓性也。[②]

朱熹在答复程正思的信中，对“生之谓性”部分的注释进行了修改。他在此又转向了“气异理异”的观点，认为理的差异在于其偏全不同：人得理之全，故性无不善，物得理之偏，故性有所蔽。朱熹在《大学或问》的注释又回归“理同气异”的观点。

> 天道流行，发育万物，其所以为造化者，阴阳五行而已。而所谓阴阳五行者，又必有是理而后有是气，及其生物，则又必因是气之聚而后有是形。故人物之生必得是理，然后有以为健顺仁义礼

---

① 朱熹：《四书章句集注·孟子集注》，北京：中华书局，2011年，第274页。

② 朱熹：《答程正思》，《朱子全书》第22册，朱杰人、严佐之、刘永翔编，上海：上海古籍出版社、合肥：安徽教育出版社，2002年，第2328页。

智之性；必得是气，然后有以为魂魄五脏百骸之身。周子所谓“无极之真，二五之精，妙合而凝”者，正谓是也。然以其理而言之，则万物一原，固无人物贵贱之殊；以其气而言之，则得其正且通者为人，得其偏且塞者为物，是以或贵或贱而不能齐也。彼贱而为物者，既梏于形气之偏塞，而无以充其本体之全矣。惟人之生乃得其气之正且通者，而其性为最贵，故其方寸之间，虚灵洞彻，万理咸备，盖其所以异于禽兽者正在于此，而其所以可为尧舜而能参天地以赞化育者，亦不外焉，是则所谓明德者也。①

朱熹以理同气异论来说明人与物的区别。他指出，从“理同”的维度审视，万物皆源于一体，无分贵贱，但从“气异”的角度来看，人与物之别则在于所禀之气的不同。人禀受了“正且通”的气，因此具备了完备的理和道德能力，能够实践仁义礼智等美德，而物则禀受了“偏且塞”的气，因此无法充分展现其本体的完整性。气禀的差异导致了人与物之间的差别。朱熹经由此番剖析，凸显了人在宇宙间的独特地位。

朱熹认为人之所以能够成为万物之灵长，关键在于禀受了正且通的清明之气。这种特殊的气禀结构使人具有“虚灵洞彻，万理具备”的心性，这样的心性不仅能够认知天理、明辨是非，更能够将道德原则付诸实践，最终实现“参天地以赞化育”的境界。朱熹将这种独特的心性能力称为“明德”，认为它既是人与禽兽的本质区别，也是人能够通过修养工夫达到圣贤境界的内在依据。朱熹在此从人禽之别的角度来定位明德，这样明德便成了人与物的分界，从而成为人之为人的本质特征。②

朱熹认为在讨论人与物之性时，不能只谈“性”而不谈“气”，也不能只谈“气”而不谈“性”。在他看来，只论“性”则无法彰显人与物的差异性，只论“气”则无法追溯人与物之性的根源。只有兼顾“性”与“气”，才能完整理解

① 朱熹：《大学或问》，《朱子全书》第6册，朱杰人、严佐之、刘永翔编，上海：上海古籍出版社、合肥：安徽教育出版社，2002年，第507页。

② 王凯立：《朱子〈大学〉诠释中的道德世界》，《天府新论》，2018年第4期，第33页。

人性与物性的异同。人与物的差异不仅体现在人与物之间，也体现在人与人、物与物本身的差异上。

> 或问"二之则不是"。曰："若只论性而不论气，则收拾不尽，孟子是也。若只论气而不论性，则不知得那原头，荀扬以下是也。韩愈也说得好，只是少个'气'字。若只说一个气而不说性，只说性而不说气，则不是。"又曰："须是去分别得他同中有异，异中有同，始得。其初那理未尝不同。才落到气上，便只是那粗处相同。如饥食渴饮，趋利避害，人能之，禽兽亦能之。若不识个义理，便与他一般也。"又曰："'惟皇上帝降衷于下民'，'民之秉彝'，这便是异处。'庶民去之，君子存之'，须是存得这异处，方能自别于禽兽。不可道蠢动含灵皆有佛性，与自家都一般。"①

朱熹在此指出，只论"性"则无法全面解释人的行为，只论"气"则无法追溯人性的本原。朱熹认为人与禽兽在生物本能如饥食、渴饮、趋利、避害上有共性，但人有义理，这是人与禽兽的根本区别。若忽略"义理"，那么人就与禽兽无异。朱熹指出在讨论人性必须兼顾"性"与"气"，二者不可分割。人与禽兽在生物本能上固然存在相似之处，然而，人所独具的义理之性，才是将其与万物区分的关键所在。

朱熹提出了"同中有异，异中有同"的观点。他认为，人与禽兽在生物本能方面具有相似性，例如饥食渴饮、趋利避害等行为，这是自然属性的共性。然而，人与禽兽的根本区别在于人具备"义理"，即道德性，这是人独有的特性。如果忽视"义理"，人就会与禽兽无异，失去其作为人的本质特征。

因此，在讨论人物性同异问题时，朱熹主张必须兼顾"性"与"气"两个方面，既要看到人与禽兽在生物本能上的共同之处，也要认识到人因具备"义理"而异于禽兽的差异之处。这种"同中有异，异中有同"的辩证思维，不仅揭示了人性的复杂性和层次性，还为儒家的道德修养提供了理论依据。这提醒人们，只有通过践行"义理"，才能实现自我完善，真正区别于禽兽，彰显

---

① 朱熹：《朱子语类》第4册，黎靖德编，北京：中华书局，2020年，第1689—1690页。

人的独特价值。

朱熹在不同时期对人物性异同问题的注释与说明并不相同,这导致他的门人弟子对此产生了疑问。他的学生黄灏(字商伯)就其注释不一致向其求证:

> 《中庸章句》谓:"人物之生各得其所赋之理,以为健顺五常之德。"《或问》亦言:"人物虽有气禀之异,而理则未尝不同。"《孟子集注》谓:"以气言之,则知觉运动人与物若不异;以理言之,则仁义礼智之禀,岂物之所得而全哉?"二说似不同,岂气既不齐,则所禀之理亦随以异欤?①

黄灏在此处询问朱熹人物性的差异是否是因为气禀不同导致理也随之产生差异。朱熹对此回答道:

> 论万物之一原,则理同而气异;观万物之异体,则气尤相近而理绝不同也。气之异者,粹驳之不齐,理之异者,偏全之或异。②

朱熹写给黄商伯的回信,可以视作其在人物性同异问题上的最终定论。他并不认为在《中庸章句》和《孟子集注》中的解释存在矛盾或不一致之处,两处的解释只是侧重点不同。他认为从万物生成的角度来看,万物的根源是一致的,这意味着人与物在本质上具有相同的根源。然而,由于人与物气禀的差异,导致所禀受的理不同。

朱熹的理气同异论是其理气哲学体系的核心命题,以"理一分殊"为基本框架。从本体论层面观之,朱熹主张"理一"的绝对先在性,认为太极作为统摄万有的最高本体,通过天命之性的禀赋,使人与万物皆禀受天理而存在,而在实然层面,则强调"气异"的作用,指出阴阳二气的氤氲化生、清浊偏正,导致人与物的差异。

---

① 朱熹:《答黄商伯》,《朱子全书》第22册,朱杰人、严佐之、刘永翔编,上海:上海古籍出版社、合肥:安徽教育出版社,2002年,第2129-2130页。

② 朱熹:《答黄商伯》,《朱子全书》第22册,朱杰人、严佐之、刘永翔编,上海:上海古籍出版社、合肥:安徽教育出版社,2002年,第2130页。

因此，人与物之间呈现出“理同气异”的关系，即从根源上看，人与万物都禀受了同一的天理，体现了宇宙的统一性。但由于气禀的不同，人与物在具体表现上呈现出差异。这种差异不仅体现在人与物之间，也存在于人与物各自的内部。由于气的清浊、粹驳程度不同，所禀受的理在具体显现上也各有差异，这便是“气异理异”。

朱熹所提出的“同中有异，异中有同”的辩证思维方式在不同文本中呈现出不同维度的阐释面向。首先，在《中庸章句》的“天命之性”注释中，他采用“理同气异”的阐释路径，强调“性即理”的普遍性，将仁义礼智视为超越形气的纯粹至善。其次，在《孟子集注》中诠释“人禽之别”时，则转向“气同理异”的逻辑，通过区分“知觉运动之理”与“仁义礼智之性”，凸显出人的优越性。最后，在《答黄商伯书》中，朱熹以“理气不离不杂”为核心，将本体论的“理同气异”与现象界的“气异理异”整合。他以“一原”与“异体”的双重视角，既肯定了宇宙的统一性即“理同”，又承认了人、物存在的差异性与多样性，即“气异”。

（三）李柬的人物性同论

韩元震与李柬的分歧最初源于对朱熹理气同异论的不同诠释。李柬以朱熹的理同气异论为依据，主张人物性同。

> 以天命言之，继善成性，其动静之全体也。以人物言之，资始正命，其继成之全德也。自其善与性而言之，本然之性也，是子思所谓天命之性，孟子所谓性善之性。兼其继与成而言之，气质之性也，是张子所谓合虚气之性，程子所谓生之谓性也。言其本然，则人物之所同然，而为之一原也，兼其气质，则圣凡之清浊，人物之通塞，吹万不齐，而谓之异体。①

从天命的角度而言，“继善成性”体现了动静的全体，即天命的普遍性与完整性。李柬认为“天命之谓性”中的“性”是指人与万物从天所禀受的本然

① 李柬：《巍岩遗稿》，首尔：民族文化推进会，1997年，第317页。

之性,在这一层面上,人性和物性是同一的,因此可以视为“一原”。

李柬的人物性同论也发展了李珥理通气局说中的理通说。李珥认为:

> 理通者,何谓也?理者,无本末也,无先后也。无本末无先后,故未应不是先,已应不是后。(程子说)是故,乘气流行,参差不齐,而其本然之妙,无乎不在。气之偏则理亦偏,而所偏非理也,气也。①

“理”是无本末、无先后的。这意味着理作为宇宙的根本原理,不受时间与空间的限制,既没有开始与结束,也没有先后顺序。因此,理的显现并不因时间或条件的变化而改变其本质。因此在李珥的理通气局说中,“理”作为万物之理,本身是超时空的,因而也是普遍的,这便是李珥所谓的“理通”。李珥进一步指出,当气禀存在偏颇时,理的显现也会受到影响,表现为“理偏”。然而,这种偏颇并非理本身的问题,而是气禀的局限性所致。理作为普遍原理,始终完美无缺,然而,由于气的清浊、厚薄等差异,理在具体事物中的显现往往无法充分展现其全部作用。

> 性者,理气之合也。盖理在气中,然后为性。若不在形质之中,则当谓之理,不当谓之性也。但就形质中,单指其理而言之,则本然之性也。本然之性,不可杂以气也。②

李珥认为,“性”是理与气结合的产物。理只有在气中才能成为性。如果理不在形质(气)之中,那么它只能被称为“理”,而不能称为“性”。他将性分为“本然之性”和“气质之性”。本然之性是指理在形质中的纯粹体现,是单指理而言的,不掺杂气。

李柬亦将“性”分为“本然之性”和“气质之性”。他认为气质之性就是张载所说的“合虚气之性”和程子所说的“生之谓性”,人物性因气的清浊、通塞而表现出差异性。在本然之性上,人物同源,体现了“一原”的普遍性,而

---

① 李珥:《栗谷全书》,首尔:民族文化推进会,1989年,第211页。

② 李珥:《栗谷全书》,首尔:民族文化推进会,1989年,第209页。,

在气质之性上，因气的清浊、通塞不同，导致圣、凡、人、物之间的差异，即“异体”。

> 噫！天下之物，莫不有心，而明德本体，则惟人之所独也。天下之性，亦莫不善，而人皆尧舜，则非物之所与也。是谓天地之性，人为贵者，而所贵非性也，乃心也。人贵物贱，所较者此心，则抑其心云者，是只血肉之气欤，将谓本明之体欤？即此本明之体，圣凡真有不同者，则彼血气之不齐者，终亦以何者为准而可得以齐之乎？人可为尧舜，心贵于万物者，不过为无实之空言矣。①

李柬指出，天下万物皆有心，但“明德本体”却是人所独有的。这里的“明德本体”指的是人与生俱来的道德心，即能够实践仁义礼智的能力。尽管万物皆禀受同一本然之性，但只有人能够通过修养达到“尧舜”的境界，这是人之所以贵于物的根本原因。李柬强调，人与物的本质区别在于“心”的差异。物虽也有“心”，但因缺乏“明德本体”，无法进行道德实践，动物的行为更多是出于本能。人因具备道德心，能够主动进行道德实践，从而实现天理。道德心使人超越了物的局限，成为“天地之性”中最为贵者。

李柬通过对“天命之谓性”的诠释，强调了人与物在本然之性上的同一性，即人与万物皆禀受同一的“理”，即“一原”。李柬的人物性同论所聚焦的并不是人物之间的同一性，而是一种绝对的普遍性，这种普遍性只有人能够实现。②他通过对“明德本体”的诠释，揭示了人与物性的差异在于道德之心的有无。李柬的人物性同论延续并发展了朱熹“理同”以及李珥的理通论，进一步阐明了人与物、人与人的差异并不在于性的不同，而在于“心”的差异。

---

① 李柬：《巍岩遗稿》，首尔：民族文化推进会，1997年，第455页。

② 배제성：《외암 이간의 인물성동론의 의미와 지향——본연지성에 대한 이해와 미발논변과의 관련성을 중심으로》，《양명학》，2016年第44号，第315—316页。

(四)韩元震的人物性异论

周敦颐十分重视人在万物中的独特地位,他指出“惟人也,得其秀而最灵”,揭示了人作为万物之灵的特殊地位,强调在天地造化之中,唯有人能够禀受天地之精华而成为最具灵性的存在,因此人与物之性不同。韩元震延续并发展了周敦颐的人性论,他提出人物性异论。他的人物性异论是以李珥的气局说为依据的。

> 气局者,何谓也?气已涉形迹,故有本末也,有先后也。气之本则湛一清虚而已,曷尝有糟粕煨烬、粪壤污秽之气哉?惟其升降飞扬,未尝止息,故参差不齐而万变生焉。于是气之流行也,有不失其本然者,有失其本然者。既失其本然,则气之本然者,已无所在。①

李珥认为气的本然状态是“湛一清虚”的,即纯净而无杂质的,但在其运动与变化过程中,因升降飞扬、参差不齐,导致了万物的多样性与复杂性。若气之活动不失其本然,此即“湛一清虚之气”。在此基础上,他进一步阐述了性与理气的关系。他认为只有当理存在于气中之时,才能称之为性。

> 性者,理气之合也。盖理在气中,然后为性。若不在形质之中,则当谓之理,不当谓之性也。但就形质中,单指其理而言之,则本然之性也。本然之性,不可杂以气也。②

李珥认为如果理不与气结合,处于形质之外,那么它就只是理,而不是性。在形质之中,单独指称其中的理,就是本然之性。本然之性是纯粹的、不掺杂气的理,是性之本体,是至善的。按照李珥的气局说,气异是人物性异的原因。

韩元震继承并发展了李珥的气局说,认为太极之理是从超形气的层面而言的,而性则是“因气质而名”的。韩元震所言“因气质”,与朱熹所说的“气异理异”一致,即主张人物性异的原因在于人与物所禀受的气不同,即太

---

① 李珥:《栗谷全书》,首尔:民族文化推进会,1989年,第211页。

② 李珥:《栗谷全书》,首尔:民族文化推进会,1989年,第209页。

极之理因为气的差异，最终呈现不同，由此导致人与物之性不同。

> 理本一也，而有以超形气而言者，有以因气质而名者，有以杂气质而言者。超形气而言，则太极之称是也，而万物之理同矣。因气质而名，则健顺五常之名是也，而人物之性不同矣。杂气质而言，则善恶之性是也，而人人物物又不同矣。[①]

韩元震认为，尽管“理”是人与万物共同的根源。但当依据不同的气质来命名时，“理”表现为“健”“顺”以及“五常”等，此时人、物的性情因气质的不同而有所差异，这体现了理在具体事物中的特殊性和多样性。人禀受清明之气，能够充分展现理的全体大用，从而具备道德心与实践仁义礼智的能力，而物禀受浊滞之气，只能部分体现理，因而无法具备道德心与自觉实践道德的能力。在韩元震看来，从超形气的角度来看，“理”作为所有人共同具备的普遍性即“太极”，是人与物共有的性，但这不足以体现人与物的差异。[②]如其所作《一原分殊图》所示：

图7　韩元震的《一原分殊图》收录于《经义记闻录》

他以“因气质”，强调了人与物气禀的差异，又以“杂气质”强调了人与人、物与物之性的差异。如其《分殊图》与《分殊之分殊图》所示。

---

① 韩元震：《南塘集》，首尔：民族文化推进会，1998年，第248页。

② 조지선：《한원진 성삼층설의 인성교육적 함의와 활용가치》，《양명학》，2018年第51号，第348页。

图8 韩元震的《分殊图》收录于《经义记闻录》

图9 韩元震的《分殊之分殊图》收录于《经义记闻录》

《分殊图》就气中存在的各自的因气质之理，论证了人与物不同之性。《分殊之分殊图》则兼具理与气，论证人与人不同、物与物不同之性。周敦颐在《通书》中写道："'性者，刚柔善恶，中而已矣。'此所谓性，以气禀言也。"①他认为，刚、柔、善、恶是人性的几种主要表现形式，相互结合，最终形成了刚善、刚恶、柔善、柔恶等。

> 以理杂气而言之，则刚柔善恶，有万不齐，此人人皆不同之性也。②

① 周敦颐：《元公周先生濂溪集》，长沙：岳麓书社，2006年，第58页。
② 韩元震：《南塘集》，首尔：民族文化推进会，1998年，第164页。

韩元震指出，当理与气混杂时，便形成了性，性因气的清浊、厚薄、通塞等差异而表现出刚柔、善恶的多样性。由于气的禀受不同，理在具体显现上呈现出万般不齐的状态，从而导致人与人之性不同。韩元震继承并发展了周敦颐的人性论，亦认为人性表现为刚柔善恶与所禀之气有关，他将气的差异与理的呈现结合起来，提出性三层说。韩元震指出人与人、物与物的差异，源于禀受之气的差异，即人、物所禀受的气在清浊、厚薄、通塞等方面各不相同，从而导致性在具体表现上的千差万别。这样的思维模式也体现在他的性三层说中，即从本然之性、气质之性到具体之性，层层递进。

> 元震窃疑以为性有三层之异，有人与物皆同之性，有人与物不同而人则皆同之性，有人人皆不同之性，性非有是三层而件件不同也。人之所从而见者，有是三层耳。就人物上除了气，独以理言，则浑沦一体，不可以一理称之一德名之，而天地万物之理，仁义礼智之德，无一不具于其中矣，此人与物皆同之性也。①

韩元震认为性可以分为三个层次。第一层是人与物共同之性。在理的层面，人与物具有共同的性，这是去除气的因素，单纯从理的角度来说的，人与物呈现出浑沦一体的状态。第二层是人与物不同、人与人皆同之性。虽然人与物的属性不同，但是在人、物各自的群体中，人与人、物与物存在着共同性。第三层则是人人、物物不同之性。这表明在人与人之间，物与物之间存在着差异。

> 岂人既有人与物皆同之性，又有人与物不同之性与人人皆不同之性哉？特以其独言理而不及气，则人与物皆同。各指其气之理，而亦不杂乎其气而为言，则人与物不同，而人则皆同（各指其气之理，故有仁义礼智名目之不同，而人与物不同；亦不杂乎其气而为言，故纯善无恶，而人则皆同）。以理与气杂而言之，则人人皆不同而有是三层耳（上二层本然之性，下一层气质之性），其实一性而

① 韩元震：《南塘集》，首尔：民族文化推进会，1998年，第163页。

已也。[1]

韩元震认为性可以分为三个层次：独言理，即本然之性，人与物皆同。各指其气之理，即气质之性，人与物不同。理与气杂，即杂气质之性，人人、物物皆不同。这种分层既强调了人性的普遍性，又解释了人与物、人与人之间的差异性。韩元震强调，尽管"性"在具体表现上可分为三种层次，但这并不意味着存在三种"性"。

他认为"性"本质上是统一的，即"一性"，而在人与物的具体显现中，因受气禀、环境等因素的影响，呈现出不同的层次与形态。首先，从"理"的角度来看，人与物皆同，因为人与物都禀受了天地之理，即本然之性，体现了"理一"。其次，从"气"的角度来看，人与物不同，因为气禀的差异导致了仁义礼智等德性的不同，人与物在气质之性上表现出分殊。最后，从"理与气杂"的角度来看，人人皆不同，因为气质的清浊不同，使得每个人在实现本然之性的过程中表现出差异，即气质之性。他依据其"一原分殊"的理论框架将"性"划分为超形气之性、因气质之性、杂气质之性。韩元震的性三层说的创新性在于论证了人与物不同的气质之性外，还论证了"人人同，物物同，人物不同"的第三种性。[2]

韩元震延续并发展了周敦颐的人性论，并以朱熹的气异理异论和李珥的气局说为基础，提出了人物性异论。他认为，虽然理是人与万物共同的本原，但性是"因气质而言"的，即性在现实中必须通过气来呈现。韩元震强调，人与物所禀受的气不同，导致理在人、物中的具体表现存在显著差异。人禀受清明之气，能够充分展现太极之理的全体大用，故而拥有道德心与实践能力。相反，物因禀受浊滞之气，仅能局部展现太极之理，从而缺乏道德心与自觉实践的能力。此外，韩元震进一步指出，不仅人与物之间存在气的差异，人与人之间也因渣滓与清爽的清浊不同而有圣凡贤愚之异。韩元震

---

① 韩元震：《南塘集》，首尔：民族文化推进会，1998年，第164页。

② 최영진、조첨첨：《〈태극도설〉에 대한 남당의 이기론의 해석체계——〈경의기문록〉〈태극도〉를 중심으로》，《철학》，2021年第146辑，第20页。

从“异体”的角度出发，反驳了李柬的人物性同论，强调了气禀差异对人性与物性的影响。韩元震还进一步对圣人与普通人的“明德”与“心”的关系进行探讨。

> 《中庸或问》曰：“圣人之心，清明纯粹。”此独言圣人之心，则众人之心不能如此，可知矣。《大学或问》曰：“方寸之间，虚灵洞澈，万理咸备，是则所谓明德也。”此不言圣人，则通众人而言者也。言心则圣凡不同，言明德则圣凡皆同，此则言心与明德之有辨也。[①]

韩元震认为《大学或问》所言“方寸之间，虚灵洞澈，万理咸备”是对“明德”的界定，并未仅限于圣人，普通人也包含在其中，从而断定“明德”乃圣凡共有之德性本体。韩元震认为，“明德”作为人先天固有之道德本体，在存在论维度展现出普遍性，故圣人与凡人在“明德”本体层面并无二致。因此，就“明德”而言，圣人与普通人并无区别。

韩元震认为，《中庸或问》中“圣人之心，清明纯粹”的表述，明确限定于“圣人”，这隐含了“圣人之心”与“众人之心”存在差异。在韩元震看来，“明德”是圣人与普通人都具备的，但因人与人的气禀不同，导致圣人与凡人的“心”存在差异。韩元震既强调了“明德”的普遍性，又揭示了“心”的差异。

韩元震的人物性异论不仅对周敦颐的人性论进行了创造性的发展，在形上层面上，他继承并发展了朱熹的理同气异说，强调太极之理作为超越形气的纯粹本体，其本身具有绝对的普遍性与永恒性——此即人与万物共享的终极本体依据。而在形下层面，他吸纳李珥的气局说，提出“因气质之性”，万物虽同禀太极之理，但因所禀之气的清浊厚薄的差异，导致理在具体存在物中的呈现截然不同。他还进一步提出“杂气质之性”，论证了人与人、物与物之间的差异。

韩元震的人物性异论，主张人具有道德意识和伦理观念，能够进行道德实践，而动物和植物则不具备这样的能力。动物的行为大多基于本能驱动，

---

① 韩元震：《南塘集》，首尔：民族文化推进会，1998年，第149页。

缺乏道德意识,亦不受道德规范的束缚,植物更是如此。李柬的人物性同论主张动物、植物具有与人相同的五常之性,这在常识和逻辑上都难以成立。因此单从理论深度来看,韩元震的人物性异论显然更具说服力,更加突出人的道德性。

韩元震与李柬皆以朱熹的理气同异论及李珥的理通气局说为理论依据。以韩元震为代表的"湖论",继承并发展了周敦颐的人性论,建构了以气的差异为核心的人性论框架。韩元震从"异体""气局"的存在论出发,主张气禀的差异决定了人与物、人与人、物与物的差异。以李柬为代表的"洛论",构筑了以"一原"及"理通"为基石的本体论架构。李柬从"一原""理通"的本体论出发,主张人与物在太极之理的本原层面是一致的。"人物性同异"论辩最初仅在韩元震与李柬之间展开,但随着二人论辩的深入发展,其影响范围逐渐扩大,迅速突破地域限制,最终形成"湖论"与"洛论"两大阵营的对峙,演变为"湖洛"论辩。

参考文献

一、原 典

(一)中国原典

[1] 周敦颐:《元公周先生濂溪集》,长沙:岳麓书社,2006。

[2] 周敦颐:《周敦颐集》,陈克明点校,北京:中华书局,1990。

[3] 程颢、程颐:《二程集》,王孝鱼点校,北京:中华书局,1981。

[4] 朱熹:《朱子语类》,黎靖德编,北京:中华书局,2020。

[5] 朱熹:《朱子全书》,朱杰人、严佐之、刘永翔编,上海:上海古籍出版社,合肥:安徽教育出版社,2002。

[6] 朱熹:《四书章句集注》,北京:中华书局,2011。

[7] 张载:《张载集》,章锡琛点校,北京:中华书局,1978。

[8] 邵雍:《邵雍全集》,郭彧、于天宝点校,上海:上海古籍出版社,2015。

[9] 曹端:《曹端集》,北京:中华书局,2003。

[10] 陆九渊:《陆九渊集》,北京:中华书局,1980。

[11] 张栻:《张栻集》,北京:中华书局,2015。

[12] 胡广等撰:《性理大全书》,程林、彭荣 校点,北京:北京大学出版社,2024。

[13] 许衡:《许衡集》,王成儒点校,北京:东方出版社,2007。

[14] 吴澄:《吴澄集》,方旭东、光洁点校,北京:中国社会科学出版社,2021。

(二)韩国原典

[1] 李穑:《牧隐稿》,首尔:民族文化推进会,1990。

[2] 郑梦周:《圃隐集》,首尔:民族文化推进会,1990。

[3] 郑道传:《三峰集》,首尔:民族文化推进会,1990。

[4] 李彦迪:《晦斋集》,首尔:民族文化推进会,1988。

[5] 金时习:《梅月堂集》,首尔:民族文化推进会,1988。

[6] 徐敬德:《花潭集》,首尔:民族文化推进会,1988。

[7] 李滉:《陶山全书》,首尔:退溪学研究院,1988。

[8] 李滉:《退溪集》,首尔:民族文化推进会,1989。

[9] 金麟厚:《河西全集》,首尔:民族文化推进会,1989。

[10] 奇大升:《高峰集》,首尔:民族文化推进会,1989。

[11] 奇大升:《高峰全书5》,首尔:民族文化推进会,2007。

[12] 李珥:《栗谷全书》,首尔:民族文化推进会,1989。

[13] 韩元震:《南塘集》,首尔:民族文化推进会,1998。

[14] 李柬:《巍岩遗稿》,首尔:民族文化推进会,1997。

[15] 李德弘:《艮斋集》,首尔:民族文化推进会,1990。

[16] 丁若镛:《定本与犹堂全书》,首尔:茶山学术文化财团,2012。

[17]《国际儒藏·韩国编四书部》编纂委员会编:《国际儒藏·韩国编四书部·大学卷①》,北京:华夏出版社、北京:中国人民大学出版社,2010。

[18] 王晚霞编:《韩国濂溪志》,长沙:岳麓书社,2024。

二、专 著

(一)中文专著

[1] 冯友兰:《中国哲学史》,北京:商务印书馆,2011。

[2] 朱红星、李洪淳、朱七星:《朝鲜哲学思想史》,延边:延边人民出版社,1989。

[3] 陈来:《近世东亚儒学研究》,北京:北京大学出版社,2018。

[4] 陈来:《朱子哲学研究》(增订版),北京:北京大学出版社,2023。

[5] 陈来:《朱子的哲学世界》,北京:生活·读书·新知三联书店,2024。

[6] 陈来:《宋明理学》,北京:北京大学出版社,2020。

[7] 张敏:《立言垂教:李珥哲学精神》,北京:北京大学出版社,2003。

[8] 张敏:《韩国思想史纲》,北京:北京大学出版社,2009

[9] 黄寿祺、张善文:《周易译注》,上海:上海古籍出版社,2007。

[10] 方立天:《佛教哲学》,长春:长春出版社,2006。

[11] 方立天:《中国佛教哲学要义》,北京:宗教文化出版社,2015。

[12] 杨柱才:《道学宗主——周敦颐哲学思想研究》,北京:人民出版社,2004。

[13] 梁绍辉:《周敦颐评传》,南京:南京大学出版社,2011。

[14] 邢丽菊:《韩国儒学思想史》,北京:人民出版社,2015。

[15] 杨立华:《宋明理学十五讲》,北京:北京大学出版社,2015。

[16] 李甦平:《韩国儒学史》,北京:人民出版社,2009。

[17] 束景南:《朱子大传"性"的救赎之路》(增订版),上海:复旦大学出版社,2016。

[18] 徐远和、卞崇道主编:《风流与和魂》,沈阳:沈阳出版社,1997。

[19] 蔡振丰:《朝鲜儒者丁若镛的四书学——以东亚为视野的讨论》,台北:台湾大学出版中心,2010。

[20] 李明辉:《四端与七情:关于道德情感的比较哲学探讨》,上海:华东师范大学出版社,2008。

[21] 刘述先:《朱子哲学思想的发展与完成》,长春:吉林出版集团有限责任公司,2014。

[22] 杨祖汉:《从当代儒学观点看韩国儒学的重要论争》,上海:华东师范大学出版社,2008。

[23] 林月惠:《异曲同调——朱子学与朝鲜性理学》,台北:台湾大学出版中心,2010。

[24] 洪军:《四端七情之辨——朝鲜朝前期朱子学研究》,北京:人民出

版社,2018。

[25] 陈代湘、方红娇:《湖湘学派的起源与流衍》,北京:中国社会科学出版社,2020。

[26] 黄玉顺、杨永明、任文利主编:《蒙培元全集》,成都:四川人民出版社,2021

[27] 黄俊杰、林维杰编:《东亚朱子学的同调与异趣》,台北:台湾大学出版中心,2008。

[28] 张立文:《李退溪思想世界》,北京:人民出版社,2013。

[29] 张立文:《朱熹与退溪思想比较研究》,北京:人民出版社,2014。

[30] 金香花:《理心和会——李退溪的道德世界》,北京:中国人民大学出版社,2018。

[31] 侯外庐、邱汉生、张岂之主编:《宋明理学史》,西安:西北大学出版社,2018。

[32] 柯胜雨:《万历东征》,北京:清华大学出版社,2017。

[33] 吴震主编:《东亚朱子学新探——中日韩朱子学的传承与创新》,北京:商务印书馆,2020。

[34] 丁晨楠:《海东五百年》,桂林:漓江出版社,2021。

[35] 梁晓天:《万历朝鲜战争》,北京:现代出版社,2022。

[36] 刘莹:《儒学的日本化——近世日本京学派思想研究》,北京:社会科学文献出版社,2023。

[37] 曹中屏:《朝鲜半岛古代史》,南京:江苏人民出版社,2024。

[38] 蔡方鹿:《宋明理学论稿》,北京:商务印书馆,2024。

[39] 宋锡求:《李栗谷》,台北:东大图书公司,1993。

[40] 崔英辰:《韩国儒学思想研究》,邢丽菊译,北京:东方出版社,2008。

[41] 吴锡源:《韩国儒学的义理思想》,邢丽菊、赵甜甜译,上海:复旦大学出版社,2014。

[42] 尹丝淳:《韩国儒学史:韩国儒学的特殊性》,邢丽菊,唐艳译,北京:

人民出版社,2017。

[43] 琴章泰:《韩国儒学思想史》,韩梅译,北京:中国社会科学出版社,2011。

[44] 韩国哲学会编:《韩国哲学史》,白锐等译,北京:社会科学文献出版社,1996。

(二)韩文专著

[1] 도광순:《권양촌사상의 연구》,서울:교문사,1989。

[2] 이원순: 《조선서학사연구》, 서울:일지사, 1986。

[3] 민족과 사상 연구회:《사단칠정론》,서울:서광사,1992。

[4] 백도근:《선진유학과 주자철학》,대구:이문출판사,1995。

[5] 한형조:《주희에서 정약용으로 ——조선 유학의 철학적 패러다임 연구》,서울:세계사,1996。

[6] 이덕일:《(사화로 보는) 조선 역사》,서울:석필,1998。

[7] 금장태:《한국실학사상연구》,서울:집문당,1987。

[8] 금장태:《한국유학의 탐구》,서울:서울대학교출판부,1999。

[9] 금장태:《실학과 서학 ——한국근대사상의 원류》,서울:지식과교양, 2012。

[10] 김능근:《유교의 천사상》,서울:숭실대학교출판부,1988。

[11] 강준만:《한국근대사 산책1,천주교 박해에서 갑신정변까지》,서울:인물과사상사,2007。

[12] 다산학연구원:《다산의 경학과 역학》,서울:예문서원,2000。

[13] 예문동양사상연구원 저:《한국의 사상가 10人——다산 정약용》,서울:예문서원,2005。

[14] 경기문화재단、실학박물관 저:《다산 사상과 서학》,서울:경인문화사,2013。

[15] 연세대학교 국학연구원:《한국실학사상연구 1 철학 · 역사학편》,서울:혜안,2006。

[16] 문석윤:《호락논쟁:형성과 전개》,고양:동과서,2006。

[17] 백민정:《정약용의 철학:주희와 마테오리치를 넘어 새로운 체계로》,서울:이학사,2007。

[18] 류승국:《한국유학사》,서울:성균관대학교출판부,2009。

[19] 배병삼:《우리에게 유교란 무엇인가》,서울:녹색평론사,2012。

[20] 경기문화재단 실학박물관 편,《동아시아 실학,그 의미와 발전》,남양주:경인문화사,2012。

[21] 송재소、이봉규、김태영、안병직、조성을 저:《다산 정약용 연구》,서울:사람의 무늬,서울:성균관대학교출판부,2012。

[22] 유문상:《유가의 길을 묻노니》,서울:해드림출판사,2015。

[23] 이을호:《다산학 강의》,다산학연구원 편,파주:한국학술정보,2015。

[24] 임헌규:《주자의 사서학과 다산 정약용의 비판》,서울:파라아카데미,2020。

[25] 최영진、강방룡、박연수、박정심、안재순、이경원、이종우、이행훈、임태홍、조민환、홍정은 저:《한국철학사 16개의 주제로읽는 한국철학》,서울:새문사,2009。

[26] 한국사상사연구회:《조선유학의 개념들》,서울:예문서원,2002。

[27] 최영진:《한국 성리학의 발전과 심학적·실학적 변용》,서울:문사철,2018。

[28] 김우영:《한국유학의 철학적 탐구》,서울:소명출판사,2021。

[29] 이상익:《한국상리학사론》,서울:심산,2020。

[30] 장승희:《다산 윤리사상 연구》,서울:경인문화사,2005。

[31] 이영호:《조선중기 경학사상연구》,서울:경인문화사,2004。

[32] 유정동:《퇴계의 삶과 성리학》,서울:성균관대학교출판부,2014。

[33] 유정동:《유교의 근본정신과 한국 유학》서울:성균관대학교출판부,2014。

[34] 한국사상사연구회:《도설로 보는 한국 유학》,서울:예문서원,2000。

[35] 한국사상사연구회:《실학의 철학》,서울:예문서원,1996。

[36] 한영우:《왕조의 설계자 정도전》,서울:지식산업사,1999。

[37] 이천수:《송대철학과 태극도설》,고양:학고방, 2022。

[38] 김상현、장윤수、임종진、박학래、이기훈、정대환、이향준、유명종、이동희、송인창、홍성민、오종일、김길환、문석윤、이영찬 편:《성리학의 한국적 수용과 전개》,파주:교육과학사,2023。

[39] 유권종:《한국 유교 도상의 역사》,서울:집문당,2020。

[40] 안유경:《퇴계학파의 심성론》,서울:심산,2016。

[41] 김종석:《퇴계학의 이해》,서울:일송미디어,2001。

[42] 이종호:《 율곡:인간과 사상》,서울:지식산업사,1994。

[43] 유성선:《율곡 철학의 이해 》,춘천:강원대학교출판부,2008。

[44] 이상곤:《한원진:18세기 기호유학을 이끈 호학의 일인자》,서울:성균관대학교출판부,2009。

[45] 외암사상연구소:《외암 이간의 학문세계》,서울:지영사,2009。

[46] 이기동:《이색:한국 성리학의 원천》,서울:성균관대학교출판부,2005。

[47] 황의동:《기대승:조선 성리학의 이론가》,서울:성균관대학교출판부,2008。

[48] 김동원:《칠정사단 어떻게 왜곡됐나:해설서:이황과 기대승의 대토론》,파주:한국학술정보,2019。

[49] 강문식:《권근의 경학사상 연구》,서울:일지사,2008。

[50] 박희병:《김시습·서경덕:조선사상의 새 지평》,파주:창비,2024。

[51] 김범:《사화와 반정의 시대》,고양:역사의아침,2015。

[52] 조한성:《사화:사림의 좌절인가,승리인가》,파주:21세기북스,2013。

三、论 文

(一)中文论文

[1] 陈来:《李牧隐理学思想简论》,《云南大学学报》(社会科学版),2006年第4期。

[2] 陈来:《韩国朱子学新论——以李退溪与李栗谷的理发气发说为中心》,《中国哲学》,2015年第1期。

[3] 张品端:《韩国儒学史上"无极太极"论辩——以李彦迪和曹汉辅为中心》,《中国哲学史》2017年第4 期。

[4] 张品端:《韩国儒学史上的"湖洛论争"——以巍岩与南塘为中心》,《孔子研究》,2018年第1期。

[5] 谢晓东:《人心道心相为始终说是李栗谷的最终定论吗?》,《中国哲学史》,2015年第2期。

[6] 谢晓东:《落日余晖——丁茶山的新人心道心说 》,《清华国学》,2023年第2辑。

[7] 张其成:《邵雍:从物理之学到性命之学》,《孔子研究》,2001年第3期。

[8] 张敏:《李栗谷"理通气局说"辨析》,《韩国学论文集》,2003年第10辑,2003。

[9] 王凯立:《朱子〈大学〉诠释中的道德世界》,《天府新论》,2018年第4期。

[10] 王晚霞:《古代学人的更名问题——以濂溪先生"周惇颐"为例》,《中国社会科学报》,2023年第8版。

[11] 王晚霞:《韩国儒学的图说学与周敦颐〈太极图〉》,《东南学术》,2023年第1期。

[12] 王晚霞:《晦斋李彦迪的无极太极思想》,《延安大学学报》(社会科学版),2020年第6期。

[13] 杨宗礼:《薛瑄太极论初探》,《运城师专学报》,1987年第3期。

[14] 郎嘉晨:《艮卦之新诠与朱学之成立》,《现代儒学》,2021年第2期。

[15] 卢兴:《儒家如何定位道德情感?——以朝鲜前期的"四七论辩"为

中心》,《孔子研究》,2024年第5期。

[16] 蔡家和:《从韩儒李晦斋答书衡定曹汉辅思想义理》,《湖南科技学院学报》,2007年第7期。

[17] 洪军:《论韩国儒学史上的“无极太极”之辨——以李彦迪的“无极太极”论为中心》,《世界哲学》,2017年第6 期。

[18] 安贞华:《李彦迪思想研究》,延边大学硕士学位论文,2014年。

[19] 高星爱:《朱子学在韩国的生根发芽——以李彦迪的太极论为中心》,《哲学动态》,2023年第11期。

[20] 于春海:《权近〈天人心性合一之图〉研究》,《周易研究》,2010年第5期。

[21] 刘莹:《再论“气不用事”——以“返礼学”思潮为视角》,《东亚学》,2023年第4辑。

[22] 郑红英、刘耀东:《论壬辰战争明、日议和期间中、朝、日三国纷争》,《东疆学刊》,2023年第3期。

[23] 林忠军:《论汉宋易学太极说与茶山太极体系的建构》,《周易研究》,2017年第5期。

[24] 田炳郁:《朱子后学与朝鲜前期儒学的无极太极之论》,《孔子研究》,2022年第3期。

[25] 赵甜甜、崔英辰:《栗谷对人心道心分判的阐释特征研究》,《孔子研究》,2022年第4期。

[26] 村上恒夫:《寻找儒学者姜沆的足迹》,栾兆玉译,《东疆学刊》,2007年第2期。

[27] 王茂林:《论退溪不用朱子〈大学图〉》,《中国哲学史》,2024年第1期。

[28] 李慧子:《“四端”是心还是情?——戴震与朱熹心性论的差异》,《四川师范大学学报》(社会科学版),2025年第4期。

[29] 王超:《栗谷李珥的理气论与对老庄之理解》,《诸子学刊》,2021年第23辑。

[30] 陈代湘:《朱熹对周敦颐宇宙本体论的继承与改造》,《上饶师范学院学报》,2002年第1期。

（二）韩文论文

[1] 이광호:《理의 자발성과 인간의 수양문제:이퇴계의 철학에 있어서》,《대동문화연구》,1990年第25辑。

[2] 박홍식:《조선조 후기 실학사상에 나타난 인간관의 특징》,《동양철학연구》,1995年第15辑。

[3] 김경태:《다산 정약용의 인성론에 나타난 도덕적 실천의 의미》,《동양고전연구》,1995年第4辑。

[4] 서경요:《하서 김인후의 〈천명도〉구조와 성리학 연구》,《동양철학연구》,2002年第28辑。

[5] 서경요:《한국성리학의 도설학의 이해》,《유교사상연구》,2005年第24辑。

[6] 김성기:《선진유학의 본질을 어떻게 재해석할 것인가》,《유교사상연구》,2007年第29辑。

[7] 방현주:《〈천명도〉의 판본 문제 고찰——사칠논변의 발단이 된 〈천명도〉에 대하여》, 《한국철학논집》,2014年第40辑。

[8] 김도일:《朱子의 〈大学〉해석에 있어서의 실천의 문제 —— 왜 止于至善은 독립된 강령인가?》,《퇴계학보》,2014年第136号。

[9] 김동민:《권근〈대학〉 도설의 구조적 특징과 그 학술사적 의의》,《한국철학논집》,2019年第62辑。

[10] 최영진、조첨첨:《〈태극도설〉에 대한 남당의 이기론의 해석체계 ——〈경의기문록〉〈태극도〉를 중심으로》,《철학》,2021年第146辑。

[11] 배제성:《외암 이간의 인물성동론의 의미와 지향——본연지성에 대한 이해와 미발논변과의 관련성을 중심으로》,《양명학》,2016年第44号。

[12] 배제성:《율곡학 심론의 전개와 심화:심과 형기와 기질의 관계를 중심으로》,《글로컬 어문학 문화 연구》,2022年第11辑。

[13] 홍성민:《고봉 기대승의 사칠론에서 중절의 의미》,《동양철학》,2017年第47辑。

[14] 김보정:《포은 정몽주의 사상 성리학 이해를 중심으로》,《한국사상과 문화》,2007年第39辑。

[15] 홍원식:《포은 정몽주의 학문과 절의》,《포은학연구》,2016年第18辑。

[16] 이난숙:《왕필,소옹의 중국역학과 이이,정약용의 한국역학에 담긴 창의적 우주관》,《율곡학연구》,2020年第41辑。

[17] 금장태:《다산의 심성론의 체계와 쟁점》,《한국문화》,2000年第26辑。

[18] 이철승:《왕부지와 정약용 철학에 나타난 본성론 문제》,《동양철학연구》,2021年第108辑。

[19] 이행훈:《다산 정약용의 심성론:인심도심의 재해석과 성기호설》,《동양철학연구》,2015年第84辑。

[20] 주광호:《주화와 육구연의"무극태극"논쟁》,《철학연구》,2008年第36辑。

[21] 지준호:《다산 정약용의 도덕교육론 ——도덕교육 내용을 중심으로》,《한국철학논집》,2019年第63辑。

[22] 지준호:《다산 정약용의 군자론——도덕교육적 의미를 중심으로》,《동양문화연구》,2020年第33辑。

[23] 김경호:《일재 이항과 고봉 기대승의 교류와 논쟁에 대한 재독해——1560년대를 전후한 호남유학의 철학적 문제의식》,《율곡사상연구》,2014年第29辑。

[24] 심도희:《주자학에서 본 퇴계와 고봉의 사단칠정론》,《유교사상문화연구》,2014年第57辑。

[25] 신태수:《퇴계와 고봉의 사칠논변을 통해본 독서법 논쟁》,《퇴계학논집》,2010年第7辑。

[26] 김기주:《사단칠정논쟁,퇴계와 고봉의 학술적 교류와 도덕적 탐색》,《국학연구》,2016年第29辑。

[27] 서은숙:《고봉 기대승 수양론의 보질과 내용》,《윤리연구》,2009年第72辑。

[28] 최정목:《고봉 기대승의 태극·이기론》,《유학연구》,2010年第23辑。

[29] 김희복:《고봉의 성리학과 수양론》,《한국철학논집》,2011年第31辑。

[30] 강보승:《율곡 인심도심설에서 도덕성 실현과 현실의 관계——퇴계학파의율곡 비판과 견주어》,《유교사상문화연구》,2011年第46辑。

[31] 김가람:《율곡의 인심·도심 초년설과 만년설 비교 연구》,《유학연구》,2019年第46辑。

[32] 이상익:《율곡의 인심도심설에 대한 재검토》,《한국사상과 문화》,2017年第90辑。

[33] 신순정:《율곡의 이기지묘와 치중화——기질변화의 도덕교육적 함의를 중심으로》,《한국철학논집》,2016年第50辑。

[34] 전현희:《퇴계와 율곡의 인심도심설——주자 심론의 한국적 전개》,《한국철학논집》,2014年第41辑。

[35] 채희도:《인심도심상대설과 율곡의 인심청명어도심설——리기관과 인심도심관의 관계를 중심으로》,《태동고전연구》,2022年第48辑。

[36] 최보경:《율곡 인심도심설과 念 개념의 동양 윤리학적 함의》,《인문과학연구》,2021年第69辑。

[37] 허광호:《주돈이와 권근의 천인합일사상 비교——〈태극도설〉과〈입학도설〉을 중심으로》,《동양고전연구》,2017年第66辑。

[38] 황상희:《퇴계의 태극론 연구》,《퇴계학논집》,2015年第16辑。

[39] 조지선:《한원진 성삼층설의 인성교육적 함의와 활용가치》,《양명학》,2018年第51号。

[40] 박근:《화담의 태허론 비판》,《율곡학연구》,2024年第55期。

后记

本书以《太极图说》在朝鲜的接受与诠释脉络为主线，系统考察其自高丽末期至朝鲜中后期的传播与演变历程——丽末鲜初的受容、朝鲜前期的系统诠释、中后期的创造性转化，揭示朝鲜儒学家们在继承周敦颐《太极图说》思想精髓的基础上，对《太极图说》进行了创造性转化与发展。朝鲜儒学家们不仅绘制了大量的《太极图说》衍生图像，还围绕"太极""无极而太极""人极"等核心命题展开学术论辩。朝鲜儒学家们在理论建构与图像创新方面的贡献，既体现了朝鲜性理学的独特的思维方式，又推动了《太极图说》在朝鲜的传播与发展。

我深知自己的学识有限，书中难免存在不足之处，恳请各位学者批评指正。

本书在撰写过程中得到了诸多师友的支持、鼓励与帮助。衷心感谢我在湘潭大学的博士后导师陈代湘教授，陈教授以严谨的治学态度，对本书的理论框架与学术规范提出了诸多宝贵建议，使本书的研究深度与广度显著提升。非常感谢天津科技大学的王晚霞教授在博士后研究期间给予的支持与帮助。十分感谢中国人民大学的刘莹老师与清华大学的兼职助理王茂林博士在本书撰写过程中提供的帮助，以及成均馆大学的刘佳宁博士、李埈杓博士、申例臻博士不辞辛劳地协助搜集韩国文献资料，感谢四川师范大学的李慧子老师与韩国成均馆大学的师兄孙正民一直以来的关心与鼓励。特别感谢我在韩国成均馆大学求学期间的导师金圣基教授，教授以诲人不倦的师者风范，为我的学术研究指明方向。感谢韩国成均馆大学的金东敏教授、金渡镒教授、崔英辰教授与吴锡源教授，他们以开放包容的学术态度鼓励创新思维，为我开启韩国哲学研究的大门，奠定了本书的理论基础。在此，向他们致以真挚的谢意。

本书的顺利出版，离不开湘潭大学出版社编辑王正杰老师及相关工作人员的认真审校与辛勤付出，在此谨致诚挚的谢意。此外，我还要特别感谢我的父母与朋友，他们的鼓励与支持，是我完成本书不可或缺的动力。最后，向所有未能提及但曾给予我帮助的师友，一并致以衷心的感谢。

希望通过本书的研究，能够使更多的人了解《太极图说》在朝鲜的传衍及其对朝鲜性理学发展的影响，促进中韩文化交流与学术研究的发展。

杨洋　于湘潭大学

2025年7月6日